教育部 财政部 "职业院校教师素质提高计划" 项目
《职教教师培养模式实践与创新》(VTNE0089)成果系列丛书

中等职业学校教师专业能力与需求调研

曹 晔 吴长汉 等 著

项目牵头单位: 天津职业技术师范大学
项目主持人: 孟庆国

科学出版社
北 京

内 容 简 介

　　本书围绕教师专业发展这一主线,在对中等职业学校教师职业特点和能力结构、"双师型"教师标准、教师资格标准体系等职业教育教师基本问题进行认识的基础上,比较了中外教师专业标准的异同,分析了我国教师队伍建设的总体情况。以生师比为切入点分析了教师数量的区域差异,剖析了职业技术师范院校培养"双师型"教师的现状,基于大数据对参培教师专业发展及培训需求进行了调研。

　　本书可供中等职业学校教师培养培训单位、中等职业学校教师及广大教育管理者和研究者学习和参考使用。

图书在版编目(CIP)数据

中等职业学校教师专业能力与需求调研 / 曹晔等著. —北京:科学出版社,2019.8

(教育部 财政部"职业院校教师素质提高计划"项目《职教教师培养模式实践与创新》(VTNE0089)成果系列丛书)

ISBN 978-7-03-061618-0

Ⅰ.①中⋯　Ⅱ.①曹⋯　Ⅲ.①中等专业学校-师资培养-研究-中国　Ⅳ.①G718.3

中国版本图书馆 CIP 数据核字(2019)第 115102 号

责任编辑:席　慧　张静秋　赵晓静 / 责任校对:严　娜
责任印制:张　伟 / 封面设计:蓝正设计

科学出版社 出版
北京东黄城根北街 16 号
邮政编码:100717
http://www.sciencep.com
北京厚诚则铭印刷科技有限公司印刷
科学出版社发行　各地新华书店经销
*
2019 年 8 月第　一　版　　开本:720×1000　1/16
2025 年 2 月第二次印刷　　印张:13 3/4
字数:277 000
定价:69.80 元
(如有印装质量问题,我社负责调换)

教育部 财政部"职业院校教师素质提高计划"
职教师资培养资源开发项目专家指导委员会

主　任　刘来泉

副主任　王宪成　郭春鸣

成　员　（按姓氏笔画排列）

刁哲军　王乐夫　王继平　邓泽民　石伟平　卢双盈

刘正安　刘君义　米　靖　汤生玲　李仲阳　李栋学

李梦卿　吴全全　沈　希　张元利　张建荣　周泽扬

孟庆国　姜大源　夏金星　徐　朔　徐　流　郭杰忠

曹　晔　崔世钢　韩亚兰

出 版 说 明

《国家中长期教育改革和发展规划纲要(2010—2020 年)》颁布实施以来,我国职业教育进入到加快构建现代职业教育体系、全面提高技能型人才培养质量的新阶段。加快发展现代职业教育,实现职业教育改革发展新跨越,对职业学校"双师型"教师队伍建设提出了更高的要求。为此,教育部明确提出,要以推动教师专业化为引领,以加强"双师型"教师队伍建设为重点,以创新制度和机制为动力,以完善培养培训体系为保障,以实施素质提高计划为抓手,统筹规划,突出重点,改革创新,狠抓落实,切实提升职业院校教师队伍整体素质和建设水平,加快建成一支师德高尚、素质优良、技艺精湛、结构合理、专兼结合的高素质专业化的"双师型"教师队伍,为建设具有中国特色、世界水平的现代职业教育体系提供强有力的师资保障。

目前,我国共有 60 余所高校正在开展职教师资培养,但由于教师培养标准的缺失和培养课程资源的匮乏,制约了"双师型"教师培养质量的提高。为完善教师培养标准和课程体系,教育部、财政部在"职业院校教师素质提高计划"框架内专门设置了职教师资培养资源开发项目,中央财政划拨 1.5 亿元,系统开发用于本科专业职教师资培养标准、培养方案、核心课程和特色教材等系列资源。其中,包括 88 个专业项目,12 个资格考试制度开发等公共项目。该项目由 42 家开设职业技术师范专业的高等学校牵头,组织近千家科研院所、职业学校、行业企业共同研发,一大批专家学者、优秀校长、一线教师、企业工程技术人员参与其中。

经过三年的努力,培养资源开发项目取得了丰硕成果。一是开发了中等职业学校 88 个专业(类)职教师资本科培养资源项目,内容包括专业教师标准、专业教师培养标准、评价方案,以及一系列专业课程大纲、主干课程教材及数字化资源;二是取得了 6 项公共基础研究成果,内容包括职教师资培养模式、国际职教师资培养、教育理论课程、质量保障体系、教学资源中心建设和学习平台开发等;三是完成了 18 个专业大类职教师资资格标准及认证考试标准开发。上述成果,共计 800 多本正式出版物。总体来说,培养资源开发项目实现了高效益:形成了一大批资源,填补了相关标准和资源的空白;凝聚了一支研发队伍,强化了教师培养的"校—企—校"协同;引领了一批高校的教学改革,带动了"双师型"教师的专业化培养。职教师资培养资源开发项目是支撑专业化培养的一项系统化、基础性工程,是加强职教教师培养培训一体化建设的关键环节,也是对职教师资培养培训基地教师专业化培养实践、教师教育研究能力的系统检阅。

自 2013 年项目立项开题以来，各项目承担单位、项目负责人及全体开发人员做了大量深入细致的工作，结合职教教师培养实践，研发出很多填补空白、体现科学性和前瞻性的成果，有力推进了"双师型"教师专门化培养向更深层次发展。同时，专家指导委员会的各位专家及项目管理办公室的各位同志，克服了许多困难，按照两部对项目开发工作的总体要求，为实施项目管理、研发、检查等投入了大量时间和心血，也为各个项目提供了专业的咨询和指导，有力地保障了项目实施和成果质量。在此，我们一并表示衷心的感谢。

教育部　财政部"职业院校教师素质
提高计划"成果系列丛书编写委员会
2016 年 3 月

前　　言

　　教师是教育发展的第一资源，是国家富强、民族振兴、人民幸福的重要基石。早在 2005 年国务院颁发的《关于大力发展职业教育的决定》中就明确做出了实施"职业院校教师素质提高计划"的战略部署。"十一五"期间，教育部、财政部正式启动了"中等职业学校教师素质提高计划"，在国家和省级两个层面对中等职业学校专业骨干教师开展较大规模的培训。2010 年，《国家中长期教育改革与发展规划纲要(2010—2020 年)》再次明确：完善教师培训制度，将教师培训经费列入政府预算，对教师实行每 5 年一周期的全员培训……以"双师型"教师为重点，加强职业院校教师队伍建设，加大职业院校教师培养培训力度。"十二五"期间，教育部、财政部继续实施"职业院校教师素质提高计划"，在目标任务中提出开发 100 个(88 个专业项目、12 个公共项目)职教师资本科专业的培养标准、培养方案、核心课程和特色教材，以便完善适应教师专业化发展要求的职教师资培养培训体系。本研究是 12 个公共项目之一——"职教教师培养模式实践与创新"项目的系列研究成果之一。

　　无论是对中等职业学校教师的培养还是培训，了解其现实需求是首要的，而要了解教师的专业发展需求又必须建立在充分了解教师专业能力的基础上。为此，本研究将从中等职业学校教师专业能力和发展需求两个维度展开探讨。首先，在剖析了中等职业学校教师职业特点和专业能力内涵的基础上，初步构建了中等职业学校教师专业能力框架，进而比较分析了我国部分省(自治区、直辖市)出台的中等职业学校"双师型"教师认定标准和兼职教师认定标准，从而准确把握教师职业能力的表现形式与客观要求；其次，对国际上几个典型国家的中等职业学校教师专业能力标准进行了比较分析，重点阐述了我国中等职业学校教师专业标准与职教师资培养的关系；接着，为进一步了解我国当前中等职业学校教师发展现状，基于近年全国教育事业发展统计数据，从素质结构、类型结构、"双师型"教师、兼职教师等多个维度对全国中等职业学校教师进行了总体分析，对国内现存的 4 类中等职业学校的教师发展现状况进行了内部比较，并将中等职业学校教师队伍的发展状况与普通高中做了对比分析；然后，以生师比为主体，从纵横两个维度对全国、三大区域、31个省份的中等职业学校的生师比在近 10 年的变化进行了比较，并对其中的变化因素进行了分析；最后，基于上述对全国中等职业学校教师发展统计数据的整体把握，对当前我国中等职业学校教师专业能力和发展需求进行了实地调研。调研一是通过对中等职业学校校长开展问卷调查，比较分析了来源于职业技术师范院校和普通高等学校的两类教师的专业能力发展情况；二是对 2007～2013 年 5 万多名参加中职教师素质提高计划骨干教师国家级培训学员的基本信息进行统计分析，从参培学员的角度了解当前我国中等职业学校教师专业的发展情况；三是面向全国 15 个省份的中职教师开展了关于教师专业发展需求方面的调研，从而深入了解当下教师自身专业发展的现实需求，以及他们对当前国家关于中等职业学校教师发展政策方面的诉求。

本书是在"十二五"期间教育部、财政部"职业院校教师素质提高计划"职教师资培养资源开发项目之一——"职教教师培养模式实践与创新"（VTNE0089）的阶段性调研成果的基础上形成的。全书整体设计、问卷设计和统稿工作由曹晔完成，天津职业技术师范大学 2013 级、2014 级和 2015 级职业技术教育学专业硕士研究生参与了大量数据统计分析等工作。其中，陶丽参与了第一章部分内容资料收集和初稿撰写工作；周慧娜和惠转转参与了第六章数据统计工作和第五章部分内容初稿撰写工作；吴长汉参与了第三章、第七章部分内容的撰写和全书统稿工作。职业教育教师研究院李新发老师撰写了第三章师资培养部分，董显辉老师撰写了第五章培养方案比较部分。

本书得到了"天津市高等学校职教教师教育创新团队培养计划"项目（TD13-5097）和天津市人文社会科学重点研究基地（职业教育发展研究中心）的资助。同时，教育部高等学校中等职业学校教师培养教学指导委员会、中国职业技术教育学会师资专业委员会对本书提出了宝贵的指导建议，科学出版社对本书的出版给予了大力支持，在此一并致谢！

为了有效创新职教教师培养模式，本书紧紧围绕中等职业学校教师专业能力这一主题，采用国内与国外、局部与整体、调查研究和文本分析，以及实证研究与比较分析相结合的方法，基于近几年国家教育事业发展统计数据，结合实地调研，对我国中等职业学校教师的专业能力从多个维度进行了分析研究，试图对我国中等职业教育教师专业能力做出较为科学的判断。但由于我国中等职业教育体量大，各省份和区域之间存在较大差异，各地区中等职业教育发展历程和所处的发展阶段不同，因此对中等职业学校教师专业能力的要求也存在差异。本书只针对共性问题进行了调研，未能全盘考虑区域差异性。同时，由于教师专业能力涉及面广，不仅是一个实践问题，还是一个非常复杂的理论问题，加之资料不充分，调研范围有限，书中疏漏与不妥之处在所难免，欢迎广大职教同仁和读者不吝指正。

著　者

2019 年 3 月于天津

目　　录

第一章

中等职业学校教师专业能力标准

一、中等职业学校教师职业特点

认识中等职业学校(简称中职学校)教师职业特点是深入了解职业学校教师的前提,是有效开展职业学校教师培养培训工作的重要依据,也是制定教师专业标准和管理好教师的重要基础。事物的本质特征是决定事物的性质,认识中等职业学校教师(简称中职教师)职业特点需要深刻理解职业教育的本质。中等职业学校教师与其他类教师相比,在教育理念、教育对象、教学环境、教学能力、教学方法、教学手段等多方面存在较大的差异,把握这些差异性是正确认识中等职业学校教师职业特点的前提。此外,教师职业特点是一定时期内人们对教师客观工作情况的主观反映,深入了解职业学校教师工作情况,是把握中等职业学校教师职业特点的重要方法。基于以上内容,我们认为中等职业学校教师职业特点集中表现在以下几个方面。

(一)专业化的职业属性

从社会学的角度看,社会职业分为一般性职业和专业,专业也称专业性职业(或专门化职业),专业性职业是指这类职业的从业者要经过专门教育或训练、拥有较高深和独特的专门知识与技能,具有不可替代性。典型的专业性职业如医生和律师。教师职业非一般性职业,而是一种专业性职业。1966 年国际劳工组织和联合国教育、科学及文化组织(简称联合国教科文组织)在《关于教师地位的建议》中提出应把教育工作视为专门的职业。美国卡内基教育和经济论坛于 1986 年完成的题为"国家为培养 21 世纪的教师做准备"的报告中,再次指出教师是专业人员。我国 1993 年颁布的《中华人民共和国教师法》(简称《教师法》)明确规定"教师是履行教育教学职责的专业人员"。2000 年我国首次出版的《中华人民共和国职业分类大典》(简称《职业分类大典》)将我国职业归并为八大类,教师属于"专业技术人员"一类。上述法规与文件均指出教师是专业人员。1995 年国务院颁布了《教师资格条例》,2000 年教育部颁布了《〈教师资格条例〉实施办法》,2001 年我国全面实施教师资格证书制度，至此从事教师这一职业必须取得教师资格证书，教师这一职业有了准入门槛或从业资格，标志着我国教师专业化进入实施阶段。

究竟什么是专业性职业？国内外许多学者或机构对此开展了广泛的研究，尽管不同的学者各自从不同的角度提出了不同的专业标准，但所提出的专业标准都强调以下几个方面：①严格的资质标准；②具有特定的专业知识和技能；③需要长期、持续的专门训练；④较高的职业道德规范；⑤服务的不可替代性；⑥具有权威的专业组织；⑦专业的自主性。这些标准不仅为判断专业性职业提供了工具，也为教师提高专业化水平提供了方向。我国《教师法》规定国家实行教师资格制度，并制定了资格标准，对于中职教师的资格标准具体为：取得高级中学教师资格和中等专业学校、技工学校、职业高中文化课、专业课教师资格，应当具备高等师范院校本科或者其他大学本科毕业及其以上学历；取得中等专业学校、技工学校和职业高中学生实习指导教师资格应当具备的学历，由国务院教育行政部门规定。2010年《国家中长期教育改革与发展规划纲要(2010—2020)》中提出要"努力造就一支师德高尚、业务精湛、结构合理、充满活力的高素质专业化教师队伍"。2013年9月教育部颁布的《中等职业学校教师专业标准(试行)》(下文简称《专业标准》)提出了翔实的专业标准，进一步彰显了我国中等职业学校教师职业的专业性。

(二)教育对象的复杂性

从对象来说，教师职业面对的对象是活生生的人，是正在成长的青少年，而不是无生命的物质。他们具有主观能动性，且人人不同，千差万别。社会职业中许多职业的对象不如教师复杂。教师职业面对的是人的成长，是体力和脑力的发展，是知识的获取、智慧的增长、技能的形成、品德的养成。如果教师不研究学生成长的规律，不懂得教育的规律，不掌握正确的教育方法，是很难把教育工作做好的。

从职业的内容和任务来讲，教师的工作不但要教书，而且要育人。唐朝韩愈认为："师者，所以传道授业解惑也"。教师要使学生身心得到全面、健康的发展，把他们培养成有理想、有道德、有文化、有纪律的人。教育的内容很丰富，任务很复杂。不是只要有知识就能教好学生，因此教师不能只是一名教书匠。教师不但要有专业知识，而且要有把知识传授给学生并培养学生具有崇高的思想品德的专业能力。

"师者，人之模范"。教师劳动与其他劳动的最大不同之处是教师要用自己的思想和言行，通过示范的方式去直接影响劳动对象。不仅学为人师，而且行为世范，教师是学生最直观、最有教益的模范，是学生言行的榜样。总之，教师的示范是学生最直接、最经常的表率，因此教师要为人师表。

（三）工学结合的教学环境

2008 年《教育部关于进一步深化中等职业教育教学改革的若干意见》（教职成〔2008〕8 号）指出：工学结合、校企合作、顶岗实习，是具有中国特色的职业教育人才培养模式和中等职业学校基本的教学制度。事实上，工学结合、校企合作也是世界各国普遍遵循的职业教育规律。世界各国职业教育的培养培训体系，从大的方面大致可分为三类：一是计划经济体制下的学校体系，以东欧国家，以及资本主义国家中中央集权成分比较大的国家（如法国）为代表；二是自由市场经济体制下的企业模式，以日本和英国为代表；三是社会市场经济体制下的企业加学校模式，以德国、奥地利、瑞士及北欧的丹麦为代表。三种培养体系在历史上存在较大的差异，但随着世界经济一体化，尤其是知识经济与学习型社会的到来，世界各国高度重视终身教育和继续教育，现代技术技能人力资源开发已从传统的学校和企业分而治之的双轨运行发展为以现代学徒制为标志的产教高度融合模式，教育与培训概念的交集越来越大。以往在学校进行的正规职业教育也越来越多地采取双元制、实习和顶岗培训等多种实训的培训模式；以往单一的企业培训也加强了与职业学校的合作，提高受训者的理论知识水平，学校教育与企业培训制度开始朝着"一体化"的方向进行改革。以奉行自由市场经济的英国和澳大利亚等国在传统学徒制的基础上发展形成现代学徒制，现代学徒制就是在传统学徒制现场教学的基础上发展成为现场教学与学校教育相结合的教学模式。以德国为代表的"双元制"，实质上也是产教合作、工学结合的培养模式。可以说，校企合作、工学结合成为职业教育普遍遵循的规律，成为职业教育人才培养的本质特色。脱离了与企业的合作，职业学校不可能培养出适应企业需求的技术技能人才；脱离了学校教育，企业也不可能培训出高素质的技术技能人才。

（四）丰富的职业经历或背景知识

联合国教科文组织颁布的《国际教育标准分类法》（2011）的词汇表对"职业教育"（vocational education）的解释是"使学习者获取某种职业或行业，或数种具有职业或行业特点的知识、技艺和能力的教育课程。职业教育是基于工作的成分（如实习和双轨制课程），成功完成这样的课程将得到由国家相关部门和（或）劳务市场承认的与就业有关的职业资格证书"。指出了职业教育的本质特征，传授的是具有职业或行业特点的知识、技能，是基于职业或工作的教育，学业完成后取得劳务市场所需的职业资格证书。因此，只有了解职业或行业知识、掌握职业或岗位知识和技能、熟悉职业资格标准内容，中等职业学校教师才能有效从事教育教学工作。

普通中小学教师教授的是自然和社会科学的某一科目，传授的主要是科学知识或符号，这些知识具有系统性、单一性和稳定性；教学中虽也要求教师具有操作仪器设备的知识和能力，但主要开展验证性实验。中等职业教育的专业是依据社会职业岗位或职业岗位群设置的，培养的人才服务于各个职业岗位，因此要求中职教师必须具有较丰富的职业背景知识，了解职业岗位对知识和技能的要求，了解行业企业的技术、工种、用人需求与岗位发展变化趋势，了解企业的组织结构和运行机制等。这也是许多国家要求中等职业学校教师必须具有一定的工作经历的原因。例如，法国要求中等职业学校教师至少有 4 年工作经验；丹麦要求至少有 5 年工作经验；瑞典要求具有 2～7 年的专业实践工作经验；瑞士要求有 4 年的学徒经历，毕业于工程师学校，还要有 3 年以上的工程师实践经验。有的国家从专业技术人员中选拔职业学校教师。我国从 2005 年开始要求中等职业学校专业教师必须每两年到企业实践两个月。无论是职前还是职后的这些要求，都是要求教师熟悉所从事的专业所对应的职业，这样教育教学才能做到有的放矢。职业教育教师必须经常或者定期到企业进行技术实践，了解企业技术发展的最新动态，以此适应市场提出的新要求和课程教学改革的发展趋势[①]。

（五）"双师型"的能力结构

从教师的培养目标来看，教师教育具有"双专业"的特征，学科专业与教育专业缺一不可，教师专业化所依据的专业知识具有双重的学科基础，培养采取"学科专业+教育专业"的模式[②]。从教师工作实践来看，中等职业学校专业教师既要具有某一专业的知识和技能，又要具有从事教育教学的师范能力。这些似乎是各类教师教育都普遍遵循的规律，但与普通教育相比，无论是从对教师的知识和能力要求还是各专业(职业)的知识和能力要求，都要比普通教育复杂，具有特殊性。教学能力不但包括仪表仪态、言谈举止、授课能力、使用简单教具的能力，而且包括操作生产工具、加工产品、提供服务的能力，这与普通中学教师是不一样的。

正是基于职业教育教师的特殊性，20 世纪 90 年代初由教学一线的教师在实践中提出了"双师型"教师的概念，由于当时我国没有实行职业资格证书制度，因此，当时的"双师型"教师就是指具有两个"师"称谓的教师，即既是讲师，同时又拥有其他专业技术职务系列中级以上职称的教师，如工程师、农艺师、会计师、律师等，"双师型"教师，是指两类人才的能力集中到一个个体身上，通俗地讲就是既能上讲台授课，又能下车间操作。1991 年国务院发布的《关于大力发展职业技术教育的决定》中指出："凡进行技术等级考核的工种，逐步实行'双证书'(即毕业证书和等级证书或岗位合格证书)制度"，并把技术等级证书或岗位合格证书作为择优录

① 张桂春. 发达国家职业教育教师专业发展的规制及经验[J].教育科学，2013，(5): 91-96.
② 罗明东，苟顺明.试论教师教育的"双专业"特征[J].成人高等教育，2007，(3): 24-28.

用和上岗确定工资待遇的重要依据。1993 年 11 月《中共中央关于建立社会主义市场经济体制若干问题的决定》指出要制定各种职业的资格标准和录用标准，实行学历文凭和职业资格两种证书制度。此后各行各业开始实施职业资格证书制度，"双师型"教师又发展为"双证书"教师，即同时拥有教师资格证书和职业(执业)资格证书；随着能力本位职业教育思想在我国的传播，此后又有"双能力"教师，即既能从事理论教学工作，又能从事实习实训指导工作。随着时间的推移，"双师型"教师的内涵不断拓展，包括的内容越来越多。例如，有人将其归纳为"具有良好的职业道德；具备与讲授专业相对应的行业、职业素质；尊重劳动，树立正确的市场观、质量观、效益观、产业观等体现职业教育特点的教育观念；具备相应的社会沟通、交往、组织和协调能力；具备相应的管理能力；具备相应的适应能力和创新能力"等。这些看似是对"双师型"教师能力的细化，实际上是对"双师型"教师的泛化，也从另一个角度说明"双师型"是职业教育师资队伍的特色或特点，而并非其专业标准，"双师型"是职业教育教师能力中最重要的能力结构，而并非其全部知识和能力要求，正因为如此，2013 年 9 月教育部颁布的《中等职业学校教师专业标准(试行)》系统全面地构建了职业学校教师的师德、知识和能力体系。

(六)专业发展的实践性

专业性职业必须加强职后教育，教师作为专业化职业，要求加强职后继续教育才能保持和提高其专业化水平。但职后教育究竟采用哪种形式，学习哪些内容，不同的专业性职业是不一样的。职业教育，顾名思义是基于职业的教育，职业的实践性要求职业学校教师应加强专业实践，只有这样才能不断提高技术技能，才能紧跟技术进步步伐，及时掌握企业生产中采用的新知识、新技术、新方法和新工艺，把这些内容引入到教育教学实践中，培养的人才才能适应企业的需求。我国从 20 世纪 80 年代开始建立中等职业学校职后教育或培训，之后不断完善培训体系和制度。2005 年《国务院关于大力发展职业教育的决定》提出要"建立职业教育教师到企业实践制度"。2006 年 9 月《教育部关于建立中等职业学校教师到企业实践制度的意见》(教职成〔2006〕11 号)指出："中等职业学校专业课教师、实习指导教师每两年必须有两个月以上时间到企业或生产服务一线实践。"并对教师到企业实践的具体内容做出了明确规定：一是了解企业的生产组织方式、工艺流程、产业发展趋势等基本情况；二是熟悉企业相关岗位(工种)职责、操作规范、用人标准及管理制度等具体内容；三是学习所教专业在生产实践中应用的新知识、新技能、新工艺、新方法；四是结合企业的生产实际和用人标准，不断完善教学方案，改进教学方法，积极开发校本教材，切实加强职业学校实践教学环节，提高技能型人才培养质量。关于实践的形式，文件中提出："教师到企业实践，可根据培训需求和客观条件，采取到企业生产现场考察观摩、接受企业组织的技能培训、在企业的生产或培训岗位上操作演练、参与企业的产品开发和技术改造等灵活多样的形式进行。"①"十一五"期间，教育部和财政部实施的"中等职业学校教师素质提高计划"要求国家级专业骨干教师必须实行"基地+企业"的培训模式，即一个月在全国重点建设职业教育师资培训基地进行培训，一个月在企业进行实践。"十二五"期间，教育部、财政部实施的"职业院校教师素质提高计划"中，专业骨干教师培训除继续实施"基地+企业"的模式外，还实施了"青年教师到企业实践"项目。企业实践为期 6 个月，采取"师带徒"模式，通过现场观摩、技能训练、专题讲解、交流研讨等形式实施。这些举措充分说明企业实践在中等职业学校教师继续教育中的重要作用。

　　从教师能力的提高来看，也必须加强职后专业实践，加强与中小学的联系。美国著名教师教育专家、霍姆斯小组成员古德莱德极力推崇大学与中小学之间的"共生关系"或"平等伙伴关系"。认为"学校若要变革进步，就需要有更好的教师。大学若想培养出更好的教师，就必须将模范中小学作为实践的场所。而学校若想变为模范学校，就必须不断地从大学接受新的思想和新的知识，若想使大学找到通向模范学校的道路，并使这些学校保持其高质量，学校和教师培训学院就必须建立一种共生的关系，并结为平等的伙伴。"②

(七)以人为本的管理能力

　　中国共产党第十八次全国代表大会(下文简称十八大)提出立德树人是教育的根本任务，这是对各级各类教育的普遍要求，但对职业教育教师来说具有更重要的现实意义。我国自实施高等教育大众化战略以来，中等职业教育越来越成为面向人人的教育，其改革招生制度，普遍实行注册入学，因此带来了多样化的生源。我国职业教育主要采取高中后分流，在现实中，由于人们对职业教育的认识还存在一定的差异，在分流过程中，大多数人首选普通高中，其次才选择就读中等职业学校，其中部分学生基础存在差异，在文化课程的学习上表现得并不尽如人意。在普遍以文化课成绩为标准的一元化评价机制下，这部分学生逐渐丧失了学习信心，进而产生了一种自卑心理。从中等职业学校生源的情况来看，中等职业学校的学生绝大部分来源于农村和城市低收入家庭，一些学生来自单亲家庭、贫困家庭等，许多农村学生是父母长期在外打工的"留守学生"，因此产生了性格孤僻、感情脆弱等心理问题。由此可见，中等职业学校的学生有其特殊性，中等职业学校的教师必须充分了解和把握教育对象的这些特点，才能做到因材施教。

　　《专业标准》提出教师要树立"学生为本"的理念，要求："树立人人皆可成才

---

① 教育部.关于建立中等职业学校教师到企业实践制度的意见(教职成〔2006〕11 号)[EB/OL].中华人民共和国教育部网站. http://www.moe.gov.cn/srcsite/A07/moe_950/200704/t20070413_79094.html[2016-9-28].

② 苏智欣.美国教师教育改革中的思想争论[A]. //国际教育纵横——中国比较教育文选[C].北京:人民教育出版社,1994.

的职业教育观。遵循学生身心发展规律，以学生发展为本，培养学生的职业兴趣、学习兴趣和自信心，激发学生的主动性和创造性，发挥学生特长，挖掘学生潜质，为每一个学生提供适合的教育，提高学生的就业能力、创业能力和终身学习能力，促进学生健康快乐成长，学有所长，全面发展。"可见，作为中等职业学校教师首先要树立"人人成才"的观念，改变传统教育的评价观念，要正确地看待这些学生，要能够看到他们的优点，通过有效的教育教学方式，来逐步培养他们的学习兴趣。目前，德国的理论和实践一体化课程在我国受到极大欢迎，并不是说这种课程非常适合我国，而是我们传统的教学方法中难以找到更有效的方法，来调动学生的学习积极性。采用这种方法，通过做一个一个的教学项目，使学生有了成就感，提高了自信心，学生愿学，教师教学也有了信心。中等职业学校教师引导学生学习、培养学生的学习兴趣在很大程度上比传授知识和技能可能更重要。通过对中等职业学校教师培训需求的调研表明：中等职业学校教师最需要的是管理知识和能力、学生心理方面的知识，通过学习这些知识和能力，可以有效地了解学生、认识学生，进而教育学生。教学中要看到学生的变化和成长，学习态度的转变、学习兴趣的增加、学习行为的改变，与学习成绩一样，甚至比学习成绩提高更为重要。要善于经常鼓励和激励学生，帮助他们重新认识自己，回归自我，树立自信心。莎士比亚曾说过"赞美是照在人心灵上的阳光，没有阳光我们就不能生长"。心理学家威廉姆•杰尔士也曾说过"人生最深切的要求就是渴望别人的欣赏"。这些至理名言对中等职业学校教师尤为重要。

(八)沟通合作的社会能力

校企合作是职业教育普遍遵循的基本规律和职业学校遵循的基本教学制度。合作就是个人与个人、群体与群体之间为达到共同目的，彼此相互配合的一种联合行动的方式。学校和企业是两个载体，校企合作要想落到实处，并不仅仅是学校与企业签订一个协议，而是要求每位教师要经常与企业的相关人员进行沟通和合作，只有大多数教师具备了与企业沟通和合作的能力，校企合作才能真正落到实处。

《专业标准》中把"沟通与合作"单独作为教师专业能力之一，除了上文提到的校企合作的要求外，更重要的是，当前我国中等职业学校的学生现状要求突出这方面的能力。如前所言，部分中等职业学校的学生学习基础薄弱，这就需要教师多了解学生、多关心学生，在教学中多倾听学生的心声，并多与学生沟通交流，只有这样教学才能做到有的放矢，教学相长。

中等职业学校教学改革也需要教师具有较强的沟通和合作能力。目前，项目教学成为中等职业学校的一种重要教学方法，一些大的教学项目往往需要多个教师集体配合来完成。现代职业教育不但要培养学生的专业能力，而且要培养学生的方法能力和社会能力等职业迁移能力，项目教学常以小组的形式进行，旨在培养学生的沟通和合作能力等；现代社会是一个开放的社会，沟通与合作越来越成为一种基本的能力，等等，这些都要求教师应具有较强的沟通合作能力。

(九)亦学亦工的教学能力

从职业教育的类型来看，实施职业教育有"三大支柱"，即基于学校的职业教育、基于工作场所的职业教育和基于社会的职业教育。三大支柱必须形成合力方能体现职业教育体系的社会效率[①]。联合国教科文组织颁布的《国际教育标准分类法》(2011)的词汇表对"基于工作的教育"(work-based education)的解释是"发生在工作环境中的教育活动，通常是职业教育课程。其目的是在有经验的工作人员或培训者的指导下，通过实践授课或参加工作活动，以其达到特定学习目标。"对基于工作场所的教育做出了很好的诠释。从世界职业教育发展趋势来看，基于学校的职业教育与基于工作场所的职业教育逐渐走向融合。当前以德国为主的理论与实践一体化课程改革代表了这一方向。职业学校必须模仿企业的实际工作岗位，在学校建立模拟或仿真的实习实训教学环境，建立理实一体化教室，开展理实一体化的教学方法。教学中强调学生的主体地位和教师的主导作用，通过设定教学任务和教学目标，让师生双方边教、边学、边做，全程构建素质和技能培养框架，丰富课堂教学和实践教学环节，提高教学质量。在整个教学环节中，理论和实践交替进行，直观和抽象交错出现，没有固定的先实后理或先理后实，而是理中有实，实中有理。突出学生动手能力和专业技能的培养，充分调动和激发学生的学习兴趣。

从教育对象来看，与普通教育的学生相比，职业学校学生具有更多的形象性思维，教学要符合这类学生的心理特征和认知规律，要树立"动手动脑，全面发展"的理念，在教学中让学生化静为动、以动促思、以思导动，进行动手实践，通过培养学生的技能技巧来促进其思维的发展。通过让学生亲手完成具体的教学项目，使其获得成就感，树立自信心，才能激发学习兴趣。因此，教学中要贯彻"做中学、做中教"的教学理念，开展理实一体化教学。

(十)宽泛的专业知识和技能

中等职业教育培养的是直接面向生产和服务一线的技能型人才，与经济社会尤其是产业结构的发展变化紧密相连。随着经济发展、科技进步、产业结构调整、国家教育政策及人才结构的变化等，中等职业教育专业结构经常需要不断调整。经济体制改革以来，我国中等职业学校专业结构经历了几次大的调整：一是农科类专业的大幅度减少。20世纪80年代我国中等职业学校农科类专业比例较大，1985年中等技术学校农科类专业在校生比例占20.62%，而随着我国工业化和城镇化进程的不

---

① 孙善学.现代职业教育体系顶层设计中的几个重要问题[N].光明日报，2013-4-7.

断加快，农业的产值比例和就业比例不断下降，到 2007 年中等技术学校农科类专业在校生比例下降到 3.22%，致使大量的农科类教师都进行了转岗。二是我国中等职业学校人才培养模式的转变。2005 年《国务院关于大力发展职业教育的决定》提出"以服务为宗旨、以就业为导向"的办学方针，积极推行工学结合、校企合作、半工半读培养模式，许多学校压缩文化课比例，加大专业课，尤其是实践课程的比例，一些文化课甚至专业课教师进行了转岗。三是国家政策的导向。例如，2009 年国家对中等职业学校 21 个涉农专业的学生全部实行了免学费和助学金政策，极大地拉动了农科类专业的招生，中等职业学校农科类专业的比例从 2007 年的 3.79% 提高到 15.52%，一大批已经转岗的农科类教师又重新回到农科类专业。四是地方政府对中等职业教育布局结构的调整。随着我国农村劳动力大量向城镇转移，农村（包括县城）职业学校的合并调整，带来了专业结构的大调整。五是社会人才结构的变化和职业岗位变化对中等职业学校专业调整的影响。例如，在高等教育大众化之前，许多中等职业学校开设人力资源类、国际贸易类、会计类、英语类等专业；高等教育大众化时代的到来，使大学生毕业人数剧增，中等职业学校毕业生的就业岗位从技术型岗位转为技能操作型岗位，上述专业已不适合中等职业学校。社会职业的变化，如过去计算机专业许多是面向组装、维修、打字、售后服务等就业方向，现在随着计算机的普及，这些专业的需求量在减少，一些职业学校把计算机专业与其他专业复合，如与文秘、会计专业复合成物流类仓库保管专业方向，与艺术设计专业复合成动漫专业等。

从中等职业学校的角度来看，许多学校为了适应市场需求的变化，增强职业教育的吸引力，经常不断新设、调整和优化专业结构，新建一些专业，更改专业名称和更新专业内容。许多中等职业学校为了适应学生进一步深造的愿望，同一专业往往开设就业班和升学班，但由于劳动力市场的变化或国家教育政策的调整，二者比例也经常处于调整之中。例如，2007 年教育部规定中等职业学校升入高等学校的比例不能超过 5%，近些年我国劳动力市场出现了用工短缺的现象等，促使升学班变成就业班。而目前国家正在建设现代职业教育体系，系统培养技术技能人才，越来越多的就业班有可能又变成升学班。总之，由于客观和主观的原因，中等职业学校专业经常处于调整变动之中，加之我国学校教师人事制度没有退出机制，因此学校不能根据专业变化来聘任教师，只能通过调整教师的专业教学岗位来适应专业的变化，教师的教学岗位经常在不同专业和不同课程间变化，所以要求中等职业学校教师具有较宽泛的专业知识和技能。

二、中等职业学校教师专业能力构建

提高教师专业能力是我国中等职业教育改革和中等职业现代化教育发展的必然要求，更是推进教师专业发展的有效路径，同时也可为提高中等职业学校教育教学质量保驾护航。中等职业学校教师专业能力的发展对中等职业学校的发展起着至关重要的作用，因此，我们在对已有的中等职业学校教师专业能力的内涵及其构建方面的研究进行梳理的同时，试图构建出合理的中等职业学校教师专业能力结构以供参考，以期为后续研究提供基础。

(一)教师专业能力的内涵

准确把握教师专业能力的内涵是构建教师专业能力结构的基本依据。关于教师专业能力方面的研究，通过文献搜索，发现此类文献研究其实相当丰富，学者在探究教师专业能力的内涵时，由于研究的着力点和角度不同，其观点也有一定差别。总结起来，大致包括以下几个方面：①教师专业能力就是教师在进行教育教学活动中所形成的能力和相关本领；②教师专业能力是指教师适应职业岗位的综合职业能力；③从知识角度出发，教师作为专业人士，必须具有从事专业活动所需要的专门技能和专业知识，以及二者所形成的合理的知能结构；④教师的专业能力是教师在教学过程中能够运用一定的专业知识和经验从而顺利完成某种教学任务的活动方式的总和；⑤教师的专业能力是指特定专业的教师应掌握的专业理论知识和专业实践能力的集合；⑥从专业能力的结构出发，教师专业能力是多种能力的综合。总之，目前学术界对教师专业能力的认识非常丰富，研究也比较深入，但还没有统一的认识。我们认为，上述关于教师专业能力的阐述过于片面，或忽视专业能力的对象——学生；或过于强调教学过程，将教师专业能力局限于教学过程中；或聚焦于某一方面的能力，如教学能力；或将教师专业能力局限于完成某项任务；或局限于教师的专业上；或直接从结构的构成角度对教师专业能力的内涵进行界定，并没有充分体现中等职业学校教师的特点。

我们认为，教师专业能力是集专业性、多元化、多层次、发展性等多个特点为一体的专业综合能力。而中等职业学校教师专业能力的内涵应区别于普通教育教师，因而，我们从教师专业发展的视角进行切入，进一步探讨中职教师专业能力的内涵。中等职业教育是一种培养和训练职业岗位能力的教育，教师专业发展具有技能突出、专业性强、实践性强及社会依赖性高等特点。基于中等职业学校教师专业发展的特点，中等职业学校教师专业能力内涵应是：教师在从事专业教育教学或实践教学相关活动中，能够顺利完成自己承担的教育教学任务所表现出来的动态的个性心理特征。

(二)教师专业能力的构建

1.《专业标准》中的专业能力框架

《专业标准》将中职教师专业能力归纳为教学设计、教学实施、实训实习组织、班级管理与教育活动、教育教学评价、沟通与合作及教学研究与专业发展 7 个领域，如表 1-1 所示。

表 1-1 中等职业学校教师专业能力框架

专业能力领域	基本要求
（一）教学设计	1. 根据培养目标设计教学目标和教学计划 2. 基于职业岗位工作过程设计教学过程和教学情境 3. 引导和帮助学生设计个性化的学习计划 4. 参与校本课程开发
（二）教学实施	5. 营造良好的学习环境与氛围，培养学生的职业兴趣、学习兴趣和自信心 6. 运用讲练结合、工学结合等多种理论与实践相结合的方式方法，有效实施教学 7. 指导学生主动学习和技术技能训练，有效调控教学过程 8. 应用现代教育技术手段实施教学
（三）实训实习组织	9. 掌握组织学生进行校内外实训实习的方法，安排好实训实习计划，保证实训实习效果 10. 具有与实训实习单位沟通合作的能力，全程参与实训实习 11. 熟悉有关法律和规章制度，保护学生的人身安全，维护学生的合法权益
（四）班级管理与教育活动	12. 结合课程教学并根据学生思想品德和职业道德形成的特点开展育人和德育活动 13. 发挥共青团和各类学生组织的自我教育、管理与服务作用，开展有益于学生身心健康的教育活动 14. 为学生提供必要的职业生涯规划、就业创业指导 15. 为学生提供学习和生活方面的心理疏导 16. 妥善应对突发事件
（五）教育教学评价	17. 运用多元评价方法，结合技术技能人才培养规律，多视角、全过程评价学生发展 18. 引导学生进行自我评价和相互评价 19. 开展自我评价、相互评价与学生对教师的评价，及时调整和改进教育教学工作
（六）沟通与合作	20. 了解学生，平等地与学生进行沟通交流，建立良好的师生关系 21. 与同事合作交流，分享经验和资源，共同发展 22. 与家长进行沟通合作，共同促进学生发展 23. 配合和推动学校与企业、社区建立合作互助的关系，促进校企合作，提供社会服务
（七）教学研究与专业发展	24. 主动收集分析毕业生就业信息和行业企业用人需求等相关信息，不断反思和改进教育教学工作 25. 针对教育教学工作中的现实需要与问题，进行探索和研究 26. 参加校本教学研究和教学改革 27. 结合行业企业需求和专业发展需要，制订个人专业发展规划，通过参加专业培训和企业实践等多种途径，不断提高自身专业素质

表 1-1 中 27 项有关中等职业学校教师专业能力的基本要求涵盖了中等职业学校教师应有的五大基本能力，即教学能力、班级管理与教育活动能力、专业实践能力、沟通与合作能力及自我发展能力[①]。当前对中等职业学校教师而言，迫切需要掌握以下几方面的能力。

---

① 黄萍，孟庆国.中等职业学校教师专业标准与职教教师培养培训[J].职教论坛，2014，(2)：4-8.

（1）教学设计能力

教学设计是根据教学对象和教学目标，确定合适的教学起点和终点，将各教学要素有序、优化地安排，形成教学方案的过程[①]。

（2）教学实施能力

教学实施能力的基本定义为中职教师运用讲练结合、工学结合等多种理论与实践相结合的方式方法，应用现代教育技术手段，能够营造良好的学习环境和氛围，培养学生职业兴趣、学习兴趣和自信心且有效调控教学过程的能力。

（3）教育教学评价能力

教学评价能力是指教师依靠多样化的方式、多元化的目标，注重学习过程的原则，采用定量和定质相结合的评价方式，构建一个多元的、注重表现的、连续的评价体系，从知识与技能、过程与方法、情感态度与价值观三个目标方面对学生进行全面、客观评价的能力[②]。

（4）班级管理与职业指导能力

班级管理与职业指导能力是指中职教师能够结合课程教学并根据学生特点，联合共青团和各类学生组织开展有益于学生身心健康的教育活动，同时能够为学生提供学习和生活方面的心理疏导及就业创业指导的能力。除了具有专业知识和技能外，中职教师还要比普通中学教师具有更强的班级管理能力，这是由当前中职学生的现状所决定的。

（5）校企合作与社会服务能力

校企合作与社会服务能力是指中职教师在具备一定的沟通与合作能力的基础上，能够配合及推动学校与企业、社区建立合作互助的关系，并能够参加社会培训、企业指导、业务咨询等社会服务工作的能力。

（6）课程开发能力

课程开发能力是指中职教师能够根据国家、省的教学指导文件，结合本校具体情况参与校本课程开发工作的能力。

（7）教学研究与专业发展能力

教学研究与专业发展能力是指教师能够不断反思和改进教育教学过程，参加校本教学研究和教学改革，根据专业发展需要制订个人专业发展规划，不断提高自身专业素质的能力。

---

① 刘捷.专业化:挑战 21 世纪的教师[M].北京:教育科学出版社，2002.

② 石伟平.我国职教师资队伍专业化建设的问题与对策[J].教育发展研究，2005，(10): 73.

　　《专业标准》是在借鉴国内外许多成功的做法和经验的基础上，经过广泛调研形成的，虽然还不是十分完善，但作为专门为中等职业学校教师制定的专业标准，其对于促进教师专业化发展，打造高素质"双师型"教师队伍，加快现代职业教育发展都有重要作用，在我国教师专业化发展道路上具有里程碑和划时代的意义，也必将产生深远的影响。《专业标准》使教师的准入和管理有据可依，有了《专业标准》，就能从教师职业道德教育、职业实践能力、社会实践能力和教育实习能力等诸多方面，建立科学的质量评价制度。

　　2. 学者关于教师专业能力的构建

　　当前关于中职教师专业能力结构的研究成果不在少数，而且角度也不尽相同。例如，黄志奇(2007)基于中职教师专业化发展的内涵，认为教师应该具备以下专业能力：教学能力、教育能力、学习能力、专业操作能力、客观评价能力、指导学生创业能力[①]。张扬群和吕红(2013)依据多方面建立中等职业学校教师专业发展结构体系，认为中职教师应具有的专业能力包括通用能力、教育能力、教学能力、科研能力、行业联系能力与社会服务能力六大能力[②]；李善艳(2009)在其发表的《职业院校教师专业能力的研究》一文中提出了5种能力作为职业院校教师的必备能力，包括政治鉴别能力、合作协调能力、身心承受能力、自我学习能力和实践动手能力，同时提出了三条提高教师专业能力的途径，分别是加强学习和修养，提高师德水平；加强培养和培训，提高知识水平；加强管理和投入，提高能力水平[③]。滕祥东和高林(2007)在《探析高等职业院校教师能力建设的途径》一文中针对新任教师、缺少实践经验的教师和全体教师分别提出了不同的培训方式，重点对高职院校在职教师能力建设途径进行了探讨和分析[④]。

　　石美珊(2007)认为中等职业学校教师通用能力标准的研究应包括示范和传授职业道德能力、开展行业联系能力、从事课程开发能力、教学设计与实施能力、指导职场健康与安全能力、提高专业发展能力、开展教育交流与合作能力及指导就业与创业能力8种有职业教育特色的能力标准领域[⑤]。和震(2010)认为中职教师能力结构包括：较广的职业实践能力和职场工作经验，以及对学生职业发展提供指导的能力。在教育与管理能力维度上，具有符合职业教育规律和中等职业学校学生特点的职业教育与管理能力；在教学能力维度上，能够按照职业能力学习的规律正确分析、评价、设计和实施职业教育教学过程；在教育科研能力维度上，能够正确分析所在

① 黄志奇. 关于中等职业学校教师专业化发展的思考[J].职业技术，2007，(2): 23-24.

② 张扬群，吕红. 中等职业学校教师专业发展探索[J].中国职业技术教育，2013，(27):52-57.

③ 李善艳.职业院校教师专业能力的研究:以齐齐哈尔职业学院为例[J].齐齐哈尔职业学院学报，2009，(4):91-92.

④ 滕祥东，高林. 探析高等职业院校教师能力建设的途径[J]. 教育与职业，2007，(10):65-66.

⑤ 石美珊.中职教师通用能力标准与专业发展[J]. 课程·教材·教法，2007，(9): 80-83.

专业领域的职业活动和工作过程，具有职业导向的课程开发、职业能力培养所需实训教具和器材的研制等应用性教育科研能力。[①]

从上述观点中可以发现，关于教师专业能力结构的具体内容，不同学者基于不同角度构建了不同的专业能力结构，而且研究结果比较多。由于研究视角不同，不同学者对中等职业学校教师专业能力结构的认识也存在较大的差异（表 1-2）。

表 1-2　部分学者关于教师专业能力的构建

学者	具备的专业能力
黄志奇	教学能力、教育能力、学习能力、专业操作能力、客观评价能力、指导学生创业能力
张扬群、吕红	通用能力、教育能力、教学能力、科研能力、行业联系与社会服务能力
石美珊	示范和传授职业道德能力、开展行业联系能力、从事课程开发能力、教学设计与实施能力、指导职场健康与安全能力、提高专业发展能力、开展教育交流与合作能力、指导就业与创业能力
李善艳	政治鉴别能力、合作协调能力、身心承受能力、自我学习能力和实践动手能力
和震	职业实践、职场经验、职业指导、教育与管理能力、教学能力、教育科研能力等
忽江华[②]	教育教学能力、实践能力、整合能力、市场调查能力、学习能力、反思能力、创新能力、社会交流能力等
赵雪等[③]	课程开发、教学设计、教学实施、班级管理与职业指导、教育教学评价、校企合作与社会服务、教学研究与专业发展

纵观已有的关于中等职业学校教师专业能力结构的研究成果，大致可从以下几方面进行分类：一是从某一具体能力出发，如构建教学能力框架；二是以某一具体类型教师作为研究对象，构建专业能力及其结构，如实习实训教师的专业能力结构研究；三是研究者偏向某一学科性，如中职学校某一专业教师专业能力研究；四是中职教师应依据教学任务制定专业能力结构框架。中等职业学校教师专业能力结构研究呈现出多元化发展局面。研究者侧重点不同，角度不同，结构自然也不可能相同。当然，每一种教师专业能力结构都有其合理性，但难免也会在某些方面存在不足。目前，从对象上来看，有的偏重于教师职业特点，有的偏重学生的角度，有的则体现职业教师的社会性；从专业能力角度来看，有的重视实践能力，有的重视教学能力，有的重视知识能力，有的突出心理方面的能力，有的侧重关注与社会的联系能力。总之，以往的研究主要是从目前教师具有的能力的角度进行构建，是教师能力的一种实然状态。实际上，随着教师专业化从理论走向实践，教师职业从半专

① 和震. 中等职业学校教师素质状况与提高策略[J]. 教育研究，2010，(2):84-88.
② 忽江华. 浅议中等职业学校教师的专业化发展[J]. 太原大学教育学院学报，2013，(6)：33-35.
③ 赵雪，李蕾蕾，赵宝柱. 中等职业学校教师专业知识与专业能力现状调查分析[J]. 职业技术教育，2013，(10)：55-59.

业化走向专业化，教师专业能力的构建必须面向未来，应考虑如何促进教师专业能力增量的提升。因此，需要按照教育专业发展的实然状态，用新的理论来重新构建中等职业学校教师专业能力的结构。

(三)中等职业学校教师专业能力框架

1. 理论依据

构建中等职业学校教师专业能力框架，必须要有一定的理论作为支撑，本研究从教师专业化理论、行为导向理论和系统理论出发，从而为后文中职教师专业能力的构建提供理论依据。

(1)教师专业化理论

教师专业能力是教师专业化运动的结果，同时也是在教师专业化理论的基础上发展起来的概念，可视为教师专业化发展的表现。中等职业学校教师专业能力框架的构建应从中等职业学校教师专业化视角出发，充分体现中职学校教师专业化内涵和发展需求。

中等职业教育与普通教育不同，中等职业学校教师专业化强调知识是教师基于实践的主观建构和整合，强调教师参与教育改革的社会责任并不局限于知识的传输，它更注重突出对学生进行系统的专业操作能力的培养，并且使这种专业操作能力与相应的专业理论做到知行合一，更注重突出在每个教育环节中对学生进行职业意识、职业道德、职业责任、职业习惯的渗透，以培养出具备专业操作技能、沟通协作和创新创业能力的人才为目标。由此可见，中等职业学校教师专业化因其教育培养目的不同，除了应具备教师专业化的普遍特征外，还有着与其培养特点相一致的个性特征。中等职业学校教师必须满足专业实践性、教育教学性和学术研究性统一发展的要求，只有实现"三性"统一与整合发展，才能不断促进中职教师的专业素质提升及专业化发展[1]。

(2)行为导向理论

行为导向理论是20世纪80年代在德国职业教育界出现并为世界各地职业教育所推崇的新思潮。"行为导向"是指以行为或工作任务为主导方向的职业教育教学改革策略[2]。行为导向关注综合职业能力与全面素质，行为导向教学法的核心就是活动和实践。行为导向理论认为，传授专业知识是远远不够的，具体专业知识需要"自我确定，一生不断地学习"。中等职业教育的最高目标是养成学生的职业行为能力，行为导向教学法不仅能够更好地培养学生的职业行为能力，还能够更好地实现教学

---

① 叶红英. 论中职教师专业化发展[J]. 中国成人教育，2009，15:80-81.

② 李晓玲. 行为导向：德国职业教育教学改革的理论与实践[J]. 教育发展研究，2002，11:109-111.

目标。行为导向理论在中等职业教育中的有着重要的理论与实践意义。构建中等职业学校教师专业能力框架应基于行为导向理论的先进教学实践。

（3）系统论理论

系统论理论要求把研究对象当作一个系统，从系统的整体出发，在系统与要素、要素与要素、系统与环境的相互作用中解释与处理研究对象的特质和规律[1]，具有整体性、层次性与开放性的特点。构建中等职业学校教师专业能力框架，除了应体现系统性的三个特点外，还必须能够体现其教育对象的目标、教育内容、教学方式等不同属性的特征，按隶属关系和层次原则组成有序集合体，而且要体现开放性，教师就不能局限于学校，应与行业多联系。所以，必须从系统论理论的视角出发，将整个构成框架分为几大类别，再细化分为多个具体表现，这种构成框架强调中等职业学校教师专业能力是一个系统的、层次分明的能力结构。

2. 中等职业学校教师专业能力框架的构建

中等职业学校教师必须具备宽泛的专业能力，只有这样才有利于完成教师预先设定的教学目标，并有效满足学生的需求，培养学生的专业能力。我们通过梳理国内对中等职业学校教师专业能力已有的研究成果，以及结合自己对中等职业学校教师专业能力及其结构的认识与理解，基于中等职业学校教师专业化发展要求视角，从教师行为导向理论出发，按照系统理论的思想，将中等职业教师专业能力划分为教学、教育、实践实训等 10 个能力领域，按隶属关系和层次原则细化为有序的 65 个基本要求的集合体（表 1-3）。

表 1-3　中等职业学校教师专业能力的基本框架

能力领域	具体表现
教学能力	教学准备能力，教学设计能力，教学组织能力，教学实施能力，教学研究能力，教学改革能力，课程开发能力，课程改革能力，应用教学媒体能力
教育、指导能力	传授道德能力，了解学生能力，对学生施加积极教育影响能力，转化后进生能力，引导学生能力，指导学生专业理论知识学习能力，指导学生专业实践能力，指导毕业设计能力
实践、实训能力	参与实践能力，实践操作与示范能力，社会实践能力，教学管理实践能力，开展实践教学活动能力，指导校内实训教学能力，指导校外实习教学能力，指导课外科技活动能力
管理、整合能力	班级管理能力，学生管理能力，教学管理等能力，职业知识、能力和态度进行有效整合等能力，组织学科课外活动能力
评价和反思能力	自我评价能力，正确评价学生能力，引导学生自我评价能力，自我反思能力，引导学生自我反思能力，教学评价能力，工作评价能力，社会评价能力，及时调整和改进教育教学工作能力
学习、合作能力	学习新知识、新技能、新方法能力，构建自己专业理论知识和专业技能框架的能力，积累学科和实践性知识能力，团队合作及与他人合作能力（包含教学、工作、社会上的合作）

---

[1] 安文铸.教育科学与系统科学[M].长春：吉林教育出版社，1990.

续表

能力领域	具体表现
观察、交流能力	观察学生能力，对学生进行心理疏导能力，与家长、同行、学生进行交流沟通能力，突发事件处理能力
行业联系与社会咨询能力	收集行业信息能力，市场调查能力，与企业沟通能力，行业协调能力，开展行业联系活动能力，为学生提供实践机会能力，获得行业实际经验及提供行业咨询和培训服务能力，指导学生就业能力，指导学生创业能力
科研、创新能力	创新教学能力，创新思维能力，创新方法能力，科学研究能力
专业实践能力	企业实践能力，专业进展分析能力，参与技术革新和产品研发能力，指导专业技能竞赛能力，开展专业服务能力

按照教师行为导向理论，教师专业能力可以包括专业胜任能力和专业发展能力：专业胜任能力是从事职业教育教师职业必备的专业能力；专业发展能力是促进教师专业发展的能力。教师专业胜任能力包括：教学能力、教育指导能力、实践实训能力、管理整合能力和评价反思能力，这是中等职业学校教师专业能力的基石，是教师胜任中等职业学校教师职业必备的能力，也是一个合格教师必备的能力。按照教师专业化理论，教师在整个职业生涯中必须重视自身专业发展，通过多种途径提高自身专业水准，走专业化发展道路。以往的研究主要重视教师专业胜任能力，而忽视专业发展能力，这样构建的教师专业能力不利于教师的可持续发展，长期如此甚至会影响教师专业胜任能力。教师专业发展能力不同于以往的专业基础能力，以往的研究认为教师专业能力需要教师基础知识和能力的支撑，离开了这些基础能力，教师的专业能力就难以为继，但这并不符合教师专业化理论。因为教育专业化对教师准入有严格的资质标准，而且随着整体教育水平的提高，教师的总体素质有了很大的提高，有些基础能力已没有必要再提。当然，教师专业发展能力也包括一些基础能力，但这些基础能力是面向教师专业发展所要求的能力，是一种有限目标；而以往所说的基础能力内容非常广泛，可以说是一种无限目标，许多是超出教师能力范畴的，是难以具体落实的。鉴于以上情况，本研究采用了教师专业发展能力，而非教师基础能力来构建中等职业学校教师专业能力框架。

具体而言，教师专业发展能力包括学习合作能力、观察交流能力、行业联系与社会咨询能力、科研和创新能力及专业实践能力。学习合作能力、观察交流能力是基于专业发展的基础能力，是适应学习型社会、互联网时代、开放性社会的外界要求的现代教师具备的能力；行业联系与社会咨询能力是充分体现职业教育特色、教师岗位特点的能力；科研和创新能力是一种高层次能力，科研能力直接反映中等职业学校教师专业化发展的实质，创新能力对中等职业学校教师的其他专业能力具有一种统摄作用，而其他能力是创新能力形成的基础。总之，专业发展能力是专业能力的较高层次，其特征是不断地探索进取、突破创新，对所有实践活动的效果和质量产生影响，直接体现教师专业化发展的本质。上述各能力相对独立同时又相互交义，存在内在的联系。这种能力结构其构成要素相互制约、相互促进，是一种不断得到完善和发展的过程，符合中等职业学校教师专业化特点，体现教与学的统一，直接反映其教育对象的属性特征，符合中等职业学校教师专业化能力要求，突出实践能力、教学研究与专业发展方面的相应能力，坚持实践、反思、再实践、再反思，不断提高专业能力的方法要求，同时符合终身学习与可持续发展的思想。

上述能力的描述是一种静态描述，各种专业能力并不是独立存在的，而是相互依存从而构成教师专业能力体系框架。教师专业能力结构与教师专业化有着紧密联系。教师专业能力结构的构建必须能反映教师专业能力的发展及专业化的内涵，中等职业学校教师专业能力是一个多元化、多层次的体系，各种能力之间相辅相成。中职教师专业能力的内涵及结构研究随着中等教育的发展与变革，需要不断开展创新性研究。中等职业学校教师必须以现代教育思想和教育理念为基础，不断提高自己的专业能力来满足学生对知识和能力的需求，努力使自己做到一专多能。

综上所述，已有的专业能力内涵及结构研究成果对中等职业学校教师专业能力研究具有重要的借鉴意义，但同时也存在不足，本书立足于中职教师专业发展特点及专业化需求，对中等职学校教师专业能力进行了概念界定，并依据一定的理论，进一步构建出基于教育专业发展的新的能力结构框架，以期推进中等职业学校教师队伍的建设与优化。但同时反观研究现状，会发现教师专业能力是一个常说常新的话题，仍有继续加深研究的必要。例如，目前学术界对如何界定一个成熟的中职教师、成熟的中职教师应该具备什么样的专业能力，还没有一个清晰、明确的标准。不同阶段的教师需要掌握哪些专业能力，以及如何准确、恰当地考核中职教师是否具备这些专业能力等，这些问题目前也尚未有明确的答案，有待今后进一步的研究。

三、中等职业学校"双师型"教师认定标准

"双师型"教师既是我国中职教师专业化发展程度的重要标志，也是中职教师队伍建设的重点目标，更是提高教育质量的人力资源保障。进入 20 世纪 90 年代后期，国家越来越重视"双师型"教师队伍建设，教育规划纲要提出要把建立"双师型"教师作为职业教育教师队伍建设的重点，并加大了对"双师型"教师队伍的规划。2010 年，教育部印发的《中等职业学校设置标准》规定，中等职业学校"专业教师数应不低于本校专任教师数的 50%，其中双师型教师不低于 30%"。2011 年，教育部印发的《关于"十二五"期间加强中等职业学校教师队伍建设的意见》进一步要求中等职业学校"双师型"教师占专业教师的比例应该达到 50%。2014 年 5 月，国务院发布的《关于加快发展现代职业教育的决定》提出了"完善教师资格标准，实施教师专业标准"的"双师型"教师队伍的建设目标。在这一系列政策的指导下，各地区采取多种措施加强"双师型"教师队伍建设，部分省份通过开展中等职业学

校"双师型"教师认定工作来推动"双师型"教师队伍建设。为此，我们对中等职业学校"双师型"教师认定标准进行了研究。

(一)中职"双师型"教师的内涵及其认定标准

理解"双师型"教师的内涵是制定"双师型"教师认定标准的基础。制定"双师型"教师认定标准，前提是厘清什么是"双师型"教师？至今，"双师型"教师的内涵还没有统一且权威的界定，其概念内涵仍处于多元化状态。总的来看，"双师型"教师的内涵，伴随着职业教育的发展而不断地发展变化。"双师型"概念是一个实践中的产物,时任上海冶金专科学校仪电系主任的王义澄于1990年12月5日在《中国教育报》刊载了《建设"双师型"专科教师队伍》一文，分析了上海冶金专科学校培养"双师型"教师队伍的具体做法。此后，1995年中华人民共和国国家教育委员会(简称国家教委，1998年改为中华人民共和国教育部)首次以文件的形式提出"双师型"教师，1998年教育部印发的《面向二十一世纪深化职业教育教学改革的原则意见》中对"双师型"教师的内涵做了比较明确的规定，此后国家出台的有关文件不断丰富和完善了"双师型"教师的内涵。"双师型"教师的内涵大体经历了"双职称"说、"双能力"说、"双证书"说、"双证+双能"说、"双师素质"说、"一证一职"说、"双素质"说及"双师结构"说等历程。

上述这些提法实质上是"双师型"教师的表征或"双师型"教师的存在形态，而非"双师型"教师的内涵，"双师型"教师的内涵是指既能从事理论教学，又能指导实践教学的专业教师，即上得了讲台，下得了车间，能"文"能"武"的教师。如前所述，"双师型"教师的形态可以是多样的，如"双证""一证一职"等，但"双师型"教师的内涵或本质只有一个。在明确了"双师型"教师的本质和存在形态的关系后，就可以有效构建"双师型"教师的认定标准了。

最早是高职高专院校为了开展水平评估而设立了"双师型"教师认定。2004年4月，为了正式启动高职高专院校人才培养水平评估工作，教育部印发了《高职高专院校人才培养工作水平评估方案(试行)》，评估方案中对"双师型"教师提出了4条明确的认定标准。而对于中等职业学校"双师型"教师的认定标准，国家并未出台权威标准，2008年以来部分省份本着先行先试原则，开始建立符合本省份的中等职业学校"双师型"教师认定标准。先后有吉林、安徽、江西、河南、广西、江苏等省(自治区)出台了本地区的中等职业学校"双师型"教师的认定标准，并依照认定标准开展本地区内的中等职业学校"双师型"教师的认定工作，取得了一定成效。与此同时，部分地级市和许多职业学校也展开了各自的"双师型"教师认定标准工作。例如，2015年长沙市出台了《长沙市中等职业学校"双师型"教师认定标准》。总体而言，这些不同省份和地级市的认定标准具有一定的相似性，同时也存在着一定的差异性。

(二)部分地区"双师型"教师认定标准比较

1. 认定对象

一般而言,中职学校"双师型"教师的认定对象基本被界定为专任教师中的专业课教师,不同省份在具体的表述上基本相同,差异不大。但对中等职业学校的界定上,存在一定的差异。例如,长沙将认定对象界定为各中等职业学校、乡镇农民文化技术学校、职业培训与教研机构的教师,除中职学校教师外,职业培训与教研机构的教师也纳入认定范围;河南将认定对象表述为中等职业学校(含普通中专、职业中专、职业高中、成人中专,不含技工学校)从事专业课教学工作的专任教师(兼任、转任专业课的文化课教师,应以专业课教师身份参评);重庆限定为专业课教师,兼任、转任专业课的文化课教师也应以专业课教师身份参评。从重庆市和河南省可以看出,两者都对兼任、转任专业课教师做出了明确规定,需以专业课教师身份参评。

兼职教师是否纳入认定对象,不同地区存在差异。有些地区明确将兼职教师纳入认定对象,如安徽、广西直接将认定对象定义为各类中职学校的专职教师与兼职教师。但也有地区并未将兼职教师纳入认定范围,如江西则明确指出不包含兼职教师。从对兼职教师纳入认定范围的地区来看,兼职教师"双师型"教师的认定标准一般低于专任教师的认定标准。

2. 认定标准比较

通过对现有的认定标准的分析,大致可以将其归纳为 4 种类型。

(1)层级认定标准

以重庆、广西为代表。此类标准按照时间和能力两个维度来构建,把中等职业学校"双师型"教师分为初、中、高三个等级,三个等级与中等职业学校教师专业技术职务体系基本上相对应。

重庆与广西关于初级"双师型"教师的认定标准表述大体相同,一是具有中等职业学校相应的教师资格,取得教师系列初级及以上专业技术资格;二是具有与本专业相关的执业资格或专业技术资格或中级以上职业资格。除此之外,广西初级"双师型"教师的还要求有两年的一线专业教学经验。

关于中级和高级"双师型"教师的认定标准,重庆采用"必备条件+拓展条件"的形式,中级和高级均是 5 个拓展条件,5 个条件满足一个即可认定。但 5 个条件中,除了执业资格(准入资格)外,高级所需要的资格比中级高一个层次。广西的中级和高级"双师型"教师认定标准结构采用"必备条件+拓展条件+破格条件"的形式。不管是广西还是重庆,其必备条件和拓展条件都表现出认定级别越高,对教师资格的要求就越高，表现出一定的递进性。其必备条件涉及教师资格和职业资格等，拓展条件涉及获奖状况、课题研究、实践工作经历等方面。重庆从2009年以来实施"双师型"教师认证工作，到2016年，重庆中等职业学校"双师型"教师认定工作已完成5批，共认定数千名初、中、高级"双师型"教师，其中，初级由各区县自行认证，而中、高级由市相关组织机构进行认证。广西试点认定工作从柳州开展，历时两年，2015年的认定工作完成情况为：801名申请者共有663名通过认定，通过率为82.8%。

此类标准体系借鉴教师专业技术职务（职称）体系，将"双师型"教师分为初级、中级和高级三个级别，等级从低到高，循序渐进，在一定意义上有利于中等职业学校培养"双师型"教师队伍，能够实现目标激励，促进教师从低级向高级专业化方向发展，同时，"双师型"教师层级化、结构化有利于不同地区、学校之间"双师型"师资队伍的比较。

（2）无级别认定标准

除重庆、广西之外，其他地区的标准都是无层级之分的，对于不同教师都是同一认定标准，也就是说只要达到规定的要求就能被认定为"双师型"教师。无差异或无级别认定标准，又可以细分为以下几种类型。

1）以安徽、长沙为代表的"基本（必备）条件+拓展（能力）条件"标准。"双师型"教师认定从必备条件和拓展（能力）条件两个方面进行评价和认定，基本条件包含学历、资格、职称方面的要求，是必备条件。拓展（能力）条件可以选择，长沙是7选1，安徽6选1，两地拓展条件虽表述不同，但条件基本相同，涵盖技能培训、技能竞赛、应用型项目研究、两年专业工作经历等方面，除此之外，安徽将兼职教师认定标准单独列出并加以细化，但与专任教师相比，兼职教师的认定标准相对宽松。

2）以吉林为代表的教学和实践双重认定标准。吉林的认定标准完全按照"双师型"教师的教师能力和专业实践能力两个维度来认定，不像其他地区主要是对后者进行认定，对专业技能和实践方面的认定，也要求具备条件之一即可。吉林从2008年开始认定"双师型"教师，2015年又对"双师型"教师认定标准进行了修订，体现在对教学工作量和专业技能条件的要求上，专业技能条件范围更宽泛，更加注重教学工作。吉林的认定工作取得了比较好的成绩，从2010年的首批1625名，到2015年的911名，虽然数量减少了，但认定要求变高，为吉林的中等职业学校教师队伍"双师"化奠定了一定的基础，有力地推动了吉林中等职业教育的发展。

3）以江西为代表的完全必备条件认定标准。这类标准直接规定了全部5条必备条件，没有提供额外可选的拓展条件。标准涵盖任教资格、专业技术职务、专业技术资格、专业教龄、实践活动经历5方面，基本囊括了"双师型"教师的要求。江西已经完成了三次认定工作，而且纵观江西近几年认定工作的实施，其认定标准逐步明确，标准要求逐步提高，如操作技能要求逐步提高到高级及以上职业资格水平、企业实践时间要求逐步提高到两年(5 年内)。

此类认定标准的内容结构为证书+专业技术职务+教育教学能力+专业实践能力，不难发现，此类标准强调职业技能要求和企业实践，体现出重视专业教龄及与企业技术的结合程度。

(3)专业技术资格(职业资格)认定标准

江苏省教育厅 2012 年印发了《江苏省中等职业学校主要专业"双师型"教师非教师系列专业技术证书目录》(简称《江苏省专业技术证书目录》)。我国职业资格证书制度包括职业资格证书和从业资格证书，职业资格也称执业资格，是一种准入性评价；从业资格是一种水平性评价，从业资格又包括传统人事部门的专业技术人员的专业技术职务和劳动部门的技能型人才的技术等级证书。因此，《江苏省专业技术证书目录》包括专业技术人才的专业技术职务资格证书和技能型人才的职业资格等级证书。该目录包括了非教师系列专业技术职务和职业资格等级证书，还规定了中等职业学校各专业大类主要专业对应的非教师系列专业技术证书的名称、级别和发证部门；另外目录还要求中等职业学校认定的"双师型"教师，在受聘中级及以上教师职称的同时，还应取得目录规定的最低等级专业技术证书；同时目录还提出，2015 年以后的"双师型"教师应取得核心技能证书技师以上等级证书这一硬性规定。

江苏属于经济发达地区，其"双师型"教师认定标准主要规定了中级及以上非教师系列专业技术职务和高级工职业资格及以上等级证书，是一种资格认证，而没有考虑教师专业实践能力。这种认证比较简单，实践中便于操作，有利于体现公平原则，但忽视了"双师型"教师实践经历、操作能力等方面的要求。因此依此标准所评审出的中职"双师型"教师是否接近真正的"双师型"教师的能力要求，还有待在实践中检验。

(4)基于教师专业技能与实践的认定标准

2013 年 9 月，教育部颁发了《中等职业学校教师专业标准(试行)》，该标准适用于专业课教师和文化课教师，而"双师型"教师只存在于专业课教师中。河南省参照国家教师专业标准，结合"双师型"教师的特点，于 2013 年出台了《河南省中等职业学校"双师型"教师基本能力标准(试行)》，从职业意识和态度标准、教育教学和专业知识标准、教学和专业实践能力标准 3 个维度规定了"双师型"教师能力标准。据此，2015 年河南省又出台了《河南省中等职业学校"双师型"教师认定工作实施细则》，在规定了基本教学能力的基础上，从专业技能和专业实践两个方面对专业实践能力进行认定。与其他地区相比，这一认定标准与继续教育结合起来，也就是说在认定的前5年必须有相关的企业实践经历。这一做法与国家要求教师必须每5年轮训一次的要求相一致，且轮训要求有企业实践。

以上4类"双师型"教师认定标准，基本都是按照"教学能力+专业实践能力"来进行构建的，都是针对当前我国中等职业学校专业教师实践能力不强的特点，通过制定认定标准，来引导教师加强专业实践能力。由于"双师型"教师表征特点的多样性，在具体认定指标上有一定的差异性，这与各地教育主管部门推行的教师政策也有一定的关系。同时，一些地区"双师型"教师认定标准单一，如缺乏认定有效期等规定，可能造成一旦获得便终身有效，不能及时反映教师的真实水平，也难以有效满足职业教育快速发展变化对教师提出的新要求。

(三)关于中职"双师型"教师认定标准的几点思考

1. 正确处理好《专业标准》和"双师型"教师认定标准的关系

《专业标准》是一个合格教师的基本标准，"双师型"教师认定标准不能低于这一标准，而且这一标准在各种标准中处于基础地位，它指导其他教师标准的制定。各地制定"双师型"教师认定标准时应结合《专业标准》并加以丰富与完善，使地方标准制定符合国家宏观要求。正确处理好《专业标准》与"双师型"教师认定标准的关系是制定"双师型"教师认定标准的必要条件。首先必须承认《专业标准》具有导向作用，从而在此基础上进一步规范与优化"双师型"教师认定标准和认定程序。要基于《专业标准》，但不局限于《专业标准》，各地"双师型"教师认定标准必须强化对教师的"双师"素质考察。

2. 国家层面没有必要制定"双师型"教师认定标准

通过上面的分析，不难看出各地认定标准存在差异，反映了我国各地教师队伍建设水平的不平衡，如西部的重庆和广西，分初、中、高级别来认定，反映了西部地区教师队伍建设滞后，"双师型"教师比例低，需要循序渐进地发展；而江苏校企合作开展得比较好，教师到企业实践的机会多，因此它的认定标准只对非教师系列专业技术资格或职业资格进行认证，而且标准比较高，职业资格证书最低要求为高级工，2015年要求职业资格为技师。各地经济、教育等发展程度的差异，导致职业教育发展的差异，中等职业学校教师队伍建设水平不可能整齐划一，标准的制定要因地制宜。鉴于此，国家层面没有必要制定"双师型"教师认定标准，以便充分体现职业教育的地方性和区域性。

3. 各地要在制定"双师型"教师基本能力标准的基础上制定认定标准

中等职业学校"双师型"教师能力标准是衡量教师是否具有双重教育教学能力的重要指标，是对从事中等职业教育教师这一职业所应具备的知识、技能、情感、行为等方面指标的具体细化的要求。"双师型"教师基本能力标准是"双师型"教师认定标准制定的基础,只有明确了"双师型"教师能力标准,才能有效遴选出认定标准。各地应学习河南的做法,按照教育部《专业标准》制定适合本地区的中等职业学校'双师型'教师基本能力标准,然后按照"双师型"教师基本能力标准来制定认定标准,加强认定标准的科学性和准确性。

4. 制定认定标准要与各地推行的教师政策相结合

中职"双师型"教师是职业教育队伍建设的重中之重,制定"双师型"教师认定标准是加强"双师型"建设的一个重要抓手。认定标准具有激励、引导、评价的功能,认定"双师型"教师的目的是推动"双师型"教师队伍建设,也就是说认定标准一方面可以引导、激励教师成为"双师型"教师;另一方面也是教育主管部门在一定时期加强教师队伍建设的重点。为此,认定标准一方面必须以各地教师队伍的发展现状为依据;另一方面要结合教育主管部门在一定时期加强教师队伍建设的举措来制定。究其原因主要是目前对于我国教师专业发展来说,国家还没有建立长效机制,基本上依靠政府设置的项目来推动,也就是说教师专业发展在很大程度上依靠政府的政策支持来实现。

5. 加快兼职教师资格认定

兼职教师是"双师型"教师队伍的重要组成部分,是加强学生实践技能培养的重要力量,是实施校企合作、工学结合人才培养模式的重要保障,是优化教师队伍素质的重要举措。当前,我国中等职业学校兼职教师比例不断提高,按照教育部颁布的《中等职业学校设置标准》,兼职教师的人数比例至少要占专任教师的20%。因此,中等职业学校"双师型"教师标准的认定对象,不应仅包括专任教师,还应该包括兼职教师。"双师型"教师认定标准不应只局限于校本专业教师,也应为兼职教师制定相适宜的认定标准[1]。将兼职专业教师纳入"双师型"教师认定对象,有利于吸引更多的优秀技术技能人才进入职业教育教师队伍,进而更有效地实现技术技能人才培养目标,形成专兼结合、优势互补的"双师型"教师队伍。在上述列举的地区中,只有安徽、广西两地明确将兼职教师纳入中职"双师型"教师的认定范围,从实施效果来看,具有一定的可行性和合理性。当然,由于专、兼职教师职业背景不同,认定标准不能同质化,兼职教师实践能力较强,但教育教学能力弱,因此也需要从"双师"的角度进行规范。

省(市)级中职"双师型"教师标准及相关认定工作,是一项立足当下、着眼未来、具有重大意义的制度性建设[2]。各地中职"双师型"教师认定标准的建立和规

① 曹晔.重视兼职教师的发展构建二元化"双师型"师资队伍[J].中国职业技术教育,2007,(6):27-29.
② 卢建平,钟显东.中职"双师型"教师认定与管理制度探析[J].职教论坛,2012,(25):63-65.

范，是强化"双师型"师资队伍建设的有效手段，同时也是促进"双师型"教师专业发展的制度保障。总的来看，这些认定标准所做的工作是有意义的，对实践也是有意义的，但探索还处于初步阶段，标准也是大致的，远没有达到预期目标。各地应进一步加大改革创新力度，按照教育部颁布的《专业标准》的要求，可以从专业理念和师德、专业知识、专业能力 3 个维度来构建，当然，也可以从其他维度来构建。同时，在重视专业实践能力的同时，要加强专业理念和师德方面的内容。总之，地区性"双师型"教师认定标准应体现多样性、操作性、发展性的特点，既能反映地方特色或区域性，又能适应教师专业发展的要求，使中职"双师型"教师认定标准逐步走向规范化、科学化和制度化。

四、中等职业学校兼职教师资格认定标准

兼职教师一般是被职业学校聘请，兼职担任学校专业课与实习指导课的教学工作的专业技术人员或具有高技能的人才[①]，是中等职业学校教师队伍的重要组成部分，是中职学校实习实训教学任务的主要承担者，同时也是中职教育能够健康发展的重要因素。但由于目前我国没有严格的中职学校兼职教师准入制度和明确的兼职教师准入资格，从而导致兼职教师"实践能力较强，整体教学能力偏弱"。由于学校不同于企业，学生不等于员工，因此制定中职学校兼职教师资格标准，是选聘适合教师岗位、喜欢教师职业的兼职教师的必然要求。通过对目前我国中职学校兼职教师准入资格和聘用条件进行梳理，结合对部分发达国家的兼职教师聘用条件的借鉴，我们试图构建出适应我国中职教育发展的兼职教师聘用标准。

(一)我国中职学校兼职教师聘用条件的现状

1. 中央政府关于中职学校兼职教师聘用条件的政策要求

我国虽然从 2001 年开始实施职业教育学校教师的教师资格制度，但一般只适用于专任教师，对于兼职教师并没有规定要求。最早对兼职教师的聘用条件做出明确要求的是 1986 年国家教育委员会颁发的《关于加强职业技术学校师资队伍建设的几点意见》(〔86〕教职字 012 号)，文件指出要"聘请有实践经验的四级以上技工、能工巧匠担任实习指导教师"，对担任实习指导课的兼职教师的专业证书等级做出明确规定。

在 2006 年教育部、财政部颁布的《关于实施中等职业学校教师素质提高计划的意见》(教职成〔2006〕13 号)中则更加明确地指出"所聘人员原则上应具有中级以

---

① 教育部，财政部，人力资源和社会保障部.职业教育兼职教师管理办法[Z]. 2012.12.24.

上专业技术职务或高级工以上技术等级资格，具备良好的职业道德、专业素养和较高的技能水平，胜任教育教学工作"，该文件虽然只是对兼职教师的职称和技能水平及专业素养等专业教学基本能力做了泛泛的规定，但相比之前的文件政策要求而言，不仅提高了对兼职教师专业技术等级资格的要求，还增加了兼职教师职业道德和专业素养方面的聘用条件。

迄今为止，对职业学校兼职教师聘用条件做出较为全面规定的文件是 2012 年教育部等四部委联合印发的《职业学校兼职教师管理办法》（教师〔2012〕14 号），该文件对兼职教师的思想政治素质和职业道德、专业素养和技能水平、专业证书等级、岗位工作经验（工作岗位时间）4 方面的条件做出了相应的规定，其中前两者的规定较为简单，如技能水平方面只要求能胜任教学工作，后两者的规定则较为具体和丰富，如专业证书等级方面要求"应具有中级以上专业技术职称（职务）或高级工以上等级职业资格（职务）"，并强调"特殊情况也可聘请具有特殊技能，在相关行业中具有一定声誉的能工巧匠、非物质文化遗产国家和省级传人"，文件还要求中职学校初次聘请的退休人员，离开原工作岗位的时间一般在两年之内，年龄一般不超过 65 周岁，如有特殊，则另行规定。

从上述文件可以看出，随着对职业教育的重视，中央政府对中职学校兼职教师准入资格的要求日益严格和明确，但多集中于兼职教师的专业技术职称和岗位实践经验，对兼职教师作为"教师"角色所需具备的教学能力要求较少。

2. 地方政府关于中职学校兼职教师聘用条件的政策要求

为促进地方中职教育的发展，各地方政府针对兼职教师的聘用条件也做出了相关的政策规定。尤其是为贯彻 2007 年教育部、财政部出台的《中等职业学校紧缺专业特聘兼职教师资助项目实施办法》（教职成厅〔2007〕6 号）的文件精神，各省、市相继出台了中等职业学校"特聘兼职教师"实施方案或管理办法，如 2008 年江西省、四川省、河南省分别出台的《江西省中等职业学校"特聘兼职教师"资助项目实施方案（试行）》（赣教职成字〔2008〕1 号）、《四川省中等职业学校特聘兼职教师资助计划实施办法（试行）》（川教〔2008〕188 号）、《河南省中等职业学校紧缺专业特聘兼职教师实施办法》（教职成〔2008〕110 号），以及 2011 年青岛市教育局、财政局印发的《关于建立中等职业学校特聘兼职教师制度的通知》（青教通字〔2011〕71 号）等，这一系列政策文件都对"特聘兼职教师"的基本条件做出了具体、明确的规定，主要包括以下内容：良好的职业道德、较高的专业素养和技能水平，具备中级以上专业技术职务或高级工以上的职业资格，或者是在相关行业具有较高的威望、具有丰富的实践经验和特殊技能的"能工巧匠"，能胜任教学工作等。

由于各地区中职教育发展水平不一，政策要求略有差异。例如，青岛市在专业证书等级上，除要求兼职教师具备中级工以上专业技术职务之外，还要在地市级（含行业)以上的技能比赛中获二等奖及以上奖励,还要求一般应具有 5 年以上专业实践工作经验,并且能够胜任中职专业教学与相关实习实训指导工作;四川省要求所聘任的兼职教师,须是企业或行业工作人员(在职或退休),是生产一线的技术骨干、高、中级技术人员。此外,两地对兼职教师的年龄也分别做了限制:四川省要求年龄一般在 55 岁以下;青岛市放宽年龄的限制,为不超过 65 岁。

从各地区出台的政策文件中可以发现,虽然各地区对"特聘兼职教师"的基本条件略有不同,但并没有实质性的差异,都是主要围绕在职业道德、专业素养与技能、专业技术职务和年龄 4 个方面。

3. 我国部分中等职业学校兼职教师的聘用条件

为探寻我国中等职业学校兼职教师的聘用标准,我们对部分中等职业学校的聘用条件归纳如下。

(1)专业技能和岗位工作经验

由于目前兼职教师主要承担中职学校的实习实训教学任务,因此要求兼职教师必须能熟练操作各种仪器设备,具备较高的实践操作能力和熟悉工种训练流程,所以学校在招聘时比较注重兼职教师的专业技能和岗位工作经验。例如,为招聘具有高水平专业技能和丰富岗位经验的兼职教师,部分中职学校聘请了在工厂里工作了几十年的老师傅。

(2)专业证书级别和专业知识

一般中职学校对兼职教师专业证书级别没有强行规定,只要求专业证书与学校所教专业对口,当然,学校越好,对兼职教师的专业级别要求越高,如中职示范校要求兼职教师必须持有中级工以上专业资格等级证书。一些中职示范校则对兼职教师的专业知识有所要求,如在选聘时除了要求兼职教师能熟练操作仪器设备之外,还要求兼职教师能讲述操作原理。

(3)思想政治素质和职业道德

由于教学工作和教学对象的特殊性,因此对兼职教师的思想政治素质和职业道德也应有所要求,如部分学校在招聘时明确要求所招聘的人员在本职单位无不良记录,在面试时也比较注重对兼职教师的综合素养和谈吐修养的考察。

从部分中职学校的聘用条件来看,可以发现中职学校对兼职教师的要求主要集中在专业技能和岗位工作经验、思想政治素质和职业道德方面,中职示范校对专业证书级别和专业知识有所要求。另外,中职学校对兼职教师的学历一般不做硬性规定。

从对中央、地方政府相关政策文件的分析和部分中职学校选聘兼职教师的条件来看,目前我国对中职学校兼职教师的聘用条件集中于以下几个方面:①职业道德和思想政治素质,一般要求兼职教师遵纪守法、在企业无不良记录和热爱教育事业;②专业素养和技能水平,对兼职教师专业素养的要求多集中于专业知识,对兼职教师技能水平的要求则是由兼职教师所承担的教学任务决定的,而对兼职教师专业素养和技能水平要求的落脚点是能胜任教学工作;③专业技术职务或职业资格的要求,一般要求兼职教师具备中级以上专业技术职务或高级工以上职业资格(职务);④岗位实践经验的要求,要求兼职教师是长期从事本职工作的在职人员,特殊情况可聘请退休人员,但对退休时间和年龄进行了限制。总的来看,目前我国对兼职教师的任职条件要求多集中在专业技术能力方面,对其师范能力的要求还不具体,也缺乏可操作性。

(二)部分发达国家职业学校兼职教师聘任资格

1. 美国职业学校兼职教师资格要求

美国社区学院兼职教师的聘任资格要求非常严格。要求兼职教师的学历为硕士及以上学位,还需具备相关教学、工作经验。如满足同等资格条件,也可任职。兼职教师的聘期一般为一学期,期满后双方若想继续合作,需重新签订聘请协议或合同。续聘者不仅需要提交续聘申请,同时还要提交过去 3 年内的授课名称、两门课程讲义、教学效果评价、接受继续教育的证明、教学方式改革,以及未来 5 年的教学目标等八大类近 20 项的相关资料,供续聘审查委员会审查,资料合格者才可任职[①]。可见,在美国,对于兼职教师的聘任资格要求非常严格,对学历和工作经验都有一定的规定。美国对于兼职教师和专职教师的要求几乎相差无几,之所以兼职教师的教学质量并不比专职教师差,在某些方面甚至超过专职教师,是因为他们更加熟悉行业现状和职业岗位技能。

2. 澳大利亚职业学校兼职教师资格要求

澳大利亚主要通过广告向社会公开招聘实践经验丰富的专业人员,应聘者通过相关的资格审查和考核方可上岗,但学校还要按标准培养,即运用社会公开招聘的方式,招聘伴随严格的标准和考核,只有这样才能招到优秀的兼职教师,为后期的培训节省不少时间和财力。同时澳大利亚还要求兼职教师文化素质要好,这主要体现在高学历上。例如,悉尼理工学院在聘用兼职教师时,要求其应具有大学本科学历,从事本专业实际工作 5 年以上,同时要求其补学教育学、教育心理学。澳大利亚选聘的兼职教师在从教的同时还要接受大学教育学院为期一至两年的师范教育,最终获得教师职业资格[②],这种教师职业资格是专门针对职业教育的认证资格,不

① 李霆鸣. 美国社区学院兼职教师的管理模式及启示[J]. 新课程研究(职业教育),2008,(3):129-132.
② 孔凡成. 发达国家高等职业教育中的兼职教师及其启示[J]. 世界教育信息,2007,(8):20-22,93.

像我国的教师资格证那样具有通用性。澳大利亚兼职教师准入条件的严格性，确保了教师的教学质量。

3. 德国职业学校兼职教师资格要求

德国职业技术教育的快速发展得益于其对兼职教师的高资格要求。兼职教师不仅要具备相应的专业知识和工程师、师傅证书，还要有相当长的企业工作经历，而且能把企业的生产、经营、管理及技术改进方面的最新情况与学生所学内容紧密、及时地结合起来[①]，即要求兼职教师不仅要有专业技能，还要必须具备一定的教育教学能力。当然，德国之所以对兼职教师有这么高的要求，主要取决于企业对职业院校聘请兼职教师的支持。在德国企业内，实训教师的地位和待遇要比一般员工高，因此企业会在较大范围内挑选素质高、工作能力强的员工进行关于教育教学方面的培训，考试合格者颁发合格证书，才能正式成为实训教师。企业还会为实训教师提供很多继续教育的机会，以提高实训教师的教育教学能力和专业水平[②]。

从国外职业院校兼职教师的聘用条件中可以发现，聘用兼职教师时对其学历、工作经验、专业实践能力和教学能力都有一定的要求。尤其是为了弥补兼职教师教学能力的欠缺，各个国家都为兼职教师组织了不同形式的教育学、心理学方面知识的培训。当然，国外兼职教师的聘用标准是建立在其职业教育发展的基础上的，如德国企业的自主行为。因此，在了解国外职业院校兼职教师聘用标准的基础上，我们应依据我国职业教育的发展水平，构建出适合我国国情的中等职业教育兼职教师聘用标准。

(三)我国中职学校兼职教师资格标准体系的构建

根据我国中职教育的发展现状和对国外教师聘用条件的借鉴，我们认为中职学校在选聘兼职教师时应该考虑兼职教师的思想政治素质与职业道德、专业能力和师范能力3个方面，为了提高兼职教师聘用条件的可操作性，我们在参照国内外职业学校教师资格标准和国内地方中学教师考试标准的基础上，细化了这3个方面的要求。

1. 思想政治素质与职业道德

由于兼职教师作为"教师"这一角色，从事的是教书育人活动，因此要求其必须具备良好的思想政治素质和职业道德。对兼职教师思想政治素质的考核主要是看其是否存在违法乱纪的行为，主要通过查阅档案进行了解。对兼职教师职业道德的考核，则基于兼职教师工作角色的复杂性，主要分为两个方面：一方面是岗位职业

---

① 彭红玉. 发达国家高职院校聘任兼职教师的比较[J]. 职教论坛，2004，(31):56-57.
② 张艳芳，汪晓莺. 德国高职兼职教师队伍建设的特点及对中国的启示[J]. 经济研究导刊，2009，(33):220-222.

道德，即兼职教师作为企业员工，所必须具备的岗位职业道德，主要通过走访企业考察其在企业是否存在不良记录；另一方面是教师职业道德，最为直接的方式是考察其对职业教育和职业学生的认同度，主要通过面试进行了解。

2. 专业能力

对兼职教师的专业能力的考核主要是从专业知识和专业实践能力两个方面进行。兼职教师丰富的专业知识，是靠时间的积累与沉淀形成的，凭着短时间的面谈，只能了解一二，过往的荣誉和资格证书是最好的证明，本环节的考核要求兼职教师提供：学历证书、企业从业岗位证明、职业技能上岗证、职业培训证书、参与技改或技术革新证明、获得专利证明等。对兼职教师专业实践能力的考核，除了让兼职教师现场操作外，还可以根据他们的证书级别大概了解其技能水平；本能力要求兼职教师提供：持有与所教实践课程相关的非教师系列专业技术职务中级以上资格证书、技术标兵证书、杰出工作者证书、优秀员工证书、各项职业技能资格证书、技术(技能)竞赛(比赛)获奖证书等。

3. 师范能力

对兼职教师师范能力的考核主要包括兼职教师的教学语言表达能力、实现教学目标能力、教学方式方法能力和教学组织能力4个方面。

1)教学语言表达能力是师范能力的基本要求，具体包括：①语言规范、准确、条理清晰，使用普通话；②口头表达能力较强，讲解深入浅出，层次清晰。

2)实现教学目标能力是指兼职教师必须了解所教课程的整体教学计划，明确整个课程目标和每次课的教学目标，如此才能达到预期的教学目标。本能力具体要求如下：①教学目的明确，能按照人才培养方案，切合学生的认知水平，制订实践和实训方案；②教学实施方案科学规范，教学重点、难点突出，课时安排紧凑合理。

3)教学方式方法能力是指兼职教师要把自己的"真功夫"通过有效的教学方式方法传授给学生，不仅让学生知其然，还应知其所以然，做到应知与应会的统一。本能力的具体要求包括：能灵活运用讲练结合、工学结合等多种教学方法，有效实施教学。

4)教学组织能力是保证教学秩序和教学质量的重要条件，也是合理使用教学条件的要求。具体包括：①能够按照实践、实训大纲开展教学，教学环节紧凑，教学秩序良好，教学过程安排合理；②指导学生主动学习和技术技能训练，有效调控教学过程；③能够保障学生实习实训过程的安全。

对兼职教师的考核通过试讲、面试两种方式进行，试讲主要是考察兼职教师的师范能力，根据选定的教学内容，在规定的时间内，独立设计出教学方案，并在指定班级进行试讲，条件不具备时也可采取说课的形式进行；面试主要考察兼职教师的师德、谈吐修养，主要采用问答形式。另外还要求兼职教师提供一些能够证明自身专业知识和专业技能的证书，以更全面地了解兼职教师的专业能力。此外，在专业实践能力方面还需兼职教师进行实际操作技能的测试。

五、中等职业学校教师专业发展标准体系

20 世纪 80 年代，美国最早兴起教师标准本位运动，继美国之后，欧洲各国也先后制定了教师专业标准，亚洲部分国家如日本、菲律宾、泰国、越南等近年也纷纷着手制定不同形式的专业标准[①]，开展标准本位的教师教育改革。关于职业教育的专业教师标准，国外一些国家或组织也建立了相关的标准，但许多称为能力标准。例如，2001 年美国颁发的《生涯与技术教育教师专业能力标准》（NBPTS）、2009年欧洲联盟(下文简称欧盟)颁发的《职业教育教师专业能力标准框架》、2010 年澳大利亚颁发的《职业教育教师核心能力模块》等。

2012 年 8 月国务院颁发的《国务院关于加强教师队伍建设的意见》中指出："完善教师专业发展标准体系。根据各级各类教育的特点，出台幼儿园、小学、中学、职业学校、高等学校、特殊教育学校教师专业标准，作为教师培养、准入、培训、考核等工作的重要依据。"教育部 2012 年出台了中小学和幼儿园教师专业标准，2013年教育部印发了《中等职业学校专业教师标准(试行)》（下文简称《专业标准》）。职业教育由于其特殊性，制定的教师标准应多于普通中小学教师标准，形成一个体系。中等职业学校教师专业标准体系包括 4 个方面：教师专业标准、教师资格考试标准、专业教师标准和专业教师毕业标准。

(一)中等职业学校教师专业标准

1. 教师专业标准

社会学认为社会职业分为一般性职业和专业性职业。典型的专业性职业，如医生和律师，要求从业者具有深奥的知识和技能，需要进行长期的学习和不断培训。教师专业标准中的"专业"是社会学意义的专业，教师专业标准是指教师的职业标准，之所以称为教师专业标准是因为教师职业是专业化的职业。

2. 教师专业标准的特点

(1)教师专业标准适合所有中等职业学校的专任教师
我国中等职业学校的专任教师包括文化课教师、专业课教师和实习指导教师，

① 许琳，周南照.科学构建教师专业标准体系势在必行[J].上海教育，2007，(23):27.

教师专业标准作为一种评价性职业标准，适合所有在中等职业学校从事教育教学的专任教师。从标准本身来说，主要是针对专业课教师和实习指导教师，当然对文化课教师也是适用的，但在应用时与专业课教师还应有一定的区别。职业学校教师队伍还包括外聘兼职教师，《专业标准》虽不适用于外聘兼职教师，但中等职业学校在外聘教师选聘和管理等方面可以此作为参照。

(2) 教师专业标准体现导向或引领作用

由于我国中等职业学校专业教师许多是从普通高校毕业的，专业实践能力和教育教学能力不足，因此，《专业标准》并不是按照现有合格教师标准要求制定的，而是按照培养技能型人才的要求制定的，有些要求可能高于现实，具有一定的前瞻性，旨在通过《专业标准》引领教师向专业化方向发展。

(3) 教师专业标准要求比"双师型"教师更全面、系统

"双师型"教师目前成为职业学校专业教师的代名词，为了加强"双师型"教师队伍的建设，一些地区甚至建立了"双师型"教师标准，如重庆市、江西省、安徽省等，但由于"双师型"教师内涵不确定，有各种各样的解释，不是一个科学的概念，对其建立标准具有一定的局限性。因此，教师专业标准一方面要体现"双师型"教师的要求；另一方面应与国际接轨，更加全面系统地对中等职业学校合格教师职业素养进行规范。

(4) 教师专业标准是对在职合格教师的基本要求

长期以来，中等职业学校合格教师的含义并没有科学定论，教师专业标准全面系统地构建了合格教师的最低要求。由于该标准是首次试行，它不仅适用于各种类型的专任教师，还适用于各个层级的教师，也就是说所有的专任教师都需要遵循。

3. 教师专业标准框架

《专业标准》由基本理念、基本内容和实施建议 3 个方面构成。

(1) 基本理念

基本理念是教师专业素质要素的核心，是认识和实施《专业标准》的指导思想。基本理念在教师专业化发展中起导向、引领和定位的作用，教师只有树立正确的理念，才会形成与之匹配的师德观念、专业知识和专业能力，才会科学开展教育教学实践。《专业标准》要求我国中等职业学校教师必须树立四大理念，即师德为先、学生为本、能力为重、终身学习。这 4 项理念突出强调了师德的首要性、学生的主体性、能力的重要性、终身学习的时代性，也可归纳为德、育、能、学 4 个字[①]。

---

① 黄萍，孟庆国.中等职业学校教师专业标准与职教教师培养培训[J].职教论坛.2014，(2):4-8.

（2）基本内容

基本内容是对合格教师专业素质提出的基本要求和教师专业行为提出的基本规范，由三个维度、15 个领域和 60 项具体要求构成。三个维度包括专业理念和师德、专业知识与专业能力。专业理念和师德由 4 个领域组成：职业理解与认识、对待学生的态度、教育教学态度与行为、个人修养与行为。专业知识由 4 个领域组成：教育知识、职业背景知识、课程教学知识、通识性知识。专业能力由 7 个领域组成：教学设计、教学实施、实习实训组织、班级管理与教育活动、教育教学评价、沟通与合作、教学研究与专业发展。

（3）实施建议

《专业标准》从教育行政部门、培养培训单位、职业学校、教师 4 个层面提出了实施要求，旨在引导该标准在实践中能够有效落实。

（二）中等职业学校教师资格考试标准

1. 教师资格制度

《中华人民共和国教师法》（下文简称《教师法》）明确规定国家实行教师资格制度，《国家中长期教育改革与发展规划纲要（2010—2020 年）》提出建立符合职业教育特点的教师资格标准。从我国职业资格制度来看，职业资格分为从业资格和执业资格两类，教师资格标准属于执业资格[①]。1995 年 1 月 17 日国家人事部印发了《职业资格证书制度暂行办法》，指出从业资格是指从事某一专业（工种）学识、技术和能力的起点标准，执业资格是政府对某些责任重大、社会通用性强、关系公共利益的专业（工种）实行的准入控制，是依法开业或从事某一特定专业（工种）学识、技术和能力的必备标准。教师是人类的灵魂工程师，是阳光下的职业，因此要求从业人员具有较高的素质，从事教师职业必须取得教师资格证书。我国 2001 年对各级各类教师全面实施教师资格制度，至今已有近 18 年的历史。然而由于《教师法》对中等职业学校教师只有学历和基本教育教学能力的要求，没有专业方面的要求，因此现实中中等职业学校专业教师准入缺乏科学的依据，大量缺乏实践技能和教育教学能力的人员进入中等职业学校教师队伍，不具有"双师型"素质的要求，不仅难以有效胜任培养技能型人才的教育教学工作，而且加大了后期培训工作的难度。

2. 教师资格标准的特点

（1）教师资格标准是一个准入标准

教师资格制度是教师队伍建设的基础制度，教师资格制度是否严格和规范，直

① 曹晔，盛子强.我国职业资格证书制度的历史、现状与趋势[J].职教论坛，2015，(1):70-75.

接影响教师队伍的可持续发展能力，也影响培养培训工作。为此，许多国家为职业学校教师制定了专门的准入标准。从职业资格证书制度来看，教师资格标准属于执业资格，是一种准入资格，教师只有取得教师资格证书才能从事这一职业。

（2）教师资格标准与考试相结合

由于许多国家职业资格标准非常完善，为了吸引行业企业优秀人才进入职业学校，一些国家就把职业资格证书引入到教师资格标准中，作为对职业学校专业教师的准入要求。我国由于职业资格证书制度不完善，企业技术技能人才进入职业学校的渠道不畅，目前中等职业学校教师仍然是来自高等院校，因此，必须建立教师资格考试制度。当然，随着经济社会的发展和职业学校办学实力的增强，我国一些发达地区不断提高教师资格标准。例如，2012 年《山东省人民政府关于加快建设适应经济社会发展的现代职业教育体系的意见》中提出：严格执行有关管理规定，改进职业院校教师准入制度，中等职业学校新进专业教师一般应具有 3 年以上所需专业工作经历、三级以上职业资格或助理以上非教师所需系列专业技术职务。

（3）教师资格标准要符合教师专业标准的要求

教师专业标准是在职教师的合格标准，制定教师资格标准必须符合教师专业标准的要求，只有按照合格教师专业标准制定准入标准，教师入职后经过 3～5 年的教学实践和培训才能达到合格教师的要求。当然，合格教师有些知识和能力是在教育教学实践和培训中获得的，因此不可能在资格标准中体现。同时，资格标准中的有些要求可能与教师专业标准是一致的，但其程度应是有差异的，资格标准是初步的，应比合格标准低。

（4）教师资格标准要平衡好应然与实然之间的关系

职业学校教师来源渠道多，需要设置准入标准。教师资格标准为各级各类人员进入教师队伍设置了一个门槛，门槛的高低与门槛的内容直接决定了什么样的人才和什么水平的人能进入教师队伍。教师资格标准制定要考虑两个方面：一是希望哪些人员进入教师队伍；二是哪些人员能够参加资格考试。只有把二者结合起来，才能制定出符合实际的教师资格标准，使愿意进入教师队伍和能够胜任专业教学的人员能够进入教师队伍。

3. 教师资格考试标准框架

教师资格考试标准既要体现对教师教育教学能力的要求，又要体现对教师专业素质的基本要求。为此，考试标准既要考虑入职后教师上岗能力的要求，又要体现教师可持续发展所需要的知识和能力。所以，教师资格考试标准受教师专业标准的指导，同时体现对教师基本素质要求的知识和技能。专业教师资格考试标准应由职业道德与素质、职业教育知识与应用、专业知识与能力、教学知识与能力 4 部分构成。由于中等职业学校专业数量较多且经常变化，应按专业大类构建教师资格考试标准，如何进行专业分类是建立教师资格考试标准的重点和难点。2010年教育部颁发的《中等职业学校专业目录》把专业分为18个大类，应在18个大类的基础上进一步细分，细分后的专业大类把共性的知识和技能作为考试内容，考试采取"知识+技能测试"的方式。技能测试，对于社会需求大的大类专业采取实际操作，对于社会需求小的大类专业采取笔试测试。技能考试可以采取先前认证的办法，凡是取得与考试资格相对应的专业的高级工证书或执业资格证书者可以免考。

(三)中等职业学校专业教师标准

1. 专业教师标准

中等职业学校承担3项教育功能：提高文化素养、培养职业能力、促进人的持续发展，其中培养职业能力是最本质的内容。中等职业学校专业教师对技能型人才培养具有极其重要的作用。教育部颁布的《专业标准》是对文化课教师和专业课教师的共同要求，虽然该标准为了体现了职业教育的特色，许多内容是符合专业教师职业发展的，但还不能完全满足专业教师专业发展的要求。为此还需要建立专业教师标准。专业教师标准与教师专业标准既有联系，也有区别。第一，它们都属于社会标准，是对合格教师的基本要求；第二，教师专业标准是一个上位的概念，它指导其他教师标准的构建，专业教师标准必须符合教师专业标准的要求；第三，教师专业标准和专业教师标准中的"专业"内涵不同，教师专业标准中的"专业"如前所述是社会学意义上的专业，是指职业，而专业教师标准中的"专业"是教育学意义上的专业，是指中等职业学校开设的专业，即中等职业学校教师教授学生的专业；第四，教师专业标准只有一个，而专业教师标准可以从多个维度来构建，可以是一个，也可以是多个，可以按具体的专业来制定，也可以按专业大类来制定。

2. 专业教师标准的特点

专业教师包括专业课教师和实习指导教师，是中等职业学校的一类教师，制定专业教师标准必须符合教师专业标准的要求。在此前提下，专业教师标准必须体现其自身的要求和特色。

(1)体现"双师型"教师的要求

1993年颁布的《教师法》明确规定我国实行教师资格制度，但中等职业学校教师资格标准只提出学历和基本教育教学能力的要求，没有体现专业教师所需的专业要求，因此在20世纪90年代初期由一线教师提出了"双师型"教师的要求，来体现职业教育专业教师的特点。"双师型"教师既形象易记，又体现了职业教育教师的特色，经过多年的发展，它已成为职业教育教师的代名词，为了推动"双师型"教师队伍的建设，许多人试图建立"双师型"教师标准，因此制定专业教师标准必须体现"双师型"教师的要求，这样制定出的专业教师标准才符合我国中等职业学校专业教师的实际。

(2)体现专业性的特点

专业教师标准，顾名思义要体现专业教师的专业特点。国家制定教师标准旨在规范教师的教育教学行为，引导教师向专业化方向发展。因此，标准要体现国家中等职业教育改革与发展对教师的要求，针对我国中等职业学校教师大多来源于学校、缺乏企业实践经历、专业实践能力差的特点，国家提出中等职业学校专业课教师必须每两年到企业实践两个月。因此，体现专业性特点不仅要体现教师从教专业的特点，还要体现教师企业实践能力的特点。企业实践能力包括两个方面：一是宏观上掌握行业企业的基本要求和人才规格需求；二是具体职业岗位的操作能力。前者主要是满足人才培养目标和规格的需要，后者主要是满足实践教学的需要，教师只有掌握了岗位操作能力才能有效提高学生的实践能力。

(3)体现可操作性的特点

与教师专业标准相比，专业教师标准是依据教师专业标准、按照专业教师的要求制定的一个标准，是一个下位概念，与教师专业标准相比，是一个操作性更强的概念。每个具体的标准可操作性越强，越能有效指导教师向专业化方向发展。因此，与教师专业标准相比，专业教师标准更要体现可操作性。

3. 专业教师标准框架

教育部颁发的《专业标准》，包括基本理念、基本要求和实施要求3个方面，为了使各类教师标准成为一个体系，专业教师标准在主体结构上也应包括这3个方面。其中，基本理念要体现专业的理念，如制造类专业要体现"精益求精"的理念，商贸类专业应体现"诚实守信"的理念。在基本内容框架上，教师专业标准也包括3个维度，专业理念和师德、专业知识与专业能力，也就是说职业学校教师应具备职业理念和师德、掌握必要的知识和能力；而职业学校专业教师标准的基本要求，一方面要更加具体、翔实，另一方面要体现专业特点，其框架应为专业理念和师德、育人方面的知识和能力、专业方面的知识和能力、专业教学方面的知识和能力4个方面，具体包括专业理念和师德、教育知识和能力、专业知识和能力、专业教学能力4个维度。

专业教师标准从理论上来说，应该每个专业建立一个专业教师标准，但由于中等职业学校专业数量庞大，2010年教育部颁布的《中等职业学校专业目录》，共涉及321个专业，而且在实践中中职学校还设置了一些目录外专业。中等职业学校专业数量多且不断变化的特点，决定了中等职业学校专业教师标准不可能按照具体的专业设置，只能按专业大类来设置，因此科学划分专业分类标准是制定专业教师标准的基础和前提。专业教师标准可以按照《中等职业学校专业目录》的 18 个大类进行构建，也可以按照其他的标准来构建。

(四)中等职业学校专业教师毕业标准

1. 专业教师毕业标准

我国从 20 世纪 70 年代末开始建立职业技术师范院校，以开展中等职业学校教师培养工作，40 多年来为中等职业学校培养了大量的专业师资，成为中等职业学校专业教师的重要来源，制定本科毕业生标准是中等职业学校教师专业发展的客观要求，也是提高教师培养质量的一个重要举措。普通中小学教师学科教育需要的时间少，因为师范院校招收的高中毕业生已掌握了大量的学科知识，而职业技术师范院校培养的专业教师，他们的专业知识是从零开始的，在培养过程中要加强实习实训环节，加强与行业企业的联合培养，这些环节直接影响培养质量。同时，职业学校教师培养形式也比普通师范教育要多，培养主体更加多样，为了达到统一的培养质量，需要制定专业教师毕业标准。关于教师毕业标准国际上也有这样的做法，如新西兰教师毕业标准、澳大利亚教师毕业标准等。

2. 专业教师毕业标准的特点

(1)毕业标准是一类专业教师的标准

中等职业学校是就业导向的教育，其专业是按照职业岗位(工种)来设置的，而高等院校专业设置面较宽，有的是按学科设置的，有的是按大类专业设置的。目前我国职业技术师范院校设置的专业是采用新颁布的《普通高等学校本科专业目录》，其中有 11 个是 1991 年教育部颁布的高等职业技术师范类专业目录，在新修订本科专业目录时保留下来的，其他的专业是借用适合《普通高等学校本科专业目录》中的专业，因此职业技术师范院校专业与中等职业学校专业目录不是一一对应的，本科院校专业大多包括中等职业学校的多个专业，当然，也有一些特殊情况，如本科的动物医学和动物科学两个专业对应中等职业学校的畜牧兽医专业等。

(2)体现职业资格标准的要求

为了有效对接中等职业学校人才培养，职业技术师范教育从 20 世纪 90 年代就要求毕业生必须取得"双证书"，即毕业证书和职业资格证书。职业资格证书是对接劳动力市场的重要手段，同时国家规定中等职业学校毕业生也必须取得"双证书"，因此专业教师毕业时必须取得职业资格证书。

(3)体现技术性、师范性和职业性"三性"特色

职业技术师范院校经过长期的实践和探索，总结出技术性、师范性和职业性"三

性"办学特色。技术性主要体现了培养的人才是应用技术型人才；师范性体现了教师的职业属性；职业性主要强调动手能力的培养，对接中等职业学校教学。专业教师毕业标准必须体现"三性"融合的要求。

(4) 体现本科毕业生基本素质的要求

按照《教师法》规定，中等职业学校文化课教师和专业课教师必须取得本科学历。毕业标准必须体现本科生的基本素质，如掌握一门外语、具备基本的科学研究能力、具有一定的文化素养和艺术欣赏能力等。

(5) 毕业标准既要符合教师专业标准和专业教师标准的要求，也要对接教师资格考试标准

制定专业教师毕业标准必须依据中等职业学校教师专业标准，尤其是要充分依据中等职业学校专业教师标准的要求，只有依据这两个标准，才能使教师入职后尽快成为合格的教师。中等职业学校专业教师需要通过考试取得教师资格证书，因此，毕业标准应与资格考试标准相对接。

3. 专业教师毕业标准框架

专业教师毕业标准由3部分构成，即基本理念、基本内容和实施要求，基本内容从维度和领域两个方面构建。

(1) 专业教师毕业标准的维度

与专业教师资格考试标准一样，专业教师毕业标准包括4个维度。①职业道德与基本素养：职业道德包括师德和毕业从教专业所对应职业的职业道德，体现职教本科师范生的职业规范和基本素养，因此，要突出"双师"素质的要求。②教育知识与能力：教育知识(狭义)包含课程教学知识，能力是学生指导、职业指导和管理学生的能力。③专业知识与能力：突出实践能力和"双师型"教师素质与企业实践能力。④专业教学能力：把专业知识和教学知识转化成教学能力或教学技能，包括教学知识和专业教学能力。

(2) 专业教师毕业标准的领域

专业教师毕业标准的领域包括4个方面。

1) 职业道德与基本素养，包括职业理念、职业规范和基本素质。①职业理念包括国家实施职业教育的基本要求、正确评价教育现象及专业理念3部分内容。②职业规范包括作为教师的职业规范，如讲普通话、写规范字；行业企业的职业规范，如国家颁布的或行业的技术标准等。③基本素质，即本科生应具备的素质和能力，如外语能力、动手操作能力、科技论文写作能力、交流与沟通能力、信息获取和处理能力、文化修养和艺术欣赏能力等。

2)职业教育知识与能力，包括职业教育基础知识、学生指导和班级管理 3 部分内容。①职业教育基础知识包括职业教育内涵与本质、职业教育与经济社会关系、职业教育特点、职教培养目标、中职与高职的区别与联系、职业教育科研基本方法；②学生指导包括思想品德、身心发展、认知特点、心理辅导及职业生涯规划、就业指导、创业教育等；③班级管理包括班级管理理论与有效管理、课外活动等。

3)专业知识与能力，专业教师毕业标准要能够体现本专业的学科知识体系和结构，可以按技术领域、工种、工作流程、核心能力等构建。

4)专业教学能力，包括课程教学知识、课程开发、教学设计、教学实施和教学评价 5 部分内容。①课程教学知识主要包括职业教育课程开发知识、教学知识、教学评价知识；②课程开发应明确具体的方法，对专业基础课和专业课分别描述，如工科专业课的理实一体化课程，课程一定要体现专业特色；③教学设计主要是通过备学生、备教材(内容)、备学材(工具、设备、材料)，设计出教学方案；④教学实施即教学情境创设，应根据学生特点和学科专业特点选择教学方法，指导实践教学，开展企业实践等；⑤教学评价要根据不同的教学环节，明确具体的教学评价方法。

(五)不同标准之间的关系

本部分提到的教师标准包括教师专业标准、教师资格考试标准、专业教师标准和专业教师毕业标准，4 个标准共同构成了中等职业学校教师标准体系，它们之间既有联系，也有区别。

1)从教师职业演进来看，首先，是进行专门化的教师培养，当然，现实中也有未经过专门化培养而直接获得教师资格的情况，但依据正常的程序应是首先有专业教师标准；其次，是经过一段时间的培养达到毕业水平，符合专业教师毕业标准；然后，参加教师资格考试，取得合格证书后才有资格进入教师队伍；最后，取得教师资格入职后，经过 3～5 年或者更长时间的教学实践或培训，逐渐成为合格教师，即完全能够胜任职业学校教育教学工作，达到教师专业标准。所以最高层级的是教师专业标准(图 1-1)。

专业教师标准 ⇨ 专业教师毕业标准 ⇨ 教师资格考试标准 ⇨ 教师专业标准

图 1-1　4 个标准演进示意图

2)从标准的层次来看，首先，最高级别的也是教师专业标准，它是制定其他教师标准的依据；其次，是专业教师标准，虽然说专业教师标准是针对专业教师制定的标准，专业教师是中等职业学校教师中的一类，两个标准都是对合格教师的要求，但专业教师标准相对于教师专业标准来说仍是下位标准。教师资格考试标准是入职标准或准入标准，教师只有达到这一标准才能取得教师资格证书，教师资格考试标准的重要依据就是教师专业标准，对专业课教师，还要依据专业教师标准。从教师职业演进来看，专业教师毕业标准应该与教师资格考试标准相一致，由于考试内容的广泛性和不确定性，毕业标准应高于教师资格考试标准，只有这样毕业学生才能考取教师资格证书，从教师职业生涯发展来看，也不能是考什么学什么，而应以高于考试标准的方式来培养人才。

鉴于以上分析，4种教师标准的层级顺序是：教师资格考试标准＜专业教师毕业标准＜专业教师标准＜教师专业标准，如图 1-2 所示。

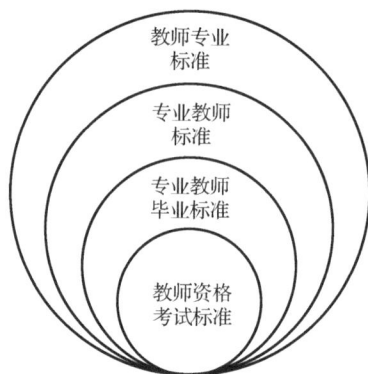

图 1-2　4 个标准层级关系图

3）从标准的实施来看，教师专业标准和教师资格考试标准只能是国家和地方的标准，不可以作为学校的标准；而专业教师标准和专业教师毕业标准，既可以作为国家或地方的标准，也可以作为学校的标准。教师资格考试标准和专业教师标准作为国家或地方标准，必须以大类来构建，而专业教师标准若是以每个专业来建立，只能作为学校的标准。

第二章

国内外职业学校教师专业标准比较及应用

一、国外教师专业能力标准比较

（一）正确理解教师专业标准

关于专业可以从两个方面进行理解：一是从教育学的角度理解，是指高等学校或中等专业学校根据社会专业分工的需要设立的学业类别；二是从社会学角度来看，人类所有的职业大致可以分为两类，即一般性职业和专业，专业是职业的一个亚类，故专业也称专业性职业(professional occupation)，即社会职业分为一般性职业和专业性职业。社会学中的"专业"或称"专业性职业"(profession)，是指经过专门教育或训练、具有较高深和独特的专门知识与技能的一群人，按照一定专业标准从事专门化的活动，获得相应报酬待遇、社会地位，并促进社会发展的专门性职业。可见，专业性职业区别于一般性职业之处在于从事这类职业的人拥有深奥的知识和复杂的技能，即每一个专业都是一个科学的知识体系。教师职业不是一般性职业，而是一种专业性职业，因此，教师专业标准中的专业是社会学意义的专业，是指职业，即专业性职业。

"标准"，一方面是"衡量事物的准则"，具有"规范、样板、尺度"等含义；另一方面也可以表示本身合于准则，可供同类事物比较核对的事物。关于专业标准，国内外社会学家给予了多种解释。班克斯(Banks)认为专业的标准有 6 个：须有长期的专业训练；有确定的知识领域；具有伦理规范；强调服务重于利益；具有专业资格的限制；具有相当的自主权。[①]舒尔曼(Shulman)认为当代专业原则上至少有 6 个特点并对专业教育加以限定：服务的理念和职业道德；对学术与理论知识有充分的掌握；能在一定的专业范围内进行熟练操作和实践；能运用理论对实际情况做

出判断；从经验中学习；形成一个专业学习与人员管理的团体。我国学者刘捷认为，成熟专业的标准是：运用专门的知识与技能；强调服务的理念和伦理；经过长期的培养与培训；需要持续的学习与进步；享有有效的专业自治；形成坚强的专业团体。[①]

专业标准就是一种以文件形式发布的统一协定，其中包含可以用来为某一范围内的活动及其结果制定规则、导则或特性定义的行为规范或者其他精确准则，其目的是确保教育过程和服务能够符合人才培养需要。

教师专业标准是为教师从事教育教学活动及其教学结果制定规则、导则或特性定义的行为规范。它是国家对合格职业学校教师的基本专业要求，是职业学校教师开展教育教学活动的基本规范，是引领职业学校教师专业发展的基本准则，是职业学校教师培养、准入、培训、考核等工作的重要依据。

(二)教师专业标准的类型

1. 以功能为依据的分类

由于各国文化传统和教师专业化进程的差异，国际上教师专业标准形成了不同的类型，大致分为 3 种：一是以美国为代表的标准，其特点是与教师资格标准相分离；二是以英国(日本)为代表的标准，其特点是与教师资格标准相挂钩；三是以澳大利亚为代表的标准，其特点是分类分级型的教师专业标准[②]。

(1)与教师资格标准相分离的专业标准

在与教师资格标准相分离的专业标准模式下，取得教师资格并不等同于达到了专业标准的程度，一个教师从取得教师资格到达到专业标准，还有一个漫长的过程。美国就是这种模式的典型，美国之所以采用这种模式，与其地方分权、教师资格证书制度各州不同有极大关系。

(2)与教师资格标准相挂钩的专业标准

采用与教师资格标准相挂钩的专业标准的国家，典型的有英国和日本。英国在20 世纪 80 年代后开始重视教师专业标准的制定，1984 年，英国成立了教师教育资格认定委员会，在该委员会的推动下，1989 年，英国的教育行政部门规定所有由地方政府兴办或补助的学校的教师必须是合格教师，并对合格教师的标准做了明确界定。此后依次制定了入职教师、资深教师、优秀教师和高级技能教师专业标准。

---

① 刘捷.教师专业标准及其达成：以中国为例[J]. 课程·教材·教法，2011，(2): 80-88.
② 程德胜，孙安宁.教师专业化成长中的自省意识——基于国际教师专业标准[J]. 江苏教育(职业教育版)，2011，(9):24-26.

　　在这种模式下，教师专业标准与教师资格标准挂钩，一方面有利于保证教师的质量，另一方面也有利于保证教师资格标准的专业水平。如果说美国模式的专业标准强调统一性与高标准化，那么，这一模式的教师专业标准呈现出来的特点是合作性和合格化。

　　(3)分类分级型的教师专业标准

　　在这种模式下，教师专业标准被分为若干范畴，而每一个范畴又有总体标准与阶段标准，其益处在于既保证了教师的总体质量，又有利于针对不同教师进行分层次评估。显然，这是综合了前两种模式之长，兼顾教师标准的合格性、高标准化。这种教师专业标准以澳大利亚为典型。澳大利亚2010年颁布了《全国教师专业标准》，要求教师需要达到 4 种专业技能水平，即毕业教师专业标准、熟练教师专业标准、娴熟教师专业标准、主导教师专业标准。教师可以此为基础，规划、评估自身的专业学习与实践。按照要求，所有教师都必须达到"新任教师"和"熟练教师"等级，而经过努力，他们还可以达到"娴熟教师"和"主导教师"水平[1]。部分国家教师专业标准种类如表 2-1 所示。

表 2-1　部分国家教师专业标准种类

国家	标准或标准制定机构名称	时间	标准的对象	标准名称
美国[2]	美国国家教师专业教学标准委员会	1954 年	候选教师	职前标准
	州际新教师评估与支持联合会	1987 年	新任教师	入职标准
	国家教师专业教学标准委员会	1987 年	优秀教师	在职标准(1)
	优质教师证书委员会	2001 年	杰出教师	在职标准(2)
荷兰	荷兰教师教育工作者协会《教师教育工作者专业标准》(第一版)	1999 年	候选教师	职前标准
	《教师教育工作者专业标准》(第二版)	2003 年	各类教师	在职标准
英国	教育与就业部和教师培训司(Teacher Training Agency，TTA)颁布的《职前教师教育课程要求》	1998 年	候选教师	职前标准
	教育与就业部和教师培训司颁布的《合格教师资格标准》	2002 年	合格教师	合格标准
	《教师专业标准框架》	2007 年	合格教师	合格标准
			普通教师	在职标准(1)
			资深教师	在职标准(2)
			优秀教师	在职标准(3)
			高级技能教师	在职标准(4)
新西兰	《专业标准：优质教学标准——中学教师与学校所有者标准》	1999 年	新任教师	入职标准
			注册教师	合格标准
			有经验教师	在职标准

---

① 唐科莉. 澳大利亚：颁布全国统一教师专业标准[J].中国远程教育，2010，(10):58.

② 张治国.美国教师专业标准说略[J].世界教育信息，2008，(1): 50.

从世界许多国家的教师专业标准的发展历程来看，最初的教师专业标准都是综合性的，具有多方面的功能，其进一步发展后才逐步细分。

2. 以服务主体为依据的分类

由于国家教育价值观念的差异，各国教师专业标准存在一定的差异。从专业标准服务的主体来划分，主要有以促进学生发展为中心的教师专业标准和教师工作本位的教师专业标准两种类型。例如，美国着重强调学生个体发展在教育教学中的特殊地位，把学生个体成长与发展作为教师的重要责任；把教学中的师生互动作为课堂教学的重要组成部分。而澳大利亚则强调教师的心理、专业素质的重要性，注重教师良好教学心态的培养；把养成高尚的道德情操作为教师专业的品性标准；把教师的教学反思、学生的成绩反馈作为提高教师专业水平的重要指标。①我国教育历来关注学生的全面发展，教师的专业发展以学生的全面发展为准绳。在制定教师专业标准时，应以学生的全面发展引领教师的专业发展，也就是说，在制定教师专业标准时充分考虑促进学生素质和人格的全面发展。

(三)教师专业标准框架结构

1. 部分国家的教师专业标准框架

从世界范围来看，众多教育发展水平高的国家都建立了全国教师专业标准，对教师施行统一认定和管理。例如，美国在 1997 年就由其州际新教师评估与支持联合会(Interstate New Teacher Assessment and Support Consortium，INTASC)建立起了教师专业标准，该标准以专业知识、专业品质、实践能力和协调能力 4 个维度为基本框架，之后又在 2001 年出台了专门针对职业教育教师的《生涯与技术教育教师专业能力标准》(NBPTS)；英国在 1998 年由其教育与就业部和教师培训司颁布了《职前教师教育课程要求》后，又分别于 2002 年和 2007 年发布了《合格教师的标准》和《教师专业标准框架》，其内容包含与专业相关的品质、知识和技能 3 个方面；荷兰则在1999年颁布了第一版《教师教育工作者专业标准》，随后又在此基础上于2003年与 2008 年进行了更新完善；新西兰也在 1999 年颁布了《专业标准：优质教学标准——中学教师与学校所有者标准》；澳大利亚则于2003年出台了相关标准，在2010年进行了更新，并将原维度中的"专业素养、实践能力、协调能力"描述为"专业知识、专业实践、专业发展"；欧盟在 2009 年颁布了《职业教育教师专业能力标准框架》(CEDEFOP)。从这些国家和地区的教师标准框架中可以发现，对基本框架的描述虽然各国(或地区)有所不同，甚至同一个国家(或地区)不同时期颁布的标准也不一样，但基本上没有超过品质、知识、技能 3 个方面(表 2-2)。

---

① 闫兵，张亮.美澳两国教师专业标准比较研究及启示[J].当代教育论坛(综合版)，2010，(1):116-118.

表 2-2　部分国家或地区教师专业标准主要领域

教师专业标准或其制定机构名称	时间	维度或领域
美国州际新教师评估与支持联合会	1997 年	专业知识、专业品质、实践能力、协调能力
澳大利亚《全国教师专业标准》	2003 年	专业知识、专业素养、实践能力、协调能力
澳大利亚《全国教师专业标准》	2010 年	专业知识、专业实践、专业发展
荷兰《教师教育工作者专业标准》（第一版）	1999 年	职业态度、专业知识、一般能力标准和特殊能力标准
荷兰《教师教育工作者专业标准》（第二版）	2003 年	专业知识、教学技能、职业态度、个性品质和价值观
荷兰《教师教育工作者专业标准》（第三版）	2008 年	主要对教育工作者"技能"维度的要求进行了完善
英国《职前教师教育课程要求》	1998 年	知识与理解；计划、教学和班级管理；监控、评价、记录、报告和责任；其他专业要求
英国《合格教师的标准》	2002 年	专业品质与实践、知识与理解、教学能力
英国《教师专业标准框架》	2007 年	专业品质、专业知识与理解、专业技能
新西兰《专业标准：优质教学标准——中学教师与学校所有者标准》	1999 年	专业知识、专业发展、教学技巧、学生管理、学生激励、毛利教育、有效沟通、支持同事并与其合作、对学校活动的贡献
美国《生涯与技术教育教师专业能力标准》（NBPTS）	2001 年	营造高效的学习环境、促进学生学习、帮助学生向工作和成人角色过渡、通过专业发展改善教育品质
欧盟《职业教育教师专业能力标准框架》（CEDEFOP）	2009 年	管理、教学、专业发展与质量保障、建立人际网络

注：NBPIS 指美国全国专业教学标准委员会；CEDEFOP 指欧洲职业培训发展中心

2. 部分国家职业学校教师专业标准框架

从各国出台的专门针对职业学校教师的专业标准来看，所包含的领域也各不相同。其中，美国的《生涯与技术教育教师专业能力标准》中包含了四大领域：①营造高效的学习环境；②促进学生学习；③帮助学生向工作和成人角色过渡；④通过专业发展改善教育品质。这 4 个领域不仅有对教师促进学生发展的要求，还有对其自身学习能力、自我提升方面的规定。欧盟的《职业教育教师专业能力标准框架》于 2009 年正式发布，目前已获得 21 个欧盟成员方的认可，它也包含 4 个领域：①管理；②教学；③专业发展和质量保障；④建立人际网络。从中可以发现，欧盟的标准对教育教学质量进行了规定，且在内外合作方面进行了规定。澳大利亚的《职业教育教师核心能力模块》包含的内容较多，共有 7 个模块，包含了运行高级学习项目、提供培训咨询服务和国际教育管理等相关内容（表 2-3）。

表 2-3　不同国家或地区职业教育教师专业能力标准对比

专业标准	领域	专业能力
美国：《生涯与技术教育教师专业能力标准》	1.营造高效的学习环境	(1)关于学生的知识：关心所有学生的学习和成长，运用专业知识分析学生，采用个性化的教学方式满足学生的需求 (2)专业知识：关于工作基本常识和基本就业能力的知识，关于所属行业的基本知识，将职业教育内容与其他学科整合的知识。由此建立课程目标、设计教学、促进学生学习并评价学生的成长

续表

专业标准	领域	专业能力
美国：《生涯与技术教育教师专业能力标准》	1.营造高效的学习环境	(3)学习环境：创设情境化的、独立或集体的实践学习与工作模拟学习等活动，通过有效的课堂管理帮助学生学习知识、培养学习能力 (4)创设平等、公正、充分尊重多样性的环境，为所有学生提供优质的生涯与技术教育机会
	2.促进学生学习	(1)促进专业学习：促进经验性、概念性和结果导向性的学习，运用各种方法、策略和资源为学生设计参与性的活动；有效整合职业教育课程和学术课程 (2)评价：运用一系列评价方法获得有用信息，帮助学生了解自己的成长，并改进教学方式
	3.帮助学生向工作和成人角色过渡	(1)工作准备：培养学生的生涯决策和就业能力，帮助学生了解工作文化和要求 (2)管理和平衡各种角色：引导学生平衡各种生活角色 (3)社会发展：促进学生自我认知发展，鼓励形成健康的个人、社会和公众价值观
	4.通过专业发展改善教育品质	(1)反思性实践：不断分析、评估教学实践以提升其有效性和质量 (2)合作：与同事、社区、行业及中等后教育机构合作，为学生提供丰富的学习机会 (3)推动教育革新：与同事和教育专业团队合作，促进学校变革，完善教育领域的理论和实践 (4)家庭和社区关系：与家庭和社区合作，形成共同的教育目标
欧盟：《职业教育教师专业能力标准框架》	1.管理	(1)组织和规划：参与招收学生、参与学生选拔、记录学生成长、记录自己的活动、计划和组织课程、参与团队活动并与其他员工合作、指导新教师 (2)项目管理：书写项目申请书、建立合作伙伴、申请经费、管理项目、项目经费控制、汇报项目成果
	2.教学	(1)教学设计：①与同事和企业合作设计课程或学习项目；②分析学生的学习需求及劳动力市场需求；③将培训与政治和社会发展重点问题联系起来；④规划学习活动和过程，包括结构、内容和材料；⑤建立个人学习计划；⑥与企业合作组织工作场所学习 (2)学习指导：①管理和实施学习过程和活动；②将培训与实践联系起来；③指导学习；④支持、激励和引导学生；⑤处理紧急事件；⑥创造并使用资源和素材；⑦与家庭合作；⑧支持和指导学生向工作本位培训和劳动力市场过渡 (3)评价：①管理诊断性技能测试；②与同事和企业培训师一起评价学生的学业成就；③监督企业培训师；④提供反馈以支持学生学习和培训师专业发展
	3.专业发展和质量保障	(1)教师个体专业发展：①了解专业领域的发展动态；②规划自己的长期专业发展；③参与在职专业发展活动 (2)促进组织发展 (3)质量保障：①参与设计质量保障工具；②收集反馈意见和数据；③规划改进措施；④进行自我评价
	4.建立人际网络	(1)内部网络：①参与组织内部的网络和团队；②促进同伴学习 (2)外部网络：①与其他教育机构建立联系；②与社会建立联系；③与劳动力市场和利益相关者合作；④参与国际网络和合作；⑤参与专业网络

续表

专业标准	领域	专业能力
澳大利亚：《职业教育教师核心能力模块》	1.学习设计	针对学习者需求设计和开发学习项目，包括明确项目目标、开发项目内容、设计项目结构并开发学习资源和策略；使用培训包和学习项目，实现行业、组织和个体的能力发展需求
	2.培训实施	①通过讲授和演示工作技能进行教学；②计划和组织小组学习；③计划和组织工作场所学习；④参与组织实施远程学习；⑤监督工作场所的学习；⑥实施网络教学
	3.运行高级学习项目	(1)开发组织环境中的高级学习项目，包括评估和设计最佳学习方式，进行管理和监督，分析并完善学习方案 (2)作为高级管理团队的成员，设计、检查和落实企业网络学习方案
	4.评价	①积极参与评价活动；②设计评价方案和实施计划；③实施评价，包括建立和维护评价环境、收集信息、做出评价决定、记录和汇报评价决定；④参与评价监督；⑤设计和开发评价工具
	5.提供培训咨询服务	收集整理培训和评价信息，提供关于培训和评价服务的信息和咨询；进行组织培训需求分析，提供咨询建议
	6.国际教育管理	①为国际学生提供关照服务；②遵守国际教育的相关法律规定，解决国际教育中的事务和问题，推动项目实施，包括国际学生招生和选拔、安置和教学过程的管理等；③开发和管理跨国教育合作项目，包括联合培养、交换生等；④进行国际教育组织的财务和行政管理；⑤研究当前国际教育的发展趋势，开发国际教育项目
	7. 分析并将持续发展能力应用到学习项目中	①研究行业领域需要的持续发展能力；②在持续发展能力与培训之间建立联系；③开发针对性的学习项目

（四）正确处理教师专业标准与资格标准、职务标准的关系

1. 教师专业标准与资格标准

教师是一种专业性职业，其发展必须走专业化道路，因此，必须制定标准才能促进其走向专业化的道路。从我国已颁布和实施的《幼儿教师专业标准》《小学教师专业标准》《中学教师专业标准》提出的实施要求来看，教师专业标准的主要作用为：①作为教育行政部门对教师队伍建设考核的依据；②制定学校教师准入标准；③制定学校教师聘任（聘用）、考核、退出等管理制度；④作为教师培养培训的依据；⑤学校对教师管理的依据；⑥教师自身专业发展的基本依据。因此，可见教师专业标准是一个上位标准，它的范畴远远大于教师资格标准，是制定教师资格标准的依据。教师资格标准是新教师的准入标准，教师资格标准的制定是否科学合理，直接影响整个师资队伍建设的起点和水平。

2. 教师专业标准与教师职务评审标准的关系

从世界各国的实践来看，教师专业标准是教师职务制度的重要基础。英国《教

师专业标准框架》整合了5个教师专业标准，即合格教师资格标准（qualified teacher standards，Q）、入职教师（顺利完成入职培训的教师）标准（induction standards，I）、资深教师（获得更高级别薪水的教师）标准（post threshold standards，P）、优秀教师标准（standards for the excellent teacher，E）和高级技能教师标准（standards for the advanced skills teacher，A），[①]并且规定了每个级别教师所应具备的素质，包括专业品性、专业知识和专业技能3个方面，详见表2-4。在教师专业标准的5个等级中，合格教师资格标准是最基础的，因为任何想要当教师的人首先都要通过接受教师教育获得"合格教师资格"。其他的标准都是建立在合格教师资格标准的基础上的，教师只有通过考核被确认达到下一个标准的要求，才能晋升到下一个等级。[②]新西兰引进专业标准来加强教师效绩管理制度。因为专业标准为教师绩效评价提供了一个框架，它使绩效管理的维度得到更为清晰的说明，使每个学校的雇主和管理期望清晰而一致，便于人们清楚地确定需要优先发展的事项，同时加强了绩效与报酬之间的联系[③]。可见，国外教师专业标准具有我国教育职务标准的功能。

表 2-4　英国《教师专业标准框架》职责要求

等级	职责要求
合格教师	知道教师的专业职责和教师工作的相关法规；知道并共同执行学校的相关政策和惯例
入职教师	了解与教师专业职责和教师工作相关的最新法规；为发展、执行和评价学校的相关政策和惯例，包括那些旨在促进机会均等的政策和惯例做出贡献
资深教师	在适当的时候，为执行学校政策和惯例及促进集体参与执行政策与惯例做出引人注目的贡献
优秀教师	在开发工作场所的政策和惯例，以及促进集体参与执行政策与惯例中发挥领导作用
高级技能教师	在开发工作场所的政策和惯例，以及在自己与其他的学校促进集体参与执行政策和惯例中发挥战略性领导作用

可见，一些国家的教师分层次专业标准，在一定程度上起到了教师职务标准的作用，因此教师专业标准包含了教师职务标准。我国中高等职业学校都有其自身的专业技术职务制度，各地也制定了各自的标准，从这个意义上来说，我国是有教师专业标准的。制定我国教师专业标准，应充分参考现有的职业学校教师专业技术职务标准和制度。

二、我国中等职业学校教师专业标准与职教师资培养

2013年9月教育部颁布了《中等职业学校教师专业标准（试行）》（下文简称《专业标准》），标志着我国中等职业学校教师专业发展有了基本的依据，对中等职业学

---

① 王艳玲.英国"一体化"教师专业标准框架评析[J].比较教育研究，2007，(9)：78-82.
② 孙珂，马健生.促进教师的专业发展：英国教师教育标准述评[J].比较教育研究，2011，33(8):30-34.
③ 郭宝仙.新西兰教师资格与专业标准及其启示[J].外国教育研究，2008，(9):25-30.

校合格教师有了基本的判断标准，教师自身专业发展有了更加明确的方向，必将对我国中等职业学校教师专业化发展产生深远的影响。《专业标准》的颁布和实施要求职业教育主管部门、培养培训机构、职业学校和教师等多个主体认真贯彻落实，本部分内容将重点解读我国《专业标准》中的相关内容。

(一)我国职业学校教师专业标准构建

1. 教师专业标准的功能定位

(1)作为各级教育行政部门对职业学校教师队伍建设的基本依据

根据职业教育改革发展的需要，充分发挥《专业标准》的引领和导向作用，深化教师教育改革，建立教师教育质量保障体系，不断提高职业学校教师培养培训质量。制定职业学校教师准入标准，严把教师入口关；制定教师聘任(聘用)、考核、退出等管理制度，保障教师合法权益，形成科学有效的职业学校教师队伍管理和督导机制。

(2)作为职业学校教师培养培训的主要依据

重视职业学校教师职业特点，加强职业教育学科和专业建设。完善职业教育教师培养培训方案，科学设置教师教育课程，改革教育教学方式；重视职业学校教师职业道德教育，重视社会实践和教育实习；加强从事职业学校教师教育的师资队伍建设，建立科学的质量评价制度。

(3)作为教师管理的重要依据

制定职业学校教师专业发展规划，注重教师职业理想与职业道德教育，增强教师育人的责任感与使命感；开展校本研修，促进教师专业发展；完善教师岗位职责和考核评价制度，健全职业学校绩效管理机制。

(4)作为中职教师自身专业发展的基本依据

制订自我专业发展规划，爱岗敬业，增强专业发展自觉性；大胆开展教育教学实践，不断创新；积极进行自我评价，主动参加教师培训和自主研修，逐步提升专业发展水平。

2. 教师专业标准领域、内容的确定

对《专业标准》的专业理念和师德、专业知识和专业能力内容的确定，采取分类指导的原则进行。

(1)专业理念和师德

专业理念和师德的确定，主要参照《中学教师专业标准》中的专业理念和师德

部分的领域和具体内容，以及 2000 年教育部颁布的《中等职业学校教师职业道德规范(试行)》和 2005 年教育部颁布的《关于进一步加强和改进师德建设的意见》两个文件的内容，还有对部分职业学校教师的调研结果来确定。

（2）专业知识

专业知识的确定，主要参照《中学教师专业标准》中专业知识的领域和内容，2005 年国务院颁布的《关于大力发展职业教育的决定》和 2009 年教育部颁布的《关于制定中等职业学校教学计划的原则意见》(教职成〔2009〕2 号)的文件内容和精神，以及对部分职业学校教师的调研结果与相关研究成果来确定。

（3）专业能力

教师专业能力领域和内容的确定，主要参考了"十一五"期间教育部、财政部"中等职业学校教师素质提高计划"中 70 个重点专业的专业教学能力标准，2007 年 7 月重庆市教育委员会印发的《重庆市中等职业学校专业教师能力标准(试行)》，部分地区出台的"双师型"教师资格认定标准，近年来各地出台的职业学校教师专业技术资格评定办法或资格标准，以及美国、澳大利亚、欧盟的职业教育教师标准。

2011 年我国颁布和实施了《幼儿教师专业标准(试行)》《小学教师专业标准(试行)》和《中学教师专业标准(试行)》，这 3 个标准采用了一致的框架，即从专业理念和师德、专业知识和专业能力 3 个维度进行构建。前文提及的一些国家和地区的教师专业标准框架，主要包括 3 个方面的内容，即专业品质、专业知识和实践能力，因此本研究采用与《中学教师专业标准(试行)》一样的框架结构，即专业理念和师德、专业知识、专业能力。

(二)中等职业学校教师专业标准

制定专业标准是对教师进行专业管理的重要手段。专业标准与专业地位是相辅相成的，专业地位的确定是制定专业标准的条件，专业标准是确立专业地位的支撑。

《专业标准》主要包括 3 部分内容：基本理念、主要内容和实施要求。基本理念是教师专业素质要素的核心，是认识和实施《专业标准》的指导思想；主要内容是对合格教师专业素质提出的基本要求和对专业行为提出的基本规范；实施要求从政府、培养培训单位、职业学校、教师 4 个层面提出了要求。

1. 基本理念

基本理念在教师专业化发展中起导向、引领和定位的作用，教师只有树立正确的理念，才会形成与之匹配的师德观念、专业知识和专业能力，才会有效开展教育教学实践。基本理念包括 4 个方面，即师德为先、学生为本、能力为重、终身学习。

这4项理念突出强调了师德的首要性、学生的主体性、能力的重要性、终身学习的时代性，也可归纳为德、育、能、学四个字。

（1）师德为先

十八大报告首次把立德树人作为教育的根本任务。教师职业是一种特殊的职业，不仅传道、授业、解惑，而且其言行举止会影响学生发展。为人师者先正其身后育人，教师要以高尚师德、人格魅力、学识风范教育感染学生，使每一位学生都能够成为对国家、对社会、对人民有用的人才。

（2）学生为本

教师的教育教学应以学生为主体，了解学生、关心学生、关爱学生、信任学生，让学生掌握职业知识和技能，具有高尚的职业道德和专业精神。学校的教育和管理要从学生的立场和角度出发，时时处处把学生的切身利益放在学校改革和发展的首位。

（3）能力为重

职业教育是能力本位的教育，职业学校教师要具有较强的专业实践能力和教育教学能力，即"双师"能力。职教教师的"双师"能力或素质是教师教育理念、专业知识的载体，它直接关系到教育教学质量和效果，影响到高素质技能型人才的培养水平和质量。

（4）终身学习

终身学习是现代社会的基本特征。职业教育与经济社会联系最密切，也最直接。随着科学技术的进步和产业结构的调整，职业教育的内容需要不断更新，职业学校教师必须树立终身学习的理念、"育人"先"育己"的观念，只有不断学习新知识、新技能、新方法、新工艺、新规范，才能培养出符合岗位需求的技能型人才。

2. 主要内容

《专业标准》的主要内容由三个维度、15个领域、60项基本要求构成。三个维度包括专业理念和师德、专业知识和专业能力。在各个维度下，确立了4～7个领域；在每个领域之下，又提出了3～6项基本要求。

（1）专业理念和师德

专业理念和师德包括职业理解与认识、对学生的态度与行为、教育教学的态度与行为和个人修养行为。实际上对教师提出了4个方面的要求，即如何对待职业、对待学生、对待教学和对待自己。要求教师树立"学生为本""师德为先"的理念，具有高尚的职业道德和专业精神。

(2)专业知识

专业知识包括教育知识、职业背景知识、课程教学知识和通识性知识 4 个方面，由 17 项基本要求组成。专业知识是支撑教师专业能力的基础，教师的专业知识水平不但影响教育教学的质量，而且影响教师自身专业发展，教师只有具有深厚的专业知识才能履行好自身的工作职责。

(3)专业能力

专业能力包括 7 个方面：教学设计、教学实施、实习实训组织、班级管理与教育活动、教育教学评价、沟通与合作、教学研究与专业发展，提出了 27 项有关中等职业学校教师专业能力的基本要求。

3. 实施要求

《专业标准》是国家对合格中等职业学校教师的基本专业要求，无论是新任职教师、有经验教师，还是专家型教师，无论是哪一专业的教师，只要在我国中等职业学校任教，都要遵循《专业标准》的要求，都要成为合格的教师。《专业标准》是所有中等职业学校教师都必须达到的要求。教育部颁布《专业标准》，其重要目的是明确教师应尽的职责，加强对教师教育教学行为表现的规范管理，以满足公众对高质量教育的利益需求。

(1)教育行政部门出台教师队伍政策的基本依据

教师队伍建设涉及多个方面，包括培养培训制度、资格制度、聘任(聘用)制度、考核制度和退出机制等，《专业标准》是一个上位的制度，有了《专业标准》，制定其他制度就有了科学依据，制定出的制度能更加有效地促进教师的专业化发展。

(2)教师培养培训的主要依据

教师的培养培训是促进教师专业发展的重要途径，只有按照《专业标准》培养学生才能培养出合格的教师，只有对照《专业标准》查找教师专业发展的不足，才能有效开展教师培训，不断促进教师专业发展。

(3)学校对教师管理的重要依据

教师是教育的第一资源和核心要素，教师的素质在很大程度上决定教育质量。提高教育质量必须加强对教师的管理，科学规划教师生涯，明确教师岗位职责，科学考核和评价教师工作绩效等，这些都必须依据相关的标准，没有标准就没有质量，抓质量必须首先抓标准。标准与质量如同源与流，标准是质量的依据，质量是执行标准的结果。《专业标准》的实施无疑给教师管理工作提供了科学依据，提高教师素质和教育质量有了制度保障。

(4)教师专业发展的基本依据

教师专业标准是教师的合格标准,所谓"格"就是"标准",符合标准要求的称为合格,反之为不合格。教师专业标准具有导向和引领的作用,有了《专业标准》,教师就可以对照《专业标准》进行自我评价,主动查找差距,进行自我研修,弥补不足,来提高自身专业化水平。

(三)教师专业标准是教师专业化发展的要求

1. 教师专业化发展是世界潮流

联合国教科文组织和国际劳工组织在 1966 年致各会员方的《关于教师地位的建议》中,第一次以国际跨政府间的名义确认教师是一种崇高的专业,教师是至关重要的"专业工作者",并就改进职前教师培养和职后教师培训、提高教师社会经济地位提出了一系列重要的政策建议。20 世纪 80 年代以来,"教师专业化"成为世界许多国家教育领域关注的热点问题,各国纷纷认识到教师专业化的重要性,并把通过提升教师专业化水平来提高教师素质作为教师教育改革与发展的重大目标。

2. 教师专业化发展要求师范教育向教师教育转型

1999 年《中共中央国务院关于深化教育改革全面推进素质教育的决定》提出:"加强和改革师范教育……鼓励综合性高等学校和非师范类高等学校参与培养、培训中小学教师的工作,探索在有条件的综合性高等学校中试办师范学院。"此后国家在多个文件中提出建立教师教育体系。2002 年,教育部下发的《教育部关于"十五"期间教师教育改革与发展的意见》则更明确地提出:"教师教育是在终身教育思想指导下,按照教师专业发展的不同阶段,对教师的职前培养和在职培训的统称""以现有师范院校为主体,其它高等学校共同参与,培养培训相衔接,体现终身教育思想的开放的教师教育体系。"2004 年 2 月国务院批转教育部的《2003—2007 年教育振兴行动计划》进一步明确提出了"全面推动教师教育创新,构建开放灵活的教师教育体系"的目标。

教师教育与师范教育相比,具有以下特点。

(1)开放性

传统的师范教育实行定向招生、定向培养、定向分配,非师范院校毕业生不能进入教师队伍;而教师教育面向全社会提供教师资格课程,遴选合格教师,开放的教师资格制度取代了定向培养。

(2)专业性

传统的师范教育人才培养注重理论性和学科的完整性,教育实践课程重视不够;

而教师教育以能力为重,属于应用型人才培养,教师教育将从师范教育的理论化、学科化、学术化转向专业化、职业化和实践化。

(3)终身性

师范教育重视职前培养,教师的专业发展、继续教育缺乏保障;而教师教育重视教师发展的终身化和职前职后一体化,教师的职后教育被认为是提高教育质量的关键。

3. 职业技术师范教育向教师教育转型

从教师教育的视角来看,与普通师范教育相比,职业技术师范教育在制度设置上具有许多先进的地方:一是我国职业技术师范教育从一开始就采取独立设置的职业技术师范院校和普通高校设立职业技术教育(师范)学院两条腿走路的方针,具有开放性;二是在人才培养目标上突出"双师型",注重实践能力的培养;三是在师范教育模块上,既有独立设置的职业技术师范院校单独设置教育学院(系)的模式,又有高等院校的职业技术教育(师范)学院像普通师范教育一样,将专业教育与师范教育一体化设置的模式;四是培养培训一体化发展迈出的步伐较早,20世纪80年代末国家教育委员会就在国家重点高校建立职业技术教育学院,开展培养与培训一体化教育,尤其是1999年我国开始大规模建立全国重点建设职业教育师资培养培训基地,全面实现了培养培训一体化,迈出了职业技术师范教育向职业技术教师教育过渡的第一步。但总的来看,职业技术师范院校绝大多数仍采用四年一贯制的师范教育培养模式,致使长期困扰职业技术师范教育人才培养的一些问题难以解决。例如,职业技术师范院校培养专业的有限性和稳定性与职业学校专业种类多、调整变化快之间的矛盾;技术性、职业性和师范性"三性"办学特色的实现与4年培养时间之间的矛盾。师范教育向教师教育转型,就可以有效解决这些问题。例如,实行"4+1"或"4+2"分段培养模式,就可以根据职业学校专业教师的需求从社会上招收技术技能人才,实行按需培养,做到培养与实用相结合,更好地体现"三性"办学特色。

近些年来,许多学校或地区积极探索职业技术师范教育向教师教育转型的路径。

1)广东技术师范学院"'3+2'专升本"职教教师培养模式[①]。2009年,在广东省教育厅的支持下,广东技术师范学院探索从广东高职院校招收优秀毕业生,通过两年的教育来培养职教教师,即学生在职业技术院校学习3年,再到广东技术师范学院学习两年。这种模式是传统专升本的一种新的类型,是五年制高职在本科教育阶段的延伸。

2)江西科技师范大学"三位一体分流培养"模式[②]。三位一体指:"综合素质、专业能力、职业方向"三位一体,通过"通识教育、学科基础教育、专业知识教育、职

① 黄秋文,王培林."3+0.5+0.5"职业技术师范教育模式的探索与实践[J].职教论坛,2006,(14):11-12.
② 温伯颖.职业技术师范教育"三位一体"人才培养模式改革探讨[J].职教论坛,2012,(4):76-79.

业方向教育、综合实践能力"五大模块的知识与能力培养,形成既注重综合素质和专业能力培养,又注重与岗位对接的就业适应能力培养的课程体系。"职业方向课程"模块制定了职教、普教、应用三大类不同的分流课程模块。每个学生在第五学期都要分流学习一个职业方向主模块和一个职业方向副模块,与就业岗位对接,突出人才培养的岗位指向性,使每一个专业都在与岗位对接中形成自己的特色。

3)广西壮族自治区试行"4+1"培养模式。2011年广西壮族自治区教育厅下发了《关于在我区试行开展"4+1"模式培养中等职业学校教师的通知》,开始在广西大学等4所高校试行"4+1"模式培养中职教师,主要遴选理工科背景的本科毕业生进行培养,计划在一年内确保其在学习结束时获得教师资格证书和职业技能资格证书。培养内容主要是职业教育学理论和专业教学法,并加强学员的专业实践能力的实习实训,其中学员的教学实习回到签约学校进行(未签约的学员由培训学校安排教学实习学校)。

4)天津职业技术师范大学卓越职教师资班。天津职业技术师范大学从2011年开始从全校二年级学生中选拔有志从事职业教育教师的优秀学生:首先,优秀学生自愿填写申请表,然后对学生进行教师基本素质能力测试,通过测试的学生才能入选。组建了机械类(技校生源)、电气类(高中生源)实验班,旨在培养具有现代教育理念、掌握现代职业教育教学方法、具有专业理论与实践技能"一体化"教学能力的高素质职业教育教师。

5)云南师范大学双学位职教教师培养模式[①]。2008年经云南省教育厅批准同意,双学位职教师资培养模式作为教育改革项目在云南师范大学开始试行。招生对象为在昆明高校在读的各类非师范一年级大学生,学习年限原则上为3年,实行弹性学分制,允许学生在3~5年内完成。实施方式为云南师范大学教育科学与管理学院送教上门,与学生所在学校教务处合作共同组织实施教育管理。学生利用课余时间和节假日学习,原则上两个学位在4年内一并完成。

4. 职业技术教师教育将进入快速发展时期

《国家中长期教育改革与发展规划纲要(2010—2020年)》指出:"重点扩大应用型、复合型、技能型人才培养规模""建立高校分类体系,实行分类管理"。按照联合国教科文组织的《国际教育标准分类》,将高等教育(大学本科与硕士研究生教育)分为两类:理论型(5A)和实用型、职业型(5B)。理论型(5A)又可按学科分设专业,培养从事理论研究的人才(5A1);按行业分设专业,培养民法、律师、教师、工程师等方面的应用型人才(5A2)[②]。从这一分类体系来看,教师教育属于应用型人才培

① 伊继东,曾华,陈瑶.以师范院校为依托的双学位职教师资培养模式探索[J].中国高等教育,2012,(9):50-52.
② 潘懋元.我看应用型本科院校定位问题[J].教育发展研究,2007,(Z1):34-36.

养的范畴。目前我国正在积极探索高等教育分类体系，教育部正在开展应用技术大学(学院)改革试点研究工作。2013 年 6 月 28 日，教育部在天津职业技术师范大学召开了应用技术大学(学院)联盟和地方高校转型发展研究中心成立座谈会，该联盟由 40 多所地方高校组成，地方高校转型发展研究中心设在天津职业技术师范大学，建立这两个机构旨在加强对应用技术大学(学院)的研究和试验。应用技术大学(学院)的快速发展，将为职业技术教师教育提供有利的平台。

为适应教师专业化发展的需要，教育部在原有师范教育司的基础上成立了教师工作司，意味着教育行政部门不再管理师范院校，而是管理教师教育事业。为了适应师范教育向教师教育的转型，建立开放的教师教育体系。目前，教育部教师工作司在已出台的《教师教育课程标准(试行)》和《中等职业学校教师专业标准(试行)》的基础上，正在抓紧制定《中等职业学校教师培养专业认证标准》和《教师培养质量评价标准》，这些标准的出台，使有意愿开展职业技术教师教育的院校或专业，通过专业认证后都可以开展教师教育工作，这无疑会使更多的应用技术大学(学院)参与职业技术教师培养培训工作。

(四)教师专业发展标准体系下职业学校教师培养培训

1. 进一步明确培养目标

《中等职业学校教师专业标准(试行)》(下文简称《专业标准》)是对合格教师的基本要求，因此职业技术教师教育院校培养的学生应符合这一要求。长期以来，由于缺乏具有职业教育特点的教师资格标准和教师专业标准，而把职业学校教师培养目标定位为取得"双证书"(毕业证书和职业资格证书)或培养"双师型"教师，虽然说这些标准具有一定的可操作性，但缺乏全面性和系统性。今后应从"专业理念与师德""专业知识""专业能力"3 个维度，在以往"双证书""双师型"教师规格的基础上进一步完善职业技术教师教育培养目标。

2. 重视教师培养培训中的职业背景知识和职业道德教育

中等职业学校培养的是与我国社会主义现代化建设要求相适应，德、智、体、美全面发展，具有综合职业能力，在生产、服务一线工作的高素质劳动者和技能型人才。因此，职业学校教师必须具有相关职业背景知识，职业学校教师培养培训必须进行校企合作，定期组织学生到企业进行参观考察；到专业对口的企事业单位进行实践；到中等职业学校开展教育教学实践；邀请中等职业学校的教学名师到学校讲学，从企业和职业学校聘请兼职教师开展实践教学等。

3. 完善培养培训方案和课程体系

长期以来，职业技术师范教育类课程主要是"职业教育学""职业教育心理学"

"教材教法"和"微格教学"等，这些课程类型和课程内容不能满足《专业标准》中合格教师的要求。《专业标准》中"教学设计"要求"基于职业岗位工作过程设计教学过程和教学情境""参与校本课程开发"等，这就要求专业课教师具有职业教育课程方面的知识，具有课程开发的能力，因此职业学校教师培养培训要增加职业教育课程方面的知识。"专业能力"方面设有"班级管理与教育活动"，要求在"职业教育学"课程中加强这方面的内容等。"专业能力"方面还要求职业学校教师具有"实训实习组织"能力，可以"主动收集分析毕业生就业信息和行业企业用人需求等相关信息，不断反思和改进教育教学工作"等，培养培训过程中要实行校企合作等。

4. 改革培养培训方法

普通师范教育形成了学科教学方法，而职业学校教师培养培训没有形成具有职业教育特点的教学方式方法。《专业标准》中"个人修养和行为"方面提出"坚持实践导向，身体力行，做中教，做中学"，"课程教学知识"方面提出"掌握所教课程的教学方法与策略"，"教学实施"方面提出"运用讲练结合、工学结合等多种理论与实践相结合的方式方法，有效实施教学"。"专业能力"方面要求教师具有"沟通与协作能力"。目前我国正在积极学习德国的"理实一体化"课程教学，其中行动导向教学法就是培养这种能力的一种有效途径。

行为导向教学法以学生行为的积极改变为教学的最终目标，通过各种自主型的教学样式和共同解决问题的教学样式塑造学生认知、社会、情感等方面的多维人格。一般采用小组学习或作业的方法。强调学生在教学过程中的"行动性"，即参与性、实践性和互动性，实施的每个教学项目一般都经过完整的行动过程：收集信息、明确任务、制订计划、决策、实施计划、检查评价；这些教学环节能有效培养学生的计划、决策、沟通、合作和自我评价等能力。

5. 改变教育教学评价方式

《专业标准》中"专业能力"要求教师具有"教育教学评价"能力，包括对教学评价、对学生评价、自我评价等多种评价，尤其是"运用多元评价方法，结合技术技能人才培养规律，多视角、全过程评价学生发展"的能力。这就要求教师在培养培训教学过程中，不仅要有效地传授相关的教育教学评价方法，更重要的是结合课程和教学改革，在教学实践中让师范生能够应用这些方法。

《专业标准》是在借鉴国内外许多成功的做法和经验的基础上，经过广泛调研形成的，虽然还不是十分完善，但在我国教师专业化发展道路上具有里程碑意义，必将产生深远的影响。我国职业技术师范教育发展历程短，还不是十分成熟，在师范教育向教师教育转型过程中还面临着许多困难。因此非常有必要借助此次机遇，加大改革创新力度，尽快建立起现代职业教育教师教育体系。

第三章

中等职业学校教师队伍建设现状分析

　　准确把握我国中等职业学校现有的教师资源是预测和分析教师发展需求的重要依据，为此，本章将对我国当前中等职业学校现有的教师数量、结构及其培养状况进行综合对比与分析。首先，分析了 2010～2017 年的教育统计数据，呈现了其间我国中等职业学校教师的总体发展状况；其次，将中等职业学校与普通高中的专任教师的发展情况进行了比较，以明晰在逐步普及高中阶段教育的背景下中等职业教育及其教师的发展方向；最后，通过对 2012～2015 年中等职业学校教师培养情况的调研，展现近几年来我国中等职业学校教师培养取得的成绩和呈现的一些特点，从而透视全国职教师资培养的发展变化。

一、全国中等职业学校教师队伍总体现状分析

　　专任教师是指具备教师资格，专门从事某一学校教学工作，且完成规定教学工作量的教师。专任教师是学校教育教学的承担者，其专业发展程度对整个学校的教学水平和办学质量的提升具有重要影响。另外，教职工的总体规模、专任教师数量及其比例、生师比、教师的类型结构和素质结构等都是体现教师队伍整体发展状况的重要指标。

(一)整体规模正逐年下降①

　　从整体发展情况来看，2012～2017 年中等职业学校专任教师的发展状况主要表现在规模稳中有降、占比稳步上升和生师比继续回落等几大方面。

1. 教职工数量逐年下降

　　教职工是指在学校(机构)工作并由学校(机构)支付工资的人员，既包括在岗在编的教师、行政人员和教辅人员，也包含部分在岗无编制的学校(机构)工作人员。总的来看，中等职业学校教职工数量与学生数量变化相一致，都呈现出逐年下降的

---

① 本部分数据包含技工学校。

态势，但其结构不断优化。统计数据显示，中职学校教职工数量在 2010 年发展到了顶峰值，为 122.29 万人，此后便呈现出下降的趋势，2012 年为 118.94 万人，2017年更是减少至 107.97 万人，比 2010 年减少了 14.32 万人，增减幅度为–11.71%，与2012 年相比也减少了 10.97 万人，增减幅度为–9.22%，可见，近几年教职工减少的速度较快（图 3-1）。

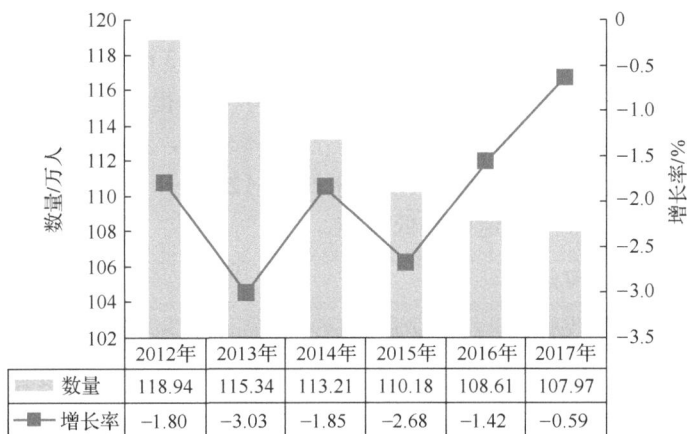

	2012年	2013年	2014年	2015年	2016年	2017年
数量	118.94	115.34	113.21	110.18	108.61	107.97
增长率	-1.80	-3.03	-1.85	-2.68	-1.42	-0.59

图 3-1　2012～2017 年我国中等职业学校教职工数量变化
资料来源：《中国教育统计年鉴》（2012～2017 年）；图中表格数据单位同图，全书类似图同此

2. 专任教师比例有所上升

来自《全国教育事业发展统计公报》的数据显示，中职学校专任教师数量在 2011年达到高峰值 88.19 万人后开始呈下降趋势，2012 年下降到 88.10 万人。2017 年全国中等职业学校专任教师数量为 83.92 万人，比 2011 年减少了 4.27 万人（图 3-2）。

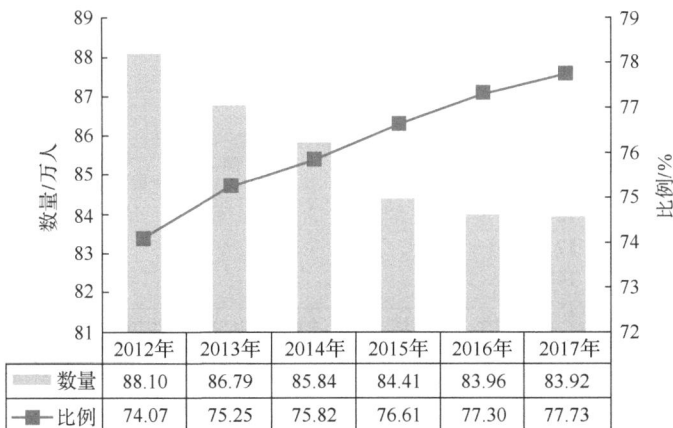

	2012年	2013年	2014年	2015年	2016年	2017年
数量	88.10	86.79	85.84	84.41	83.96	83.92
比例	74.07	75.25	75.82	76.61	77.30	77.73

图 3-2　2012～2017 年我国中等职业学校专任教师数量及比例变化
资料来源：《中国教育统计年鉴》（2012～2017 年）

中职学校专任教师的比例在不断增加。我国中等职业学校职业岗位分为管理岗位、专业技术岗位和工勤技能岗位三类。根据 2007 年人事部、教育部联合颁发的《关于中等职业学校岗位设置管理的指导意见》,三类岗位人员在数量和结构上都有一定控制比例,其中要求教师岗位占比一般不低于学校岗位总量的 85%,其他岗位在原则上不超过 15%,近年各省份也出台了教职工编制标准对此做出了明确规定。从图 3-2 可以看出,2012～2017 年,我国中等职业学校专任教师占教职工总数的比例从 2012 年的 74.06%提高到 2017 年的 77.73%,提高了 3.67 个百分点,反映了近年来中等职业学校人事制度改革不断深化,管理效率不断提高,新进人员主要是专任教师,教职工队伍的总体结构在不断优化。从总体来看,2017 年中等职业学校专任教师的比例高于普通高中的 66.56%(数据来源于《2017 年全国教育事业发展统计公报》),但仍未达到文件上规定的最低标准。

3. 总生师比继续回落

生师比,指在校生数量与专任教师数量的比例,是学校教师队伍管理的一个重要指标,合理的生师比有利于学校办学效益与办学质量的提升,也有利于促进教师专业发展。从图 3-3 可以明显地发现,2012～2017 年的生师比呈现逐年回落的趋势。2012 年不包括技工学校的生师比为 24.70,而在 2017 年下降到了 19.59,其中既有在校生数量锐减的原因,也有近年来国家大力发展职业教育、深化教师队伍改革的原因。2010 年我国中等职业学校在校生数量为 2238.50 万人,2012 年为 2113.69 万人,而 2017 年的在校生数量下降到了 1592.50 万人,较 2010 年和 2012 年分别减少了 646 万人和 521.19 万人,因此,2017 年包含技工学校数据的生师比较 2010 年和 2012 年分别下降了 6.71 和 5.01,并达到了《中等职业学校设置标准》中规定的最

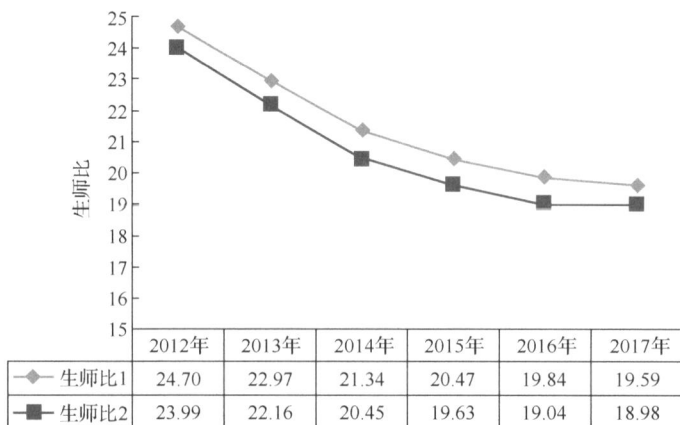

	2012年	2013年	2014年	2015年	2016年	2017年
生师比1	24.70	22.97	21.34	20.47	19.84	19.59
生师比2	23.99	22.16	20.45	19.63	19.04	18.98

图 3-3　2012～2017 年我国中等职业学校生师比变化
资料来源:《中国教育统计年鉴》(2012～2017 年)
生师比 1 为不包括技工学校的生师比;生师比 2 是包括技工学校的生师比

低标准(20)。从历年的情况来看，不包含技工学校的生师比(生师比1)皆要高于包括技工学校的生师比(生师比2)，由此可知，技工学校的生师比优于其他三类中职学校(中专、职业高中、成人中专)。

4. 各专业大类生师比失衡

从各专业大类在校生数与专任教师的比例来看，存在着极不平衡的现象。2017年中等职业学校在校生与专业课教师整体数量比为35.76，超过这一比值的专业大类有8个，由高到低依次是：交通运输类、休闲保健类、医药卫生类、农林牧渔类、旅游服务类、财经商贸类、教育类、土木水利类。由于具体专业的培养模式不同，某些专业需要聘请大量专业技术人员作为兼职教师实施现场教学和产教结合的培养模式，仅从在校生数量与专业课教师数量的比例上不一定都能准确判断某个具体专业的教师缺口，因此，仅能从总体上判断这几个专业大类教师的短缺现象比较严重。

由表3-1可知，与2010年相比，由于在校生数量的减少，2017年19个专业大类中，除休闲保健类、教育类和其他3个外，其余的16个专业大类的在校生数量与专业课教师数量之比均在下降，其中下降幅度超过平均差距水平(-14.66%)的有：农林牧渔类、资源环境类、土木水利类、加工制造类、石油化工类、轻纺食品类、信息技术类、司法服务类以及公共管理与服务类9个专业大类。2010年各专业大类最高与最低的生师比差距约为85，到2017年降到了约55，可见，近年各专业大类的生师比差距在逐步缩小。而随着社会发展的需要，依据新兴产业而设置的新专业尚缺乏专业性人员，导致了部分专业生师比居高。

表3-1　2017年与2010年各专业大类生师比变化表

专业大类	在校生数量与专业课教师数量之比		
	2017年	2010年	2017年较2010年的变化值
农林牧渔类	41.92	94.32	-52.40
资源环境类	14.22	54.25	-40.03
能源与新能源类	15.59	28.76	-13.17
土木水利类	37.10	56.58	-19.48
加工制造类	33.36	64.88	-31.52
石油化工类	17.02	70.48	-53.46
轻纺食品类	21.81	75.37	-53.56
交通运输类	64.61	71.91	-7.31
信息技术类	35.17	53.33	-18.16
医药卫生类	53.28	63.28	-10.01
休闲保健类	56.16	37.59	18.57
财经商贸类	39.34	53.51	-14.17
旅游服务类	40.12	47.41	-7.28
文化艺术类	21.58	28.63	-7.05
体育与健身	9.32	10.24	-0.92

续表

专业大类	在校生数量与专业课教师数量之比		
	2017 年	2010 年	2017 年较 2010 年的变化值
教育类	38.05	30.07	7.99
司法服务类	26.70	87.66	−60.96
公共管理与服务类	25.47	50.37	−24.90
其他	9.94	9.04	0.90
平均	35.76	50.42	−14.66

资料来源:《中国教育统计年鉴》(2010 年，2017 年)

注：表中 2017 年与 2010 年的平均数据为相应年份《中国教育统计年鉴》中的原始数据，与根据表中四舍五入保留两位小数后的数据计算所得结果略有偏差

(二)专任教师队伍结构不断优化

　　教师队伍的结构主要包括教师年龄结构、学历结构和职称结构等方面的内容，专任教师队伍结构是否合理将直接影响到教师队伍的水平和学校的办学质量，优化教师队伍结构是加强教师队伍建设的重要内容。下文以 2010 年作为基准年，将 2017 年相关数据与其进行比较，从而呈现"十二五"时期及至今我国中等职业学校专任教师队伍在结构上的发展变化。

1. 年龄结构以中青年为主

　　中等职业学校专任教师的年龄结构呈现年轻化趋势。2013 年以来，《中国教育统计年鉴》对中等职业学校教师年龄段统计口径进行了调整，每个年龄段均往下调了一年("30 岁以下"调整为"29 岁以下"，依此类推)，但总体上仍然可以反映出教师年龄结构的特点。由表 3-2 可知，虽然与 2010 年相比，2017 年中等职业学校专任教师中 40 岁以下年龄段教师的比例有所降低，但这个年龄段的教师仍是中职学校的主力。仅 40 岁以下的教师比例就超过了 50%，而 50 岁以下的人数更占到了专任教师总数的 84.30%。从变化情况来看，2017 年 29 岁及以下年龄段的教师比例下降了 9.38%，30～39 岁年龄段的教师比例下降了 3.85%，而 40～49 岁及 50～59 岁这两个年龄段的教师比例均有所增加，这表明近几年新进的教师数量较少，进一步说明当前教师数量基本能够满足教育教学需求。

表 3-2　2017 年与 2010 年中等职业学校专任教师年龄结构对比表

年龄段	2010 年		2017 年		
	数量/人	比例/%	数量/人	比例/%	比例较 2010 年的变化值
29/30 岁及以下	176 435	25.91	105 870	16.53	−9.38
30/31～39/40 岁	267 832	39.33	227 242	35.48	−3.85
40/41～49/50 岁	180 077	26.44	206 750	32.29	5.85
50/51～59/60 岁	54 580	8.02	99 298	15.51	7.49
60/61 岁及以上	2 030	0.30	1 238	0.19	−0.11

资料来源:《中国教育统计年鉴》(2010 年，2017 年)

2. 教师学历达标率和高层次学历教师比例不断提升

《中华人民共和国教师法》对取得中等职业学校文化课和专业课的教师资格有明确的学历规定——必须具备本科及以上学历;《国家教委关于取得中等职业学校实习指导教师资格应当具备的学历的规定的通知》(教职〔1996〕9号)指出,取得中等职业学校实习指导教师资格,应当具备各类中等职业学校、普通高级中学毕业及其以上学历。由表3-3可知,从专任教师学历情况来看,2017年中等职业学校专任教师中本科及以上学历的比例为91.58%,比2010年的83.30%提高了8.28个百分点,但与"十二五"期间中职教师队伍学历达标率95%的建设目标仍差3个多百分点。2017年,专任教师中,硕士及以上学位的比例为7.64%,比2010年的4.02%增加了3.62个百分点;博士研究生学历的占比没有明显变化,但从人数上看有所减少;本科学历的占比达到83.94%,比2010年提高了近4.7个百分点;专科学历的比例为8.08%,比2010年下降7.81个百分点;高中及以下学历的教师比例也有所下降。总体上看,2017年中等职业学校教师学历结构进一步改善,本科和硕士研究生学历教师比例不断提高,专科学历教师比例明显下降,变化势头良好,表明国家"职业院校教师素质提高计划"实施的效果明显。

表3-3　2017年与2010年中等职业学校专任教师学历结构对比表

学历	2010年		2017年		
	数量/人	比例/%	数量/人	比例/%	比例较2010年的变化值
博士研究生	534	0.08	526	0.08	0.00
硕士研究生	26 807	3.94	48 429	7.56	3.62
本科	539 839	79.28	537 558	83.94	4.66
专科	108 218	15.89	51 709	8.08	−7.81
高中及以下	5 556	0.81	2 176	0.34	−0.47

资料来源:《中国教育统计年鉴》(2010年,2017年)

3. 职称评审制度有待改善

教育部2010年颁布的《中等职业学校设置标准》规定:"专任教师中,具有高级专业技术职务人数不低于20%。"由表3-4可知,从整体上看,2017年全国中等职业学校专任教师拥有正高级职称的比例为0.4%,拥有副高级职称的比例为24.96%,二者合计为25.36%,高于上述文件规定的最低标准。但从教师职称与年龄、学历的关系层面分析,职称结构情况还有待进一步改善。与2010年相比,副高级职称比例有所上升,但正高级职称数量和比例均在下降。

结合教师年龄进行的统计分析发现,高级职称更"青睐"中老年教师,青年教师比例相对较低。从拥有高级职称教师的年龄分布来看,40岁及以上年龄段的教师

表 3-4　2017 年与 2010 年中等职业学校专任教师职称结构对比表

职称	2010 年		2017 年		
	数量/人	比例/%	数量/人	比例/%	比例较 2010 年的变化值
正高级	4 642	0.68	2 552	0.40	−0.28
副高级	139 673	20.51	159 863	24.96	4.45
中级	275 077	40.40	252 228	39.39	−1.01
初级	201 973	29.66	159 561	24.91	−4.75
未定职级	59 589	8.75	66 194	10.34	1.59

资料来源：《中国教育统计年鉴》(2010 年，2017 年)

占比达到 89.04%，40 岁以上教师的教龄一般都在 15 年以上，也就是说 40 岁以下、教龄在 15 年以下的青年教师能取得高级职称的比例不足 11%，而年龄 35 岁以下，工作不足 10 年的教师取得高级职称的比例仅为 1.2%。如果从正高级职称的分布上看，比例最高的年龄段为 50～54 岁，其次为 45～49 岁和 55～59 岁两个年龄段，而 40 岁以下取得正高级职称的比例仅为 6.76%。假如 39 岁及以下为青年教师，40～49 岁为中年教师，50 岁及以上为老教师，那么高级职称在青年教师、中年教师、老教师的分布比例依次为 10.96%、58.27%和 30.77%。由此可知，青年教师要想取得高级职称相对比较困难。

(三)三类课教师结构进一步优化

中等职业学校承担着文化教育和职业教育的双重功能，培养的是高素质劳动者和技能型人才，其课程分为文化基础课、专业课和实习实训。据此，中等职业学校的专任教师分为文化基础课教师、专业课教师和实习指导教师三类。三类课教师的比例取决于人才培养目标和承担的教育功能。从近几年统计数据的对比来看，中职学校文化基础课教师规模逐步减小，专业课教师规模继续扩大，而实习指导教师的整体规模较小但波动较大。

1. 文化基础课教师规模逐步减小

由图 3-4 可知，从绝对数量来看，2012 年以来文化基础课教师规模正在逐年缩小，从 2012 年的 29.19 万人下降至 2017 年的 26.55 万人，减少了 2.64 万人，增减幅度为−9.04%，年均下降速度为 1.88%。从相对数量来看，文化基础课教师占专任教师的比例也有所下降，2015～2017 年来一直在 41.5%左右。2012 年的比例为 42.67%，到 2017 年下至 41.45%，5 年下降了 1.22 个百分点，尤以 2014 和 2015 年下降较为明显。文化基础课教师规模减小说明随着我国中等职业学校工学结合、校企合作培养模式的不断深化，专业技能课和实践教学课的比例得以提高，中等职业学校进一步突出技术技能的培养，体现了职业教育"以服务为宗旨，以就业为导向"的办学特点。

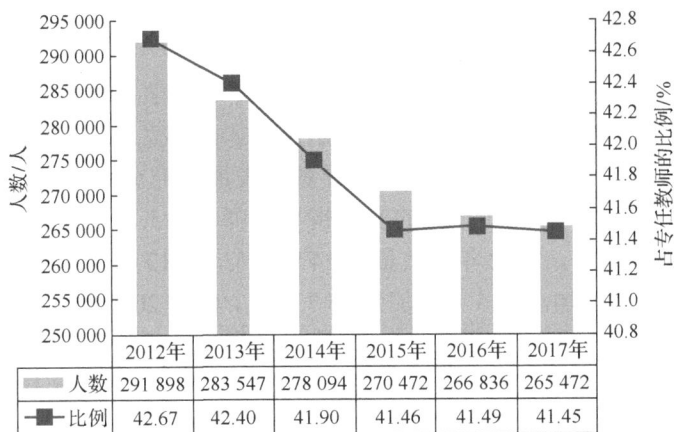

图 3-4　2012～2017 年我国中等职业学校文化基础课教师数量变化
资料来源：《中国教育统计年鉴》（2012～2017 年）

2. 专业课教师规模继续扩大

由图 3-5 可知，从数量上来看，2012～2017 年，我国中等职业学校专业课教师规模虽然有所减少，但其占专任教师的比例在不断增加。2012 年专业课教师总量为 367 280 人，之后便随着招生人数的下降逐年减少，2017 年的数量与 2012 年相比减少了 1.65 万人，下降幅度为 4.5%，年均下降速度为 0.92%。从占比来看，专业课教师占专任教师的比例则呈现出稳步增长的态势，2012 年的比例为 53.70%，而 2017 年增加到了 54.77%，5 年虽只增加了 1.07 个百分点，但其比例已明显超过其他两类教师之和，因此 2016 年和 2017 年比例上升的速度有所放缓。专业课教师比例的提升说明中职教师队伍类型结构在不断优化，有利于中职教育教学的改革发展。

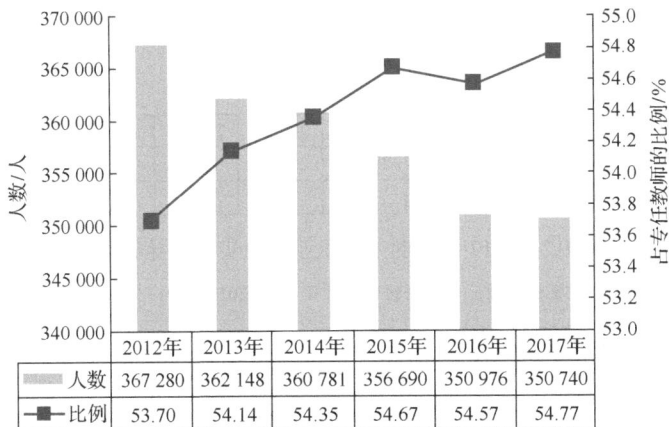

图 3-5　2012～2017 年我国中等职业学校专业课教师数量变化
资料来源：《中国教育统计年鉴》（2012～2017 年）

3. 实习指导教师规模小但波动大

实习实训是学生获取专业技能的主要途径，是培养学生职业道德，增强学生实践能力，提高综合职业能力的重要环节。由于我国职业教育职务评聘中没有独立的实习指导教师系列，因此长期以来实习指导教师发展不充分。从图 3-6 中可以看到，2012~2017 年，我国中等职业教育的实习指导教师在 2.5 万人左右，所占专任教师的比例也仅为 3.5%左右。2012 年的数量为 24 893 人，2013 年又下降至 23 059 人，但之后的 3 年又在逐步增加，2016 年增加到 25 331 人，但在 2017 年又下降至 24 186 人，占比也由 2016 年的 3.94%下降到 3.78%。从实习指导教师的数量和占比变化来看，实习指导教师目前尚处于从属地位，本身基数比较小，起伏变化比较大。究其原因，一方面由于我国顶岗实习制度的逐步落实，学生的实习实训转移到了企业等用人单位，各类企业专业技术人员起到了一定的替代作用；另一方面则是由于"双师型"教师制度的逐步完善，在一定程度上也替代了专门的实习指导教师。

三类教师的结构与比例由职业教育的功能定位和人才培养目标来决定，总的来看，这一时期中等职业学校文化课教师比例在下降，专业课和实习指导教师的占比在上升，其变化趋势与加强实践教学的改革方向相一致。这也从另一个层面反映了国家"十二五"以来加强职业教育基础能力建设的战略举措取得的积极成效。

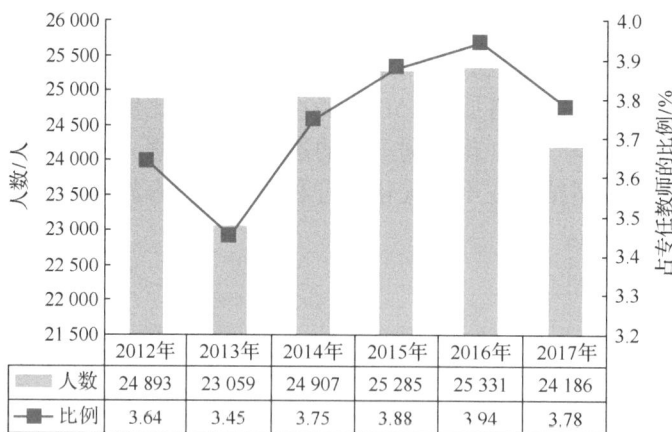

	2012年	2013年	2014年	2015年	2016年	2017年
人数	24 893	23 059	24 907	25 285	25 331	24 186
比例	3.64	3.45	3.75	3.88	3.94	3.78

图 3-6　2012~2017 年我国中等职业学校实习指导教师数量变化

资料来源：《中国教育统计年鉴》（2012~2017 年）

（四）兼职教师队伍发展不稳定

中等职业学校聘请兼职教师是增强实践教学能力、优化教师队伍素质和结构的有效途径。早在 2005 年《国务院关于大力发展职业教育的决定》中就提出，要"制定和完善职业教育兼职教师聘用政策，支持职业院校面向社会聘用工程技术人员、高技能人才担任专业课或实习指导教师"。2012 年教育部、财政部、人力资源和社会保障部联合国务院国有资产监督管理委员会印发了《职业学校兼职教师管理办法》（教师〔2012〕14 号），为兼职教师聘用提供了政策依据，兼职教师队伍的数量与质量得以进一步提升。

1. 兼职教师规模波动较大

由图 3-7 可知，2012～2017 年中等职业学校聘请兼职教师的规模波动较大。2013 年较 2012 年，聘请校外兼职教师的规模处于下降趋势，从 106 549 人减少到 96 619 人，仅仅一年就减少了近万人，占比也从上一年的 15.57%下降到 14.44%，减少了 1.13 个百分点。这与中等职业学校招生规模大幅下降有关。2014 年的兼职教师数量又有所增加，增至 99 662 人，但之后连续 3 年其数量都在减少，2017 年只有 92 005 人，较 2012 年减少了近 1.5 万人，下降幅度为 13.65%。从其占专任教师的比例来看，近几年基本维持在 15%左右，2017 年降到了 14.37%，这一比例与《中等职业学校设置标准》中提出的最低要求（20%）仍有差距，与《职业学校兼职教师管理办法》提出的最高限制（30%）也相差甚远。在岗位分布上，根据 2017 年的统计数据，共聘请校外教师 92 005 人，其中实习指导教师只有 7544 人，其余的则以文化基础课或专业课教师为主，二者无论是在人数还是占比上都差距较大。依据《职业学校兼职教师管理办法》，兼职教师应当是指受职业学校聘请，兼职担任特定专业课或者实习指导课教学任务的专业技术人员、高技能人才。上述情况表明，目前聘请的兼职教师队伍在人数比例上还有待提高，在类型结构方面也仍需进一步优化。

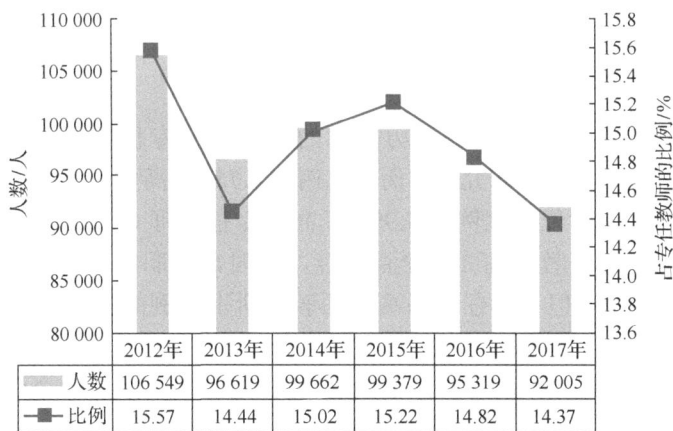

	2012年	2013年	2014年	2015年	2016年	2017年
人数	106 549	96 619	99 662	99 379	95 319	92 005
比例	15.57	14.44	15.02	15.22	14.82	14.37

图 3-7　2012～2017 年我国中等职业学校兼职教师人数及其比例

资料来源：《中国教育统计年鉴》（2012～2017 年）

2. 兼职教师职称结构有待提高

兼职教师队伍中正高级和未定职级教师的比例相对较大。由表 3-5 可知,从 2017 年的情况来看, 中等职业学校聘请校外教师中拥有正高级职称的比例虽然只有 2.58%,但相较于整个专任教师队伍中 0.40% 的比例(表 3-4)则要高出 2.18 个百分点; 拥有副高级职称的教师比例为 18.29%,低于专任教师 6.67 个百分点;中级与初级 职称的教师比例也明显低于专任教师队伍, 但未定职级的教师比例则要高出专任教 师队伍 22 个百分点。与专任教师相比,兼职教师在职称结构上呈现出"中间细,两 头粗"的现象,究其原因主要来自两个方面:一是当前中等职业学校的兼职教师数 据包括以劳务派遣方式引进的新教师,他们实际上属于在岗待编人员,并非兼职教 师; 二是兼职教师聘请了部分社会上拥有高级职称的能工巧匠。从变化情况来看, 与 2010 年的数据相比,2017 年的兼职教师中除了未定职级的比例上升外,其余的 都有所减少,这说明近年在国家相关政策的支持引导下,社会上"重资历、轻能力" 的现象大有改观。

表 3-5　2017 年与 2010 年中等职业学校兼职教师职称结构对比表

职级	2017 年		2010 年	
	数量/人	比例/%	数量/人	比例/%
正高级	2 368	2.58	3 634	3.57
副高级	16 824	18.29	22 763	22.37
中级	29 104	31.63	40 825	40.12
初级	13 943	15.15	16 629	16.34
未定职级	29 766	32.35	17 901	17.60

资料来源:《中国教育统计年鉴》(2017 年,2010 年)

3. 兼职教师学历结构占有优势

兼职教师中硕士研究生以上学历教师的比例高于专任教师。由表 3-6 可知, 2017 年兼职教师中拥有博士研究生学历的比例为 0.75%,高于专任教师(表 3-3)　0.67 个百分点;拥有硕士学位的比例为 7.99%,高于专任教师 0.43 个百分点;合计硕士 以上教师的比例较专任教师高 1.1 个百分点,同时, 兼职教师的学历结构在高级职 称教师方面虽有优势,但与专任教师高学历教师所占比例的差距在逐步减小。另外, 兼职教师中本科学历的比例低于专任教师近 10.5 个百分点,而专科和高中及以下的 教师比例分别高于专任教师 8.34 和 1.04 个百分点,这也从另一个角度说明兼职教 师队伍中聘请了部分生产一线的技术技能人才。与 2010 年的数据相比,本科及以上 学历的兼职教师比例在增加,专科及以下的比例在减少,说明当前中职学校在聘任 兼职教师时不仅注重能力,同时也兼顾学历。

表 3-6　2017 年与 2010 年中等职业学校兼职教师学历结构表

学历	2017 年		2010 年	
	数量/人	比例/%	数量/人	比例/%
博士研究生	688	0.75	586	0.58
硕士研究生	7 354	7.99	6 922	6.80
本科	67 588	73.46	69 755	68.55
专科	15 105	16.42	22 889	22.50
高中及以下	1 270	1.38	1 600	1.57

资料来源：《中国教育统计年鉴》（2017 年，2010 年）

（五）女性教师占比不断上升

女性就业水平是衡量女性社会地位的一个重要指标。1949 年以来，我国女性的社会地位不断提高，在各行各业具有明显表现，在中等职业学校的女性教师中也表现出同样的特征。

1. 女性教师比例不断提高

从性别结构上看，2017 年中等职业学校专任教师中女性教师的比例进一步提高。2010 年女性专任教师数为 336 224 人，此后除 2013 年和 2015 年较前一年有所下降外其他年份都在攀升，2017 年达到了 343 537 人。2012～2017 年，女性专任教师占专任教师总数的比例每年都在稳步提高，由 2012 年的 49.96%到 2017 年的 53.64%，提高了将近 4 个百分点（图 3-8）。另有研究表明，中等职业学校专任教师中拥有高级职称或具备硕士以上学历的女性教师比例也在逐年增长。中等职业教育女性专任教师的规模不断扩大，表明女性教师发挥着越来越重要的作用，这表明我国女性的社会地位在不断提高。

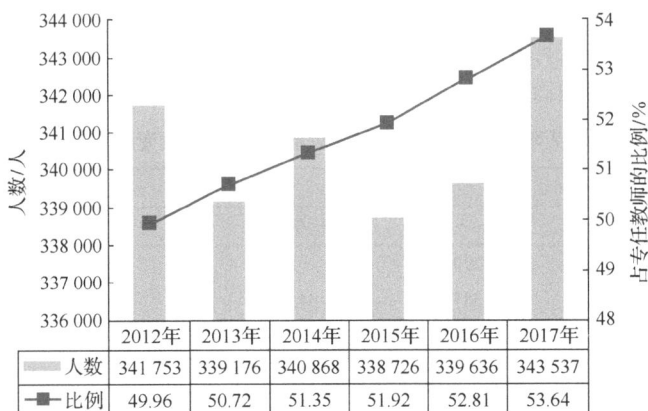

	2012年	2013年	2014年	2015年	2016年	2017年
人数	341 753	339 176	340 868	338 726	339 636	343 537
比例	49.96	50.72	51.35	51.92	52.81	53.64

图 3-8　2012～2017 年我国中等职业学校女性专任教师数量变化
资料来源：《中国教育统计年鉴》（2012～2017 年）

2. 职称结构逐步优化

总的来看，与 2010 年相比，2017 年中职学校女性教师的职称结构在不断优化。其中，高级（正高级、副高级）职称教师比例提高了近 4 个百分点，中级职称教师比例变化不大，初级职称教师比例下降了 4.81 个百分点，但未定职级的教师比例增加了近 2 个百分点，说明近年来新进的教师群体中女性教师比例较高（表 3-7）。与整个专任教师队伍的职称结构相比，高级职称的教师比例偏低，中级职称比例相当，初级与未定职级的女性教师比例较高，这也从另一个侧面反映了新进教师中女性教师比例更高的现象。

表 3-7 2017 年和 2010 年我国中等职业学校女性专任教师职称结构

职称	2017 年		2010 年	
	人数/人	比例/%	人数/人	比例/%
高级	77 757	22.63	62 621	18.62
中级	135 564	39.46	136 729	40.67
初级	91 887	26.75	106 107	31.56
未定职级	38 329	11.16	30 767	9.15

3. 学历结构逐渐改善

整体上看，与 2010 年相比，女性教师的学历结构在持续改善（表 3-8），其中，研究生（博士研究生、硕士研究生）的比例增加了 4.63 个百分点，本科学历的教师比例增加了 3.11 个百分点，专科和高中及以下学历的教师则分别下降了 7.51 和 0.33 个百分点，总体来看高学历教师在增加，低学历教师在减少，女性教师的学历结构在不断改善。与整个专任教师队伍的学历结构相比，研究生以上学历女性教师的比例较高，本科学历的教师占比没有太大差距，专科和高中及以下学历的教师比例较低，说明女性教师的学历结构整体上优于专任教师队伍的学历结构。从中也可以看出，由于新进教师女性比例较大，因此相对来说学历要求也较高，这有利于整个专任教师队伍学历结构的改善。

表 3-8 2017 年和 2010 年我国中等职业学校女性专任教师学历结构

学历	2017 年		2010 年	
	人数/人	比例/%	人数/人	比例/%
研究生	31 290	9.11	15 075	4.48
本科	290 383	84.53	273 770	81.42
专科	21 262	6.19	45 713	13.60
高中及以下	602	0.17	1 666	0.50

总之，2017 年我国中等职业学校教师队伍除了数量进一步减少和正高级职称教师比例下降外，其他各方面均比 2010 年向着更好的方向发展。尤其是生师比、"双

师型"教师、专业课教师占专任教师比例、专任教师占教职工的比例等方面均有较明显的改善或提高，更加有利于高素质技术技能型人才的培养。中等职业学校的这些变化虽有学生人数下降的客观因素，但主要是从国家到地方、从学校到教师共同努力的结果，是各种政策支持和师德师能提高的结果。到 2020 年我国高中阶段教育和高等教育携手进入普及阶段，人们接受普通高中和高等教育变得更加容易，中等职业教育发展面临着更加复杂的外部环境，必须全面提高教育质量才能促进中等职业教育健康持续发展。中等职业学校与普通高中相比，教师在职称、学历等方面还有一定的差距。这些都要求进一步完善教师制度，优化教师结构，提高教师素质，尽快建立起一支数量充足、结构合理、专兼结合、技能娴熟、充满活力的高素质专业化教师队伍。

二、中职学校与普通高中教师发展状况比较

虽然中等职业学校教育和普通高中教育的人才培养目标存在较大差异，但均为高中阶段教育的重要组成部分，师资队伍建设在某些方面具有一致性，二者具有一定的可比性。按照可比性原则，我们选取了一些共性指标，通过二者的对比，旨在发现中等职业学校教师队伍建设过程中存在的优势与不足，明确今后的发展方向，进而采取有针对性的有效措施，来提高和巩固中职教师队伍发展水平，切实提升中职教师队伍的整体素质，为实现职业教育现代化提供坚实保障。本部分主要基于2012～2017 年《中国教育统计年鉴》数据的分析，对中等职业学校教师队伍从整体情况、专任教师素质结构和女性专任教师发展情况 3 个方面与普通高中进行比较，从而发现差距、明确方向，为中职教师队伍的发展对策提供依据。由于主管部门不同，《中国教育统计年鉴》未统计技工学校的数据，因此，下文所使用的中等职业学校计算数据中均未包含技工学校的数据。

(一)总体情况比较

反映一个学校教师整体发展状况的指标一般包括教职工规模、专任教师规模、专任教师占教职工总数的比例及生师比等内容。从 2012～2017 年的国家教育统计数据中可以发现，中等职业学校与普通高中相比，其校均教职工规模和校均专任教师规模都小于普通高中；但其专任教师在教职工中的比例和生师比皆高于普通高中。由此可以看出，中等职业学校教师的总体发展状况低于普通高中。

1. 专任教师规模下降幅度大于普通高中

2001 年 10 月 11 日，《国务院办公厅转发中央编办、教育部、财政部关于制定中小学教职工编制标准意见的通知》(国办发〔2001〕74 号)明确了教职工的内涵，即教职工包括教师、职员、教学辅助人员和工勤人员，其中专任教师是指具有教师

资格，专门从事教学工作、承担教学任务的专业人员。从增减变化幅度上看，2017 年中职学校专任教师数量较 2012 年减少了约 4.4 万人，下降幅度达到 6.38%，年均增速为 −1.31%；普通高中相应的数据增加了近 17.9 万人，增长幅度为 11.22%，年均增速约为 2.15%（图 3-9）。从历年的变化情况也可以看出，中等职业学校专任教师的数量已呈负增长状态，而普通高中仍为正值。究其缘由，主要是近些年来初中毕业生人数大幅下降，由于职业教育吸引力不足，中等职业学校招生人数随之下降，因此专任教师的数量也在减少，出现了负增长；而受高等教育招生规模的影响，以升学为主的普通高中的招生并未受到很大影响，所以其专任教师数量仍在不断增加。

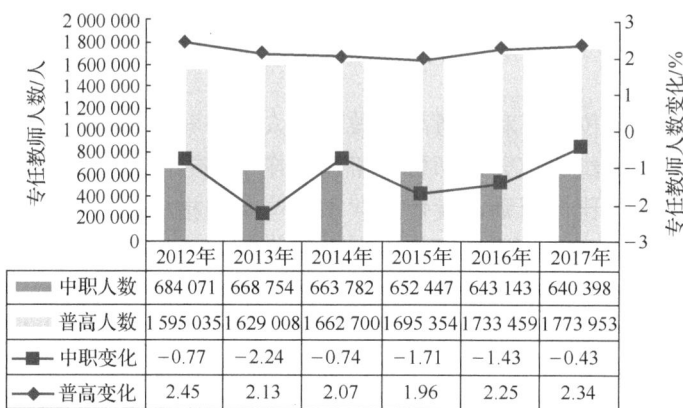

	2012年	2013年	2014年	2015年	2016年	2017年
中职人数	684 071	668 754	663 782	652 447	643 143	640 398
普高人数	1 595 035	1 629 008	1 662 700	1 695 354	1 733 459	1 773 953
中职变化	−0.77	−2.24	−0.74	−1.71	−1.43	−0.43
普高变化	2.45	2.13	2.07	1.96	2.25	2.34

图 3-9　2012～2017 年我国中职学校与普通高中专任教师规模及其变化

2. 校均专任教师规模低于普通高中

校均教职工数量和校均专任教师数量是反映学校办学规模的两个重要指标。自 2010 年以来，中等职业学校的校均教职工和校均专任教师规模一直低于普通高中，且呈现出差距逐年扩大的趋势。2012 年二者校均专任教师相差 48 人，到 2017 年扩大至 54 人。从变化趋势来看，2017 年中等职业学校校均专任教师比 2012 年增加了 7 人，增长幅度为 10%，年均增长速度为 1.92%；普通高中则相应地增加了 13 人，增长幅度为 11.02%，年均增长速度为 2.11%（图 3-10）。可见，中等职业学校校均专任教师的增长幅度小于普通高中。

3. 专任教师比例高于普通高中

从专任教师占教职工的比例方面来看，中职学校高于普通高中，且这一差距有逐年扩大的迹象。2012 年，中等职业学校专任教师占教职工的比例为 74.25%，普通高中相应的数据为 64.77%，二者相差大约 9.5 个百分点，到了 2017 年，中等职

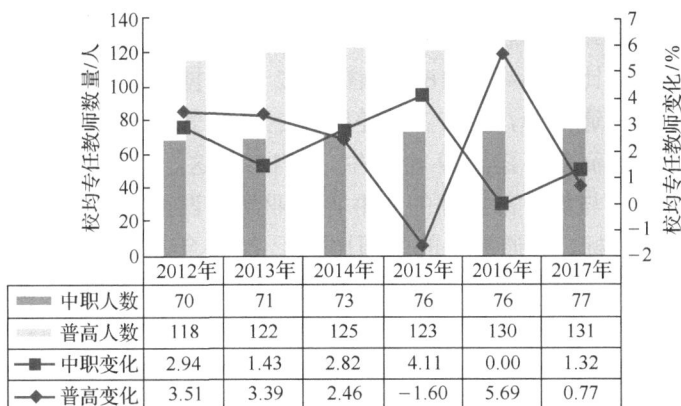

	2012年	2013年	2014年	2015年	2016年	2017年
中职人数	70	71	73	76	76	77
普高人数	118	122	125	123	130	131
中职变化	2.94	1.43	2.82	4.11	0.00	1.32
普高变化	3.51	3.39	2.46	−1.60	5.69	0.77

图 3-10　2012～2017 年我国中职学校与普通高中校均专任教师规模及其变化

业学校这一比例增长到 78.95%，普通高中为 66.56%，二者相差近 12.4 个百分点。
从各自的变化情况来看，2017 年，中等职业学校专任教师的比例由原来的 74.25%
增加到了 78.95%，增加了 4.7 个百分比；普通高中则由原来的 64.77%增加到了
66.56%，增加了 1.79 个百分点(图 3-11)。由此可知，中职学校教职工队伍结构优化
要快于普通高中，这与中等职业教育属于专业教育有直接关系。

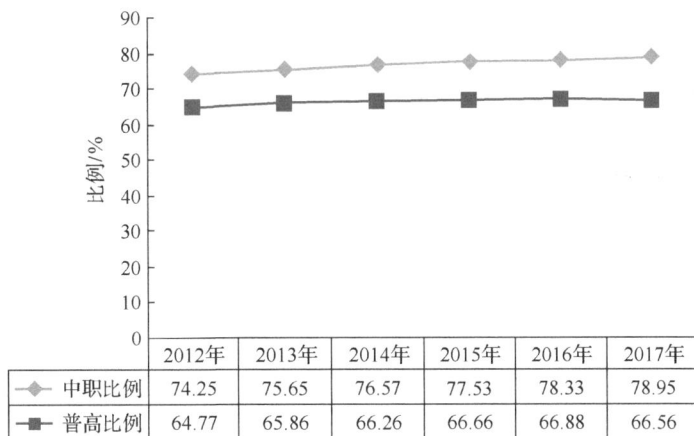

	2012年	2013年	2014年	2015年	2016年	2017年
中职比例	74.25	75.65	76.57	77.53	78.33	78.95
普高比例	64.77	65.86	66.26	66.66	66.88	66.56

图 3-11　2012～2017 年我国中职学校与普通高中专任教师比例及其变化
资料来源：《中国教育统计年鉴》(2012～2017 年)

4. 生师比显著高于普通高中

生师比是指在校生数量与专任教师数量的比例，它既是衡量教师工作量大小的
重要标准，同时也是保证教育教学质量的关键指标。为了保障教师劳动权益和身心
健康，保证教学质量，国家在 2001 年颁布的《关于制定中小学教职工编制标准的意
见》(国办发〔2001〕74 号)中就规定了普通高中教职工与学生的比例：城市学校为

1：12.5，县镇是 1：13，农村为 1：13.5，按照专任教师占教职工数比例不低于85%的要求，生师比应不高于16。从图 3-12 的数据中可以看出，中等职业学校的生师比明显高于普通高中，但二者的差距在逐步缩小。2012 年时每个中职学校教师教授的学生比普通高中多出约 9 个学生，2017 年这一差距缩小为约 6 个。2017年中职学校的生师比与教育部修订的《中等职业学校设置标准》中规定的最高标准(20)相比，也基本达标，普通高中的生师比则于 2010 年就达到了国办发〔2001〕74号文件中规定的标准。从变化趋势来看，中等职业学校的生师比下降幅度较大，从2012 年的 24.70 下降到 2017 年的 19.59，下降幅度超过 5 个百分点；普通高中的生师比虽在 2010 年就达到了规定标准，但 2017 年仍比 2012 年下降了 13.45%。近年来中等职业学校的生师比大幅下降主要是在校生数量逐年减少等客观因素导致的，当然也与国家近年来教师队伍建设的政策支持力度密不可分。

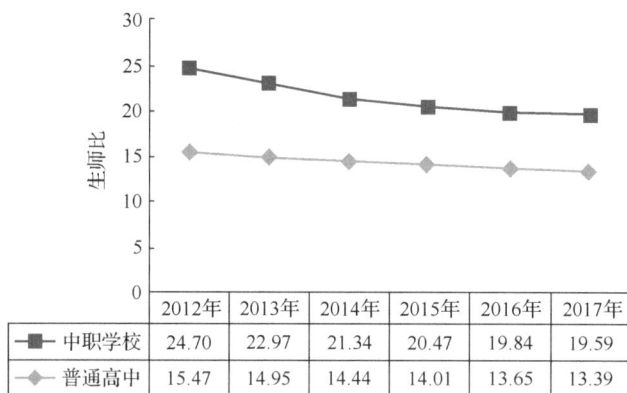

	2012年	2013年	2014年	2015年	2016年	2017年
中职学校	24.70	22.97	21.34	20.47	19.84	19.59
普通高中	15.47	14.95	14.44	14.01	13.65	13.39

图 3-12　2012～2017 年我国中职学校与普通高中生师比比较

资料来源：《中国教育统计年鉴》(2012～2017 年)

(二)专任教师素质结构比较

专任教师的学历结构、职称结构和年龄结构往往可以反映一个教师队伍的整体素质，通过对比分析发现，中等职业学校专任教师除了年龄结构略优于普通高中外，在学历达标率和高级职称占比方面皆低于普通高中。总体来看，中等职业学校专任教师的素质结构略低于普通高中。

1. 专任教师学历达标率低于普通高中

《中华人民共和国教师法》规定，取得高级中学教师资格和中等专业学校文化课或专业课教师资格，应当具备高等师范院校本科或者其他大学本科毕业及其以上学历；取得中等专业学校学生实习指导教师资格应当具备的学历，由国务院教育行政部门规定(至少应是中等职业学校毕业的学历)。从 2012～2017 年中等职业学校与普通高中的数据比较来看，二者研究生学历的专任教师比例不存在显著差距，2017 年二者的占比分别为 7.64%和 8.94%，普通高中高出中职学校 1.3 个百分点；中职学校本科学历的教师比例则明显低于普通高中，2017 年中职学校本科学历教师比例为83.94%，普通高中的为 89.21%；专科及以下学历的教师比例，中职学校高于普通高中。从变化的角度来看，二者研究生学历的教师比例都在逐步上升，但普通高中的提高速度快于中职学校；中职学校本科学历的教师比例还在增加，然而普通高中却在下降，这与近年各地落实国家政策要求高中教师具备研究生学历有关(表 3-9)。二者专科及以下学历的教师比例都在减少。以上分析表明，中等职业学校教师学历达标率低于普通高中，其中虽受实习指导教师学历要求低的影响，但总体上发展不如普通高中。

表 3-9　2012～2017 年中职学校与普通高中专任教师学历比较　　(单位：%)

学历		2012 年	2013 年	2014 年	2015 年	2016 年	2017 年
研究生	中职	5.15	5.73	6.24	6.75	7.16	7.64
	普高	5.01	5.75	6.36	7.15	7.94	8.94
本科	中职	81.80	82.21	83.06	83.39	83.66	83.94
	普高	91.43	91.05	90.89	90.55	89.97	89.21
专科	中职	12.45	11.50	10.23	9.47	8.80	8.08
	普高	3.48	3.12	2.70	2.25	2.04	1.81
高中及以下	中职	0.60	0.56	0.47	0.39	0.38	0.34
	普高	0.08	0.08	0.06	0.05	0.05	0.04

资料来源：《中国教育统计年鉴》(2012～2017 年)

2. 专任教师高级职称比例低于普通高中

教育部 2010 年颁布的《中等职业学校设置标准》规定："专任教师中，具有高级专业技术职务人数应不低于 20%。"从 2012～2017 年的统计数据来看，中等职业学校的高级职称比例达到了上述文件的最低标准，但与普通高中的数据相比，2017 年仍低了 2.33 个百分点。中等职业学校中级职称和未定职级的教师比例都高于普通高中，初级职称专任教师比例低于普通高中，这说明中等职业学校教师职称结构较普通高中差，存在高级职称比例低、晋升速度慢的现象。从发展变化趋势上看，二者高级职称专任教师比例在逐年增长，中职学校 2017 年的比例较 2012 年增加了 1.6 个百分点，普通高中则增加了 1.27 个百分点；中等职业学校中级职称的比例近几年稍有下降，而普通高中相应地略有下降的趋势；二者初级职称的专任教师比例均在不断减少(表 3-10)。随着近年中职教师职称制度改革的不断深化，中等职业学校专任教师职称结构得到进一步优化，与普通高中的差距在逐步缩小，但目前高级职称教师的比例仍与其存在差距。

表 3-10　2012～2017 年中职学校与普通高中专任教师职称结构对比　（单位：%）

职称		2012 年	2013 年	2014 年	2015 年	2016 年	2017 年
高级	中职	23.75	24.31	22.97	24.65	25.05	25.35
	普高	26.41	26.90	25.86	27.15	27.50	27.68
中级	中职	40.17	40.12	40.57	40.14	39.87	39.39
	普高	36.14	36.47	35.88	36.63	36.61	36.40
初级	中职	27.30	26.64	28.05	26.30	25.72	24.92
	普高	30.43	29.62	31.56	29.07	28.49	27.59
未定职级	中职	8.78	8.93	8.41	8.91	9.36	10.34
	普高	7.02	7.01	6.70	7.15	7.40	8.33

资料来源：《中国教育统计年鉴》（2012～2017 年）

3. 教师年龄结构优于普通高中

个体的生理心理特性与年龄的增长有紧密联系，一个人的学识、经验、精力等方面在不同年龄阶段有着巨大差异，合理的年龄结构有利于保持教师队伍的活力、创造力和发展潜力，因此，年龄结构也是反映教师队伍整体素质的重要参数。由于《中国教育统计年鉴》统计指标中年龄段划分标准的变化，因此本研究选取了 2013～2017 年的统计数据进行对比分析。根据一般的年龄段划分，39 岁以下为青年教师，40～54 岁为中年教师，55 岁以上的为老教师。从表 3-11 中可以发现，中等职业学校 39 岁以下的青年教师比例略低于普通高中，而 40～59 岁的中年教师比例略高于普通高中，这说明中等职业学校教师队伍的年龄结构总体上优于普通高中。从变化的角度来看，2017 年与 2013 年相比，二者 39 岁以下青年教师比例有所降低，这说明近几年引进的青年教师数量较少；2017 年中等职业学校 40～49 岁年龄段的专任教师比例较 2013 年稍有增长，普通高中也是如此，50 岁及以上专任教师的比例皆在增长，表明无论是在中职学校还是普通高中，中年教师都是目前的教学主力。

表 3-11　2013～2017 年中职学校与普通高中教师年龄结构对比　（单位：%）

年龄		2013 年	2014 年	2015 年	2016 年	2017 年
29 岁以下	中职	19.55	18.38	17.50	16.94	16.53
	普高	21.52	19.76	18.87	18.14	17.95
30～39 岁	中职	38.32	37.46	37.00	36.16	35.48
	普高	42.24	42.15	41.49	40.39	39.31
40～49 岁	中职	31.89	32.34	32.54	32.46	32.29
	普高	28.94	29.27	29.42	29.52	29.43
50～59 岁	中职	10.05	11.63	12.79	14.26	15.51
	普高	7.20	8.71	10.11	11.83	13.18
60 岁以上	中职	0.19	0.19	0.17	0.18	0.19
	普高	0.10	0.11	0.11	0.12	0.13

资料来源：《中国教育统计年鉴》（2013～2017 年）

(三)女性专任教师发展情况比较

总的来说，教育领域女性就业的比例较高。中等职业学校女性专任教师的发展情况有以下几个方面。

1. 女性专任教师占专任教师比例略高于普通高中

从图 3-13 中可以看出，2012～2017 年中等职业学校女性专任教师的占比一直高于普通高中，但二者的差距在不断缩小。2012 年中职学校的女性专任教师比例高出普通高中 0.91 个百分点，2017 年减少为 0.56 个百分点，5 年间的差距在不断缩小。从变化趋势来看，中职学校和普通高中女性专任教师的比例都在逐年增长，并于 2014 年双双超过 50%。其中，中等职业学校女性专任教师的人数由 2012 年的 341 753 人上升至 2017 年的 343 537 万人，增长幅度为 0.52%，年均增长速度为 0.10%；2017 年普通高中的女性专任教师人数较 2012 年增加了 15.94 万人，所占比例 5 年提高了 4.03%，年均增长速度为 3.78%。

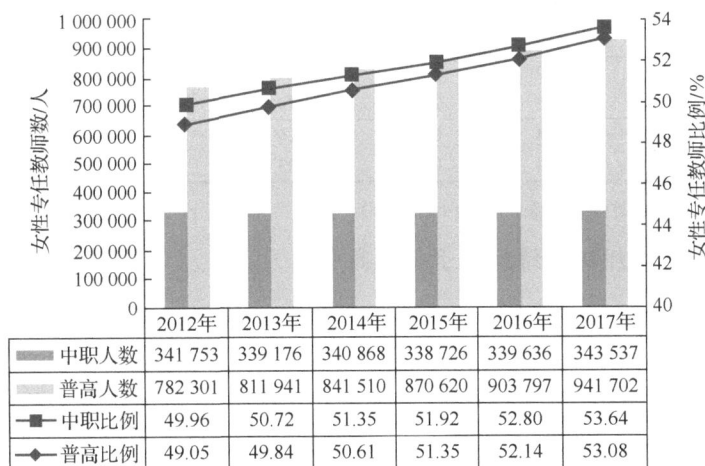

	2012年	2013年	2014年	2015年	2016年	2017年
中职人数	341 753	339 176	340 868	338 726	339 636	343 537
普高人数	782 301	811 941	841 510	870 620	903 797	941 702
中职比例	49.96	50.72	51.35	51.92	52.80	53.64
普高比例	49.05	49.84	50.61	51.35	52.14	53.08

图 3-13　2012～2017 年中职学校与普通高中女性专任教师规模比较

资料来源：《中国教育统计年鉴》(2012～2017 年)

2. 女性专任教师的学历结构低于普通高中

从 2012～2017 年的数据来看，中等职业学校女性专任教师的学历结构低于普通高中。首先，研究生学历层次的女性教师，2012 年以来中等职业学校的比例始终低于普通高中，2017 年的比例与普通高中相差约 2 个百分点；其次，中等职业学校本科学历的女性教师占比也低于普通高中，2017 年相差约 3 个百分点，但由于普通高中本科学历教师比例在下降，这一差距在逐渐缩小；最后，专科及以下学历女性教师的占比，中等职业学校一直高于普通高中，但这一差距也由 2012 年的 7.97 个百分点下降到了 2017 年的 5.18 个百分点(表 3-12)。对比前文中专任教师的学历情况还可以发现，中等职业学校和普通高中本科及以上学历的女性专任教师的比例要高于专任教师的比例，而专科及以下学历的比例又低于整个专任教师相应的比例。由此可知，女性专任教师的学历结构优于男性教师。从变化发展的趋势来看，二者研究生学历的女性专任教师比例一直在上升，普通高中的涨幅更大，比例超过了中等职业学校；2017 年中职学校本科学历的女性教师比例较 2012 年增加了 0.79 个百分点，普通高中则下降了 3.95 个百分点，这是由于国家大力发展教育硕士和许多省份对中小学教师资格证书实行了"国标、省考制度"，大量研究生在普通高中就业。由此来看，中等职业学校女性教师的学历结构虽不断优化，但仍低于普通高中的水平，目前差距在逐步缩小。

表 3-12　2012~2017 年中职学校与普通高中女性专任教师学历结构对比　　(单位：%)

学历		2012 年	2013 年	2014 年	2015 年	2016 年	2017 年
研究生	中职	5.83	6.59	7.32	7.96	8.50	9.11
	普高	5.91	6.95	7.81	8.84	9.94	11.14
本科	中职	83.74	83.99	84.37	84.50	84.58	84.53
	普高	91.63	90.90	90.37	89.71	88.77	87.68
专科	中职	10.09	9.11	8.05	7.32	6.72	6.19
	普高	2.42	2.11	1.79	1.43	1.27	1.16
高中及以下	中职	0.34	0.31	0.26	0.22	0.20	0.17
	普高	0.04	0.04	0.03	0.02	0.02	0.02

资料来源：《中国教育统计年鉴》(2012~2017 年)

3. 女性专任教师职称结构优于普通高中

与学历结构的情况正好相反，中等职业学校女性专任教师的职称结构优于普通高中。一是高级职称比例，2012 年以来中等职业学校的比例明显提高，并一直高于普通高中；二是中级职称女性专任教师比例，2012 年以来中职学校的比例一直高于普通高中，但这一差距也在逐年缩小，由 2012 年的 6.08 个百分点下降到了 2017 年的 3.68 个百分点；三是虽然中职学校未定职级的女性教师略高于普通高中，但初级职称女性专任教师比例低于普通高中。对比前文职称结构部分的数据可知，无论是中等职业学校还是普通高中，女性专任教师的职称结构都略差于整体平均水平(表 3-13)。从变化情况来看，两类学校高级职称的女性专任教师比例在稳步提高，中等职业学校 2017 年的比例较 2012 年上升了 2.36 个百分点，普通高中也增加了 0.82 个百分点；中等职业学校中级职称女性专任教师的比例近年来有增有减，2017 年相较于 2012 年下降了 1.59 个百分点，普通高中的该比例也有增有减，但 2017 年较 2012 年增长超过 0.8 个百分点；两类学校初级职称女性专任教师比例在逐步减小，未定职级的比例有所增长。这充分说明，近年来新引进的专任教师中女性比例较大，且女性专任教师的职称结构有较大改善，女性教师发挥着越来越重要的作用。

表 3-13　2012～2017 年中职学校与普通高中女性专任教师职称结构对比　（单位：%）

职称		2012 年	2013 年	2014 年	2015 年	2016 年	2017 年
高级	中职	20.27	21.03	21.47	21.80	22.33	22.63
	普高	20.02	20.38	20.64	20.69	20.89	20.84
中级	中职	41.05	40.48	40.52	40.47	40.13	39.46
	普高	34.97	35.25	35.75	35.92	35.91	35.78
初级	中职	29.69	29.14	28.59	28.36	27.59	26.75
	普高	36.55	35.52	34.71	34.28	33.80	32.89
未定职级	中职	8.99	9.35	9.42	9.37	9.95	11.16
	普高	8.46	8.85	8.90	9.11	9.40	10.49

资料来源：《中国教育统计年鉴》（2012～2017 年）

从以上分析可见,中等职业学校与普通高中教师队伍建设虽各有其优势与不足,但就总体情况而言,前者的发展水平略低于后者。第一,中等职业学校教师队伍的数量与规模普遍低于普通高中。由于中等职业学校近些年来的招生人数出现了大规模下降,加之普通高中受办学条件等制约因素影响较小,更容易实现规模扩张,普通高中教职工和专任教师无论是总量还是校均规模都比中职学校要高出近一倍,中等职业学校要遵循自身的特点来确定办学规模,不一定大规模,但可以向专业化方向发展。第二,中职学校的生师比明显高于普通高中。尽管两类学校近年的生师比在逐年降低,二者差距也在逐步缩小,但中职学校仍比普通高中高,各地需要按照国务院的要求参照普通高中教职员工比例核定中等职业学校教职工编制,补充其教师队伍。第三,专任教师的学历达标率和高级职称比例低于普通高中。2017 年普通高中本科及以上学历的专任教师比例已超过 98%,而中等职业学校对应的比例刚接近 94%;从职称结构方面看,中等职业学校高级和初级职称的专任教师比例低于普通高中,而中级职称与未定职级的情况相反,表明中职学校专任教师队伍的职称结构还有待优化,要严格执行教师资格准入制度,加大对专科层次教师学历的提高教育,把实习指导教师的学历层次逐步提高到本科层次。第四,从女性专任教师的发展情况来看,中等职业学校女性专任教师的占比高于普通高中,中职学校女性专任教师的学历结构也略低于普通高中,因此中等职业学校要加快实施教师资格考试制度,严格教师准入门槛。当然,与普通高中教师队伍相比,中职学校也有其优势之处,如专任教师的比例较高,专任教师的年龄结构和女性教师的职称结构优于普通高中,应进一步保持这些优势。

三、中等职业学校教师培养现状调查分析

2001 年、2006 年和 2011 年,教育部连续 3 次印发"加强中等职业学校教师队

伍建设的意见"，明确指出中等职业学校生师比过高是制约职业教育发展的重要问题，加快中等职业教育教师数量补充是 3 个"五年计划"中的重点任务。2016 年，中等职业教育生师比基本达到学校设置标准 (20) 的水平，教师数量不足的问题有了明显的好转。为进一步总结中等职业教育教师培养的成果，全面掌握中职学校教师的培养现状，我们对 2012～2015 年全国职教师资培养培训单位进行了专题调研①，力图反映当前高等学校培养中等职业学校教师的基本情况。

(一)培养院校与招生状况

1. 职教师范生培养院校数量保持稳定

2012～2015 年全国 61 个本科院校职教师资培养培训基地中，37 所学校参与开展本科职教师范生培养，其中，独立设置的职业技术师范院校(以下简称职技高师)8 所，综合类院校职业技术教育(师范)学院(简称综合院校)29 所，包括教育部直属高校 3 所、地方综合院校 25 所、高职院校联合本科院校 1 所。

2012 年招收本科层次职教师范生的院校有 34 所，2013 年 33 所，2014 年 33 所，2015 年 34 所(表 3-14)。其中，同济大学、贵州大学 2013 年停止招收本科层次职教师范生；福建师范大学 2014 年停止招收本科层次职教师范生；贵州交通职业技术师范学院 2013 年开始与贵州师范学院合作招收职教师范生，2015 年停止招生；湖北工业大学从 2014 年开始招收本科层次职教师范生；西北师范大学从 2015 年开始招收本科层次职教师范生。

表 3-14　2012～2015 年职教师范生招生数量表　　　　　(单位：人)

院校类型	学校名称	2015 年招生人数	2014 年招生人数	2013 年招生人数	2012 年招生人数	合计
独立设置职业技术师范院校	安徽科技学院	550	595	631	654	2 430
	广东技术师范学院	195	236	262	268	961
	河北科技师范学院	1 761	1 865	1 675	1 800	7 101
	河南科技学院	960	1 985	2 025	1 985	6 955
	吉林工程技术师范学院	1 323	2 312	1 969	1 990	7 594
	江苏理工学院	368	120	160	201	849
	江西科技师范大学	2 324	1 073	781	1 309	5 487
	天津职业技术师范大学	3 139	3 387	3 691	3 900	14 117
综合类院校职业技术教育(师范)学院	北京联合大学	240	316	237	218	1 011
	福建师范大学	—	—	489	142	631
	广西科技大学	398	508	346	241	1 493

---

① 数据来源于教育部、财政部职业院校教师素质提高计划国家级培训项目管理办公室和天津职业技术师范大学对全国开展职教师资培养的高等学校进行的专项调查。

续表

院校类型	学校名称	2015年招生人数	2014年招生人数	2013年招生人数	2012年招生人数	合计
综合类院校职业技术教育(师范)学院	广西师范大学	790	1 143	1 139	848	3 920
	贵州大学	—	—	—	169	169
	贵州交通职业技术学院	—	150	100	—	250
	哈尔滨华德学院	165	350	550	655	1 720
	哈尔滨商业大学	190	167	162	192	711
	河北师范大学	556	462	230	265	1 513
	河北工业大学	208	129	—	—	337
	湖南农业大学	322	367	282	329	1 300
	湖南师范大学	184	198	165	261	808
	吉林农业大学	60	60	65	89	274
	江西农业大学	170	139	82	123	514
	兰州城市学院	112	149	238	178	677
	岭南师范学院	688	483	384	319	1 874
	内蒙古农业大学	273	992	892	901	3 058
	陕西科技大学	150	119	120	269	658
	四川农业大学	838	638	558	579	2 613
	天津大学	60	60	59	59	238
	同济大学	—	—	—	94	94
	西北农林科技大学	89	122	122	90	423
	西北师范大学	755	—	—	—	755
	新疆大学	93	99	140	200	532
	新疆农业大学	64	68	130	140	402
	云南大学	153	161	116	128	558
	浙江工业大学	121	130	115	143	509
	浙江师范大学	278	424	395	467	1 564
	重庆师范大学	195	110	120	100	525
合计		17 772	19 117	18 430	19 306	74 625

注：—表示无数据

2. 职教师范生招生人数呈缓慢下降趋势

2012～2015年，我国共招收职教师范生74 625人。其中，2012年培养院校共招生职教师范生19 306人，2013年招生18 430人，2014年招生19 117人，2015年招生17 772人(图3-14)，总体从2012年开始呈缓慢下降的趋势。招生人数最多的天津职业技术师范大学，共招14 117人，占总招生人数的18.92%。

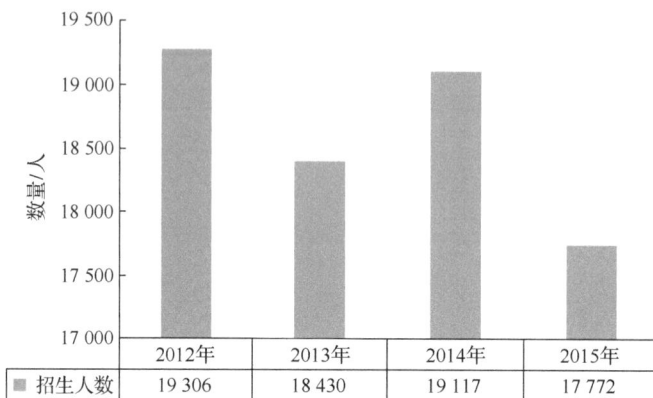

图 3-14　2012～2015 年职教师范生招生情况

3. 职技高师仍然是培养职教师范生的主要力量

2012～2015 年，8 所独立设置的职技高师共招收职教师范生 45 494 人，其中 2012 年招生 12 107 人、2013 年招生 11 194 人、2014 年招生 11 573 人、2015 年招生 10 620 人，分别占当年招收职教师范生的 62.71%、60.74%、60.54%、59.76%（图 3-15）。

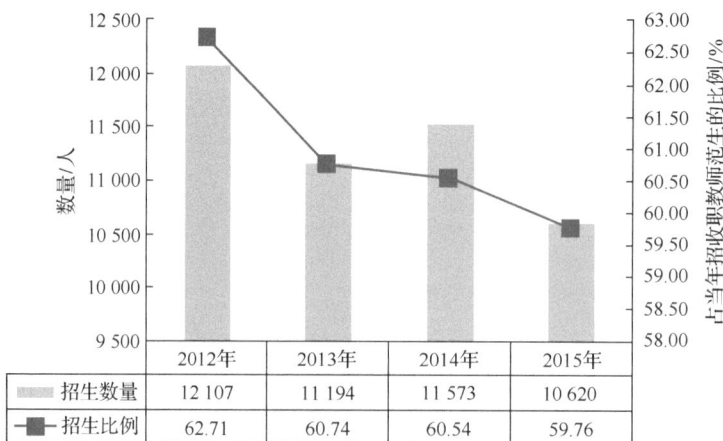

图 3-15　2012～2015 年职技高师职教师范生招生情况

4. 综合院校的职教师范生招生比例呈上升趋势

2012～2015 年，29 所综合类院校职业技术教育（师范）学院共招收职教师范生 29 131 人，占 4 年职教师范生招生总量的 38.67%。其中，2012 年招生 7159 人，2013 年招生 7236 人，2014 年招生 7544 人，2015 年招生 7152 人，分别占当年招收职教师范生总量的 37.29%、39.26%、39.46%、40.24%（图 3-16）。综合院校中广西师范大学、内蒙古农业大学、四川农业大学、岭南师范学院、哈尔滨华德学院、浙江师范大学、河北师范大学、广西科技大学、湖南农业大学、北京联合大学共 10 所学校

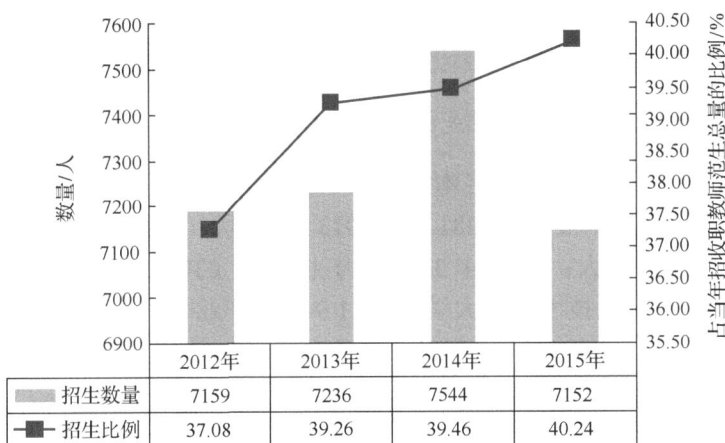

图 3-16　2012～2015 年综合院校职教师范生招生情况

4 年累计招生均超过 1000 人。尤其是广西师范大学,每年职教师范生招生数都在 1000 人左右,累计招生人数 3920 人,超过独立设置的职技高师江苏理工学院、广东技术师范学院、安徽科技学院的职教师范生招生人数。

5. 职教师范生专业招生数量有所增长但差距大

2012～2015 年,招收职教师范生的专业达到 156 个。其中,2012 年职教师范生招生专业 109 个,2013 年招生专业 112 个,2014 年招生专业 122 个,2015 年招生专业 120 个。受 2012 年本科专业目录调整影响,招生专业变化比较大。招生专业中,招生量最大的 20 个专业以信息技术、先进制造业、旅游服务、现代农业类专业为主(表 3-15)。计算机科学与技术专业招收人数最多,达到 5762 人,招生人数最少的专业为勘查技术与工程、种子科学与工程,招生人数均仅有 1 人。

表 3-15　2015 年职教师范生招生数量前 20 位的专业　　　(单位:人)

专业名称	招生数	专业名称	招生数
计算机科学与技术	5762	学前教育	1462
旅游管理	2551	数学与应用数学	1424
财务会计教育	2437	园艺	1398
机械设计制造及其自动化	2427	教育技术学	1396
英语	2244	汉语言文学	1319
机电技术教育	1823	自动化	1221
汽车维修工程教育	1812	汽车服务工程	1126
应用电子技术教育	1748	动物科学	1106
电子信息工程	1744	电气工程及其自动化	1098
会计学	1556	土木工程	1039

(二)职教师范毕业生状况

1. 职教师范毕业生数量呈现先扬后抑趋势

2012～2015 年共有 71 609 名本科层次职教师范生毕业。其中，2012 年具有毕业生的学校有 34 所，毕业生 17 281 人；2013 年 33 所，毕业生 18 110 人；2014 年 35 所，毕业生 19 188 人；2015 年 34 所，毕业生 17 030 人(表 3-16)。职教师范毕业生最多的是天津职业技术师范大学，有 11 946 名毕业生，占职教师范毕业生总数的 16.68%。

表 3-16　2012～2015 年职教师范生毕业情况统计　　　　(单位：人)

院校类型	学校名称	2015 年毕业生数	2014 年毕业生数	2013 年毕业生数	2012 年毕业生数	合计
独立设置职业技术师范院校	安徽科技学院	716	759	829	779	3 083
	广东技术师范学院	208	262	228	217	915
	河北科技师范学院	1 533	1 690	1 820	1 886	6 929
	河南科技学院	938	2 377	1 949	2 210	7 474
	吉林工程技术师范学院	909	1 836	1 903	1 823	6 471
	江苏理工学院	415	301	698	278	1 692
	江西科技师范大学	2 763	1 140	1 187	1 193	6 283
	天津职业技术师范大学	2 679	3 222	3 093	2 952	11 946
综合类院校职业技术教育(师范)学院	北京联合大学	154	191	151	187	683
	东北农业大学	0	90	91	62	243
	福建师范大学	173	185	180	59	597
	广西科技大学	277	301	404	222	1 204
	广西师范大学	1 006	753	484	220	2 463
	贵州大学	0	689	597	615	1 901
	贵州交通职业技术学院	95	0	0	0	95
	哈尔滨华德学院	611	570	560	630	2 371
	哈尔滨商业大学	192	155	118	122	587
	河北师范大学	453	277	211	181	1 122
	湖南农业大学	275	263	266	261	1 065
	湖南师范大学	240	269	233	249	991
	吉林农业大学	59	27	25	30	141
	江西农业大学	105	72	51	42	270
	兰州城市学院	221	156	0	35	412
	岭南师范学院	708	483	384	319	1 894
	内蒙古农业大学	249	821	841	803	2 714
	陕西科技大学	178	195	132	202	707
	四川农业大学	785	985	787	767	3 324

续表

院校类型	学校名称	2015年毕业生数	2014年毕业生数	2013年毕业生数	2012年毕业生数	合计
综合类院校职业技术教育(师范)学院	天津大学	56	61	55	57	229
	同济大学	89	91	77	91	348
	西北农林科技大学	89	256	332	357	1 034
	新疆农业大学	52	32	0	0	84
	云南大学	169	131	125	122	547
	浙江工业大学	75	74	62	71	282
	浙江师范大学	460	359	202	160	1 181
	重庆师范大学	98	115	35	79	327
合计		17 030	19 188	18 110	17 281	71 609

2. 独立设置的职业技术师范院校职教师范毕业生占主体

2012～2015 年，8 所独立设置的职技高师共有职教师范毕业生 44 793 人，占职教师范毕业生总数的 62.55%。其中，2012 年有毕业生 11 338 人、2013 年 11 707 人、2014 年 11 587 人、2015 年 10 161 人，分别占当年职教师范毕业生总数的 65.61%、64.64%、60.39%、59.67%(图 3-17)。

3. 综合院校职教师范毕业生人数和占比呈上升趋势

2012～2015 年，25 所综合类院校职业技术教育(师范)学院共有职教师范毕业生 26 816 人，占 4 年职教师范毕业生总量的 37.45%。其中，2012 年有毕业生 5943 人、2013 年 6403 人、2014 年 7601 人、2015 年 6869 人，分别占当年职教师范毕业生总数的 34.39%、35.36%、39.61%、40.33%(图 3-17)。综合院校中，四川农业大学、内蒙古农业大学、广西师范大学、哈尔滨华德学院、贵州大学、岭南师范学院、广

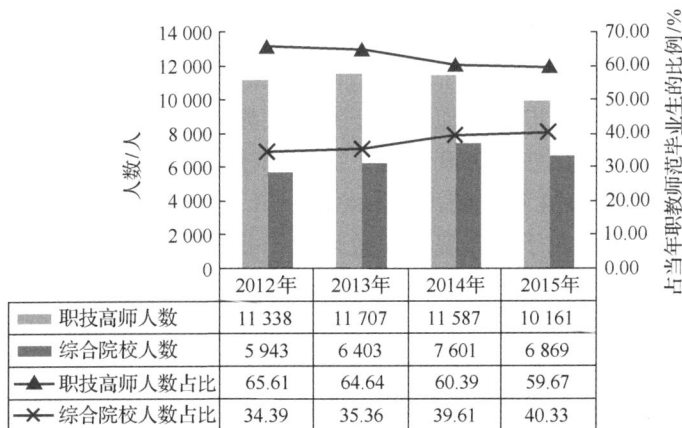

	2012年	2013年	2014年	2015年
职技高师人数	11 338	11 707	11 587	10 161
综合院校人数	5 943	6 403	7 601	6 869
职技高师人数占比	65.61	64.64	60.39	59.67
综合院校人数占比	34.39	35.36	39.61	40.33

图 3-17 2012～2015 年职技高师和综合院校职教师范毕业生变化情况

西科技大学、浙江师范大学、河北师范大学、湖南农业大学、西北农林科技大学共 11 所学校的职教师范毕业生 4 年累计均超过 1000 人。

4. 职教师范毕业生专业相对稳定，毕业专业人数差距大

2012~2015 年，有职教师范毕业生的专业为 136 个，其中，2012 年 100 个，2013 年 105 个，2014 年 110 个，2015 年 100 个。有职教师范毕业生的专业中，20 个专业的毕业生超过 1000 人（表 3-17），其中计算机科学与技术专业是毕业生最多的专业，共有 6035 名职教师范生毕业；毕业人数最少的专业为产品设计专业，仅 1 人。

表 3-17　　2012~2015 年职教师范毕业生数量前 20 位的专业　　　　（单位：人）

专业名称	毕业生数	专业名称	毕业生数
计算机科学与技术	6035	园艺	1405
旅游管理	2996	土木工程	1323
电子信息工程	2780	自动化	1320
机械设计制造及其自动化	2710	汉语言文学	1309
英语	2668	汽车维修工程教育	1244
财务会计教育	2660	机电技术教育	1239
会计学	2074	园林	1191
应用电子技术教育	1676	数学与应用数学	1184
艺术设计	1674	电气工程及其自动化	1052
汽车维修工程教育	1609	财务管理	1048

5. 职教师范毕业生获得教师资格证书的数量与占比均呈现上升趋势

2012~2015 年，共有 38 077 人获得教师资格证书，占职教师范毕业生人数的 53.17%（注：因部分院校获得教师资格证书的毕业生人数没有统计，实际数字会略高于统计数据）。其中，2012 年 7931 人获得教师资格证书，2013 年 9058 人，2014 年 9483 人，2015 年 11 605 人；分别占当年职教师范毕业生的 45.89%、50.02%、49.42%、68.14%（图 3-18）。

职技高师职教师范生取得教师资格证书的人数在 2013 年达到顶点后开始下降，但取得教师资格证书的比例有上升趋势；综合院校职教师范毕业生取得教师资格证书的人数和占比均在 2014 年达到顶点后急速下降；职技高师职教师范毕业生取得教师资格证书的比例远远高于综合院校职教师范毕业生的取证比例。2012~2015 年，职技高师职教师范毕业生取得教师资格证书的人数为 22 489 人，占职教师范毕业生人数的 91.55%（河南科技学院、吉林工程技术师范学院、江西科技师范大学未对职教师范毕业生取得职业资格证书情况进行长期跟踪，统计数据未包含这 3 所学校）。其中，2012 年取得教师资格证书的人数为 5393 人，占当年职教师范毕业生的 88.24%；2013 年 6319 人，占 94.77%；2014 年 5595 人，占 89.75%；2015 年 5182 人，

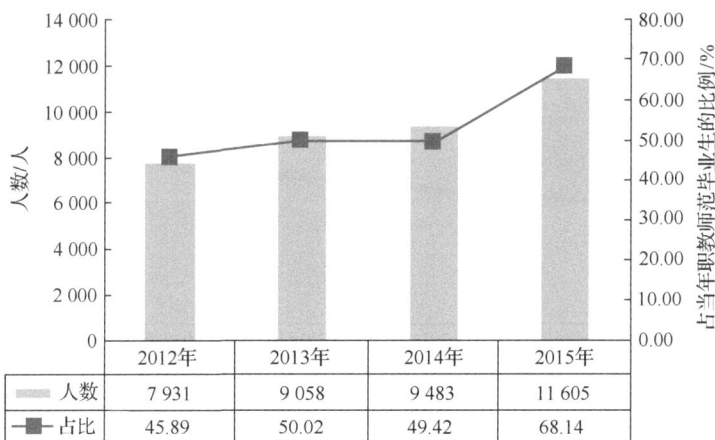

图 3-18　2012～2015 年职教师范毕业生获得教师资格证书情况

占 93.35%。综合院校职教师范毕业生取得教师资格证书的人数为 8305 人,占职教师范毕业生人数的 42.10%。其中,2012 年取得教师资格证书的人数为 1745 人,占当年职教师范毕业生的 38.12%;2013 年 1967 人,占 43.75%;2014 年 2576 人,占 47.77%;2015 年 2017 人,占 38.35%(图 3-19)。

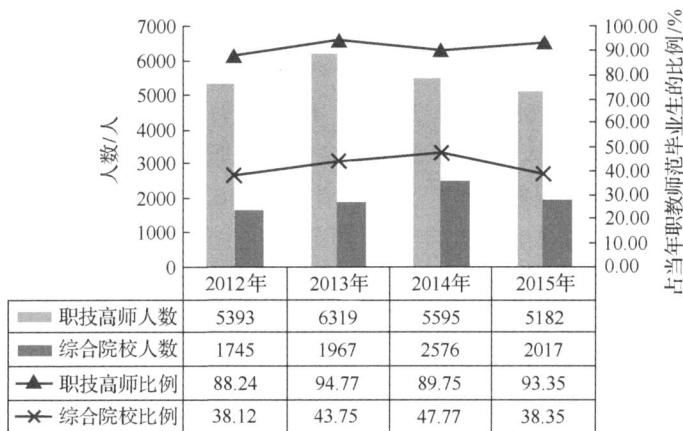

图 3-19　2012～2015 年职技高师和综合院校职教师范毕业生取得教师资格证书情况对比

6. 职教师范毕业生获得职业资格证书数量与占比逐年提升

2012～2015 年,共有 32 937 人获得职业资格证书,占毕业生人数的 46.00%(注:因部分院校没有职业资格鉴定工作,学生自己在校外报考,没有相关数据,实际数字会略高于统计数据)。其中,2012 年 6876 人获得职业资格证书,占当年职教师范毕业生的 39.79%;2013 年 8255 人,占比 45.58%;2014 年 8753 人,占比 45.62%;2015 年 9053 人,占比 53.16%(图 3-20)。

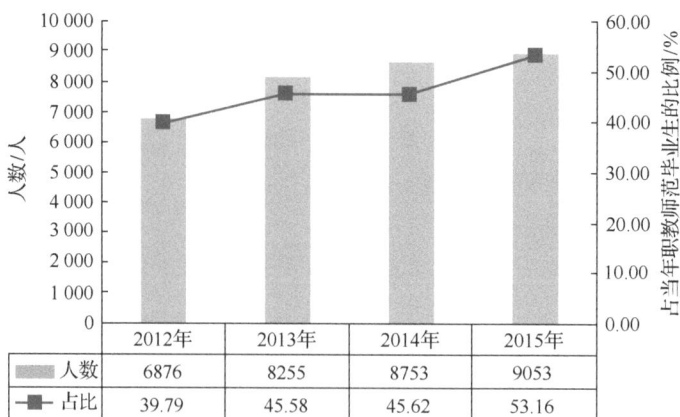

	2012年	2013年	2014年	2015年
人数	6876	8255	8753	9053
占比	39.79	45.58	45.62	53.16

图 3-20　2012～2015 年职教师范毕业生获得职业资格证书情况

职技高师职教师范毕业生获得职业资格证书的人数趋于稳定，占比缓慢上升；综合院校职教师范毕业生取得职业资格证书数量和比例都呈现缓慢上升的趋势；职技高师职教师范毕业生取得职业资格证书的比例远高于综合院校职教师范毕业生的取证比例。2012～2015 年，职技高师职教师范毕业生取得职业资格证书的人数为 17 934 人，占职教师范毕业生的比例为 73.01%（河南科技学院、吉林工程技术师范学院、江西科技师范大学未对职教师范毕业生取得职业资格证书情况进行长期跟踪，统计数据未包含这 3 所学校）。其中，2012 年取得职业资格证书的人数为 4163 人，占当年职教师范毕业生的 68.11%；2013 年 4875 人，占 73.11%；2014 年 4552 人，占 73.02%；2015 年 4344 人，占 78.26%。综合院校职教师范毕业生取得职业资格证书的人数为 9118 人，占职教师范毕业生的比例为 46.23%。其中，2012 年取得职业资格证书的人数为 1786 人，占当年职教师范毕业生的 39.01%；2013 年 1952 人，占 43.24%；2014 年 2400 人，占 44.51%；2015 年 2980 人，占 56.66%（图 3-21）。

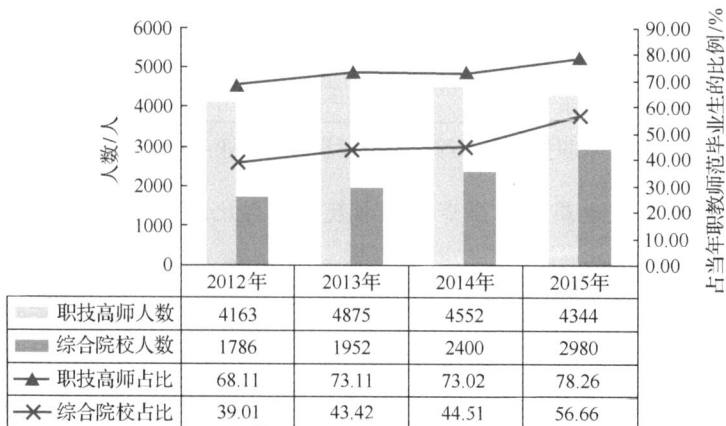

	2012年	2013年	2014年	2015年
职技高师人数	4163	4875	4552	4344
综合院校人数	1786	1952	2400	2980
职技高师占比	68.11	73.11	73.02	78.26
综合院校占比	39.01	43.42	44.51	56.66

图 3-21　2012～2015 年职技高师和综合院校职教师范毕业生取得职业资格证书情况对比

7. 职教师范毕业生到职业学校就业率偏低

2012～2015 年，共有 6245 名职教师范毕业生到中等职业学校就业，占职教师范毕业生的 8.72%（河北科技师范学院因未对毕业生到中等职业学校就业进行长期跟踪，统计数据未计入）。其中，2012 年有 1613 名职教师范毕业生到中等职业学校就业，占当年职教师范毕业生的 9.47%；2013 年 1533 人，占比 7.99；2014 年 1623 人，占比 8.96%；2015 年 1476 人，占比 8.54%（图 3-22）。4 年间，天津职业技术师范大学职教师范毕业生到中等职业学校就业的共 3241 人，占到中职学校就业总人数的51.90%。

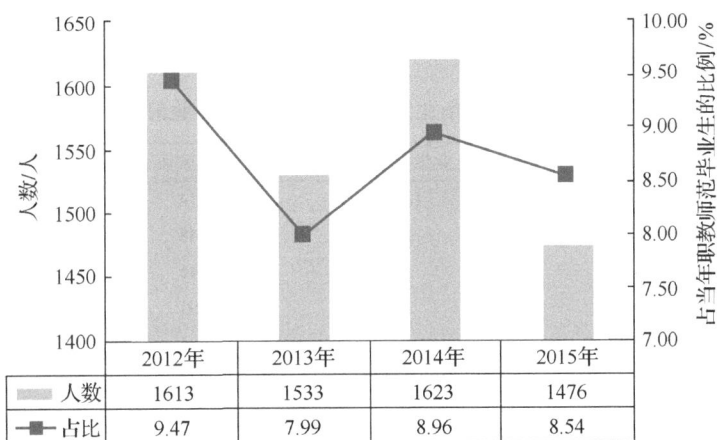

	2012年	2013年	2014年	2015年
人数	1613	1533	1623	1476
占比	9.47	7.99	8.96	8.54

图 3-22　2012～2015 年职教师范毕业生到中职学校就业情况

独立设置的职业技术师范院校职教师范毕业生到中职学校就业率整体呈下滑趋势；综合院校培养的职教师范生到中职学校就业率近年有明显上升的趋势；总体上，独立设置的职业技术师范院校职教师范生到中职学校就业的比例高于综合院校职教师范生。2012～2015 年，职技高师职教师范毕业生到中等职业学校就业的平均比例为 11.71%。其中，2012 年为 12.62%；2013 年为 12.44%，2014 年为10.30%，2015 年为 11.46%。综合院校职教师范毕业生到中职学校就业的平均比例为 6.64%。其中，2012 年为 5.11%；2013 年为 4.85%；2014 年为 7.53%；2015年为 9.05%（图 3-23）。

在职教师范专业中，到中等职业学校就业的毕业生专业以交通运输、机械制造、电子信息、机电技术、电气技术和旅游服务类专业为主（表 3-18），这与适应我国"中国制造 2025"和工业化与信息化融合等需要，对先进制造业、信息技术产业高素质技术技能人才需求量提升有很大的关系。

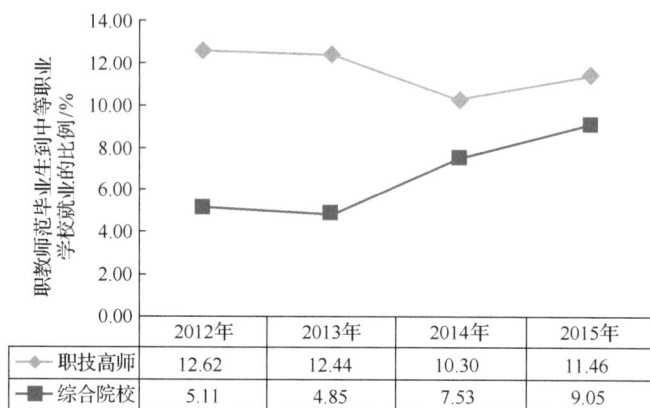

	2012年	2013年	2014年	2015年
职技高师	12.62	12.44	10.30	11.46
综合院校	5.11	4.85	7.53	9.05

图 3-23　2012～2015 年职技高师和综合院校职教师范生到中职学校就业情况

表 3-18　职教师范专业毕业生到中等职业学校就业前 20 位的专业

专业名称	毕业生人数/人	到职业学校就业人数/人	到职业学校就业率/%
汽车维修工程教育	1244	574	46.14
机械制造工业教育	149	68	45.64
机械工艺技术	319	145	45.45
机械维修及检测技术教育	230	91	39.57
机械设计制造	101	36	35.64
车辆工程	72	22	30.56
机械制造工艺教育	785	199	25.35
应用电子技术教育	1676	409	24.40
汽车服务工程	546	120	21.98
电气技术教育	611	121	19.80
职业技术教育管理	110	5	4.55
材料成型及控制工程	766	121	15.80
微电子科学与工程	132	32	24.24
微电子学	179	28	15.64
物流管理	445	68	15.28
网络工程	288	44	15.28
烹饪与营养教育	688	100	14.53
交通工程	1034	150	14.51
自动化	1320	185	14.02
机电技术教育	1239	169	13.64

　　调研中还发现，在已有毕业生的职教师范专业中，有 22 个专业没有一名毕业生到职业学校就业(表 3-19)。因此，高等学校需要进一步优化专业设置，根据职业学校教师需求进行专业调整。

表 3-19　职教师范专业无毕业生到职业学校就业的专业　　（单位：人）

专业名称	毕业生人数	专业名称	毕业生人数
食品营养与检验教育	292	理论与应用力学	145
水产养殖	282	行政管理	127
生物技术	282	植物生产	120
设施农业科学与工程	261	农业建筑环境与能源工程	115
小学教育	253	公共事业管理	73
农业资源与环境	204	食品工艺教育	61
对外汉语	176	建筑工程教育	59
植物科学与技术	166	化学工程与工艺	48
农业机械化及其自动化	154	统计学	43
应用生物科学	148	环境工程	39
商务英语	146	酒店管理	38

（三）职教教师培养的对策建议

通过上述调查分析可以发现，目前中职教师培养过程中还存在培养院校少、培养能力不足、培养专业有限、对口就业率不高等问题，因而需要从以下几方面着手，加强引导，大力支持，从而有效促进中等职业学校教师数量与质量的同步提升。

1. 加强职业学校教师需求预测，提高职教师资培养的针对性

2012～2015 年，有 22 个中等职业教育教师培养专业没有毕业生到中职学校就业，还有部分专业到中等职业学校就业率不到 5%，职教师资培养专业就业对口率不高。建议加大职教师资培养预测研究，建立中职教师需求预测机制，加大各地中等职业学校教师需求调研，把握职教师资需求方向，通过地方与职教师资培养院校合作培养、定向培养等多种形式提高职教师资培养的针对性和实效性，化解职业教育教师培养专业与职业学校对专业教师需求多样化之间存在的矛盾。对长期作为职教师资培养而没有毕业生到中等职业学校就业的专业，实行专业预警黄牌、红牌制度。

2. 加强职业院校教师准入制度建设，选拔更多优秀教师到职业学校任教

2015 年，中等职业学校（不含技工学校）新增专任教师 46 689 人，其中招收本科毕业生 11 892 人①，职教师范本科毕业生 1467 人，职教师范本科毕业生到中等职业学校就业人数在新增专任教师人数中的比例不足 5%，占当年中等职业学校招收本科毕业生专任教师的 12.34%，说明新增专任教师专业化不强。建议制定适合中等职业

---

① 教育部发展规划司.中国教育统计年鉴 2015[M].北京:中国统计出版社，2016.

教育发展特点的中等职业教育专业教师资格标准和教学能力测评标准，严格中等职业学校教师准入制度，落实职业学校教师引进自主权，选拔真正适合中等职业学校教学需求的合格教师到学校任教。

3. 建立职教师范生公费培养制度，引导加强职教师资培养工作

2014 年，江苏理工学院、广东技术师范学院、安徽科技学院 3 所职技高师招收职教师范生人数和占招生人数比例分别为 120 人、3.79%，236 人、4.30%，595 人、13.57%；部分学校没有对职教毕业生到职业院校就业进行统计，职技高师招收职教师范生的数量和比例不高，与职技高师办学定位和办学目标不符。建议进一步明确职业技术师范院校的办学定位，加强职教师资培养专业认证，提升职教师资培养专业的"含金量"。在职教师范生培养院校不多的情况下，建立公费职教师范生制度，引导职技高师把职教师范生培养放在办学的中心地位，坚持为职业学校培养师资的办学方向，在全国职教师范教育中起示范和标杆作用。

4. 强化技能训练和顶岗实践，实现职教师资人才培养标准与职业标准对接

2012～2015 年，职教师范生中共有 32 937 人获得职业资格证书，占职教师范毕业生人数的 46%，职教师范生的专业技能有待进一步提高。中等职业学校培养的是高素质技术技能人才，需要获得与从事岗位工作相关的技能，这就需要中等职业学校的教师具备进行技能示范和指导技能训练的能力。建议培养院校通过校内技能训练和企业一线生产岗位顶岗实践，推进校企合作培养职教师资，实现职业标准与人才培养标准对接，满足毕业生到中等职业学校后能够指导实践教学或技能训练的需要，保障中等职业教育"双师型"教师培养质量。

5. 加强职业技术师范院校建设，多渠道促进职教师范生招生

2012～2015 年，参与中等职业教育教师培养的院校有 37 所，而每年招生和有毕业生的院校只有 33 或 34 所，东南大学、同济大学、贵州大学、东北农业大学等重点大学逐步退出中等职业教育教师培养，中等职业教育教师培养能力不足。建议按照《中共中央国务院关于全面深化新时代教师队伍建设改革的意见》(中发〔2018〕4 号)的精神，加强职业技术师范院校建设，出台支持职业技术师范院校建设的政策，建立一批中等职业教育教师培养示范单位；提高培养职教师资生均经费拨款，满足职教师范生教学能力和专业能力的培养；适当加大中职和高职生源培养职教师资的比例，充分体现职教师范生培养的特色；普通高中生源招生时要将职教师范生招生录取批次放入提前批次，提升职教师资培养生源质量。

第四章

中等职业学校生师比研究

一、中等职业学校生师比计算依据

进入 21 世纪后，随着我国经济的快速发展，社会对中等职业学校培养的技能型人才的需求大幅度增加，2005 年出台的《国务院关于大力发展职业教育的决定》指出，应把职业教育看作经济社会发展的基础，教育工作的战略重点，因此之后几年中等职业学校取得了长足的发展，2008 年招生规模达到了前所未有的 810 万人，但近些年来中等职业学校教师的增长速度低于学生的增长幅度。统计数据表明，2007 年中等职业学校的生师比达到了 23.95，中等专业学校甚至达到了 31.39，远远超过了教育部 2001 年颁布的《中等职业学校设置标准(试行)》中第五条和第六条的规定：城市学校学生规模 960 人以上，专任教师不少于 55 人，农村学校学生规模 600 人以上，专任教师不少于 35 人，由此测算的生师比约为 17。更高于 2007 年颁布的《教育部关于"十一五"期间加强中等职业学校教师队伍建设的意见》中提出的生师比目标：到 2010 年，中等职业学校的生师比要逐步达到 16 左右。那么，现实中中等职业教育生师比究竟是多少？高还是不高？这需要利用科学的计算方法来确定，本章提供一种简便的测算方法。

(一)确定生师比应考虑的主要因素

影响中等职业教育生师比的因素比较多，既有宏观的因素，也有微观的因素，既有政策方面的因素，也有社会经济条件和办学条件等方面的因素，概括起来，主要有以下几点。

1. 班级容量

学校教育的重要表现形式是以班级为单位开展教学活动，无论是学年制教育，还是弹性学制教育，都是如此。班级容量既受硬件条件的制约，也受软环境的影响，尤其是国家强制性政策的影响。班级容量既是影响教学效果的重要因素，也是影响作业批改、学生指导、学生管理、实践教学等教学环节工作任务的重要因素，因此它是制定教师教学标准工作量应考虑的重要因素。例如，1952 年 10 月教育部颁发的《中等技术学校(包括专业学校)试行组织编制》中规定：中等技术学校每班 50 人左右。2002 年《教育部关于贯彻〈国务院办公厅转发中央编办、教育部、财政部关于制定中小学教职工编制标准意见的通知〉的实施意见》中规定："中小学根据教育教学规律和教学要求安排班额，并根据班额组织教学班级。原则上普通中学每班学生 45～50 人，城市小学 40～45 人，农村小学酌减，具体标准由各省(区、市)根据实际情况确定。"

2．教师工作量

所谓教师工作量是指教师一年或一周需要完成的标准教学时数。由于教师工作包含备课、批改作业、教学辅导、自我学习等内容，因此教师应完成的标准学时数，不能按每天完成 8 学时授课任务计算，而应将备课、批改作业、教学辅导等折算成标准学时数，从而计算教师一周应完成多少标准学时数的教学任务。明确了教师授课标准学时数后，就可以确定任课教师的数量。例如，1961 年劳动部规定："政治、文化、技术理论课教师按每人每周平均授课约十五课时配备。"

3．实践教学条件

中等职业学校培养的是技能型人才，需要加强学生实践能力和职业技能的培养，要求具备实践教学条件。实践教学条件也是确定理论课与实践课教学比例的重要条件，没有相应的实践教学条件，就只能加大理论课教学时数的比例；相反，实践教学条件充足，就可以扩大实践教学的比例，增强学生实践能力和职业技能的培养。当然，理论教学与实践教学的比例从根本上是要遵循人才培养目标和教育教学规律。由于不同产业、不同专业的职业教育对实践教学条件的要求不同，这也是造成不同产业、不同专业学校生师比存在差异的重要原因。教育部 1952 年 10 月颁发的《中等技术学校(包括专业学校)试行组织编制》规定，中等技术学校教员(包括助理教员)平均每班按 2.5～3 人配备，不同科类的学校，教职员工人数与学生人数的比例不尽一致。例如，工业学校设有实习工厂者教职员工与学生人数的比例最高不超过 1∶6.5，未设实习工厂者最高不得超过 1∶7；农林学校，最高不得超过 1∶7.5；卫生学校，最高不得超过 1∶8；财经类学校，最高不得超过 1∶9。

由于实践教学条件既包括校内实践教学条件，也包括校外实践教学条件，因此实践教学条件也是确定教学模式的重要依据。

4．人才培养模式

职业教育人才培养模式简单地说就是如何培养技能型人才，它是职业教育机构和教育工作者群体在一定的职业教育思想和理论的指导下，根据现有的办学条件，为完成技能型人才培养目标而构建起来的人才培养结构范式，或人才培养过程的某种标准样式和运行方式。人才培养模式既受教育理论的影响，也受办学条件的制约。人才培养模式是由人才培养目标决定的，同一人才培养目标可以有多种人才培养模式，但却是有选择的。例如，1954 年颁布的《劳动部关于技工学校暂行办法草案》规定：“技工学校以培养四、五级技工为主……技工学校是培养理论与技术兼备的技工。其各类课程的一般比例应是：技术实习占百分之五十至六十，技术理论、政治、文化、体育等课程共占百分之四十至五十。”进入 21 世纪，由于我国社会经济的快速发展，职业学校办学条件得到明显改善，因此，2005 年《国务院关于大力发展职业教育的决定》提出“大力推行工学结合、校企合作的培养模式”。这一人才培养模式使职业教育教师的内涵和外延发生了变化，中等职业学校教师不仅包括学校编制教师，也包括合同聘用的兼职教师，还包括企业选配的指导顶岗实习学生的技术人员，进而使生师比的计算变得复杂。

5. 教学模式

教学模式是指在一定教学思想(教学理论)指导下，为完成规定的教学目标，在某种教学环境和资源支持下，教与学活动中各要素之间建立起来的较为稳定的、具有范式意义的教学活动结构框架和活动程序。教学模式主要取决于人才培养模式，不同的人才培养模式可以采取不同的教学模式。例如，近年来为了有效地培养技能型人才，提高学生的实践操作能力，国家大力推行工学结合、校企合作的人才培养模式，许多学校加大了与企业结合的力度，加大实践教学比例，形成了半工半读、工学交替、理论和实践一体化等教学模式。教学模式也是影响教学工作量、教学效率和教学质量的重要因素。

6. 教学方法

教学方法简单来说，就是教师的教法和学生的学法，常言道“教学有法，教无定法”，但从总体来看，教学方法取决于人才培养目标、培养模式、教学模式和教学内容等。2009 年《教育部关于制定中等职业学校教学计划的原则意见》(教职成〔2009〕2 号)中明确规定：“中等职业学校培养与我国社会主义现代化建设要求相适应，德、智、体、美全面发展，具有综合职业能力，在生产、服务一线工作的高素质劳动者和技能型人才。”随着我职业学校培养具有综合职业能力的技能型人才的培养目标的提出，要求中等职业学校的教学体现“做中学、做中教”的教育思想，因此在实践中产生了项目教学法、案例教学法等教学方法。教学方法是影响教师教学工作量的重要因素，即同一教学内容，可以采取不同的教学方法，但不同的教学方法教师的教学工作量是不一样的，教学的质量也不一样，当然，教学工作量与教学质量不一定成正比，如果教学方法得当，也可以在减少教学工作量的同时，提高教学质量。因此，教学方法的改革具有多重意义。

7. 教学手段

教学手段是师生相互传递教学信息的工具、媒体或设备。随着科学技术的发展，教学手段经历了口头语言、文字和书籍、印刷教材、电子视听设备与多媒体网络技术 5 个使用阶段。现代化教学手段是与传统教学手段相对而言的。传统教学手段主要是指一部教科书、一支粉笔、一块黑板、几副挂图等。教学手段是影响教师教学工作量的一个重要因素，先进的教学手段可以减少教师的教学工作量。因此，制定教师标准工作量时应考虑教师所采用的教学手段。

(二)计算指标标准的确定

1. 班级容量

按照教育部《关于贯彻国务院办公厅转发中央编办、教育部、财政部关于制定中小学教职工编制标准意见的通知》（教人〔2002〕8 号）的实施意见，中学每班学生人数应为 45～50 人；按照《关于中小学教职工编制意见》（国办发〔2001〕74 号）的编制标准折算，普通高中每班可配备教师 3.0 人。又如，1988 年山东省发布的《山东省中等师范、职业学校、中小学等学校机构设置和人员编制标准的意见(试行)》中规定："理工类，48 人/班，教师 3.5 人，职工 1.5 人；文科类，48 人/班，教师 3.2人，职工 1.3 人。"中等职业教育也属于高中阶段教育，加之近年来实践教学的比例加大，我们认为每班学生人数应以 40 人为宜。

2. 教师工作量

中等职业教育与普通高等教育一样，属于专业教育，同时，由于中等职业教育与社会经济联系最为密切，随社会经济条件、技术进步和企业组织形式的变化，专业内容需不断调整，教学内容需不断更新，教师需不断补充和更新专业知识。由于中等职业学校专业调整也比较频繁，有时需要跨专业学习，因此，无论是与普通高中，还是与普通高等教育相比，教师自我补充新知识、备课需要的工作量均较大。假设中等职业学校教师授课时间占全部教学任务的 1/3，教师授课时数为每周 13 小时，一学年为 520 学时。

3. 教学计划时数

2009 年《教育部关于制定中等职业学校教学计划的原则意见》（教职成〔2009〕2 号)中规定："全日制中等职业学校学历教育主要招收初中毕业生或具有同等学力者，基本学制以 3 年为主；招收普通高中毕业生或同等学力者，基本学制以 1 年为主""每学年为 52 周,其中教学时间 40 周(含复习考试),假期 12 周。周学时一般为 28。顶岗实习一般按每周 30 小时(1 小时折 1 学时)安排。三年总学时数为 3000~3300"。

4. 公共基础课教学时数与技能课教学时数比例

2009 年《教育部关于制定中等职业学校教学计划的原则意见》(教职成〔2009〕2 号)中规定:"中等职业教育是高中阶段教育的重要组成部分,其课程设置分为公共基础课程和专业技能课程两类""公共基础课程学时一般占总学时的三分之一,累计总学时约为一学年""专业技能课程学时一般占总学时的三分之二,其中顶岗实习累计总学时约为一学年"。因此,要在加强专业实践课程教学、完善专业实践课程体系的同时,积极探索专业理论课程与专业实践课程的一体化教学模式。

从文件规定来看,中等职业学校的课程可分为公共基础课、专业理论课、专业实践课以及理论课与实践课一体化课程。由于职业教育的公共基础课、专业理论课和专业实践课在教学条件、教学内容、教学方式、教学方法等方面存在较大差异,它们之间的教学工作量存在着差异,需要进行折算。因此,需要对它们之间的教学学时进行 4 方面的确定和折算:一是公共基础课与专业技能课学时的折算;二是专业技能课中的专业理论课与专业实践课学时比例的确定,以及二者之间学时的折算;三是专业理论课和专业实践课一体化课程与专业理论课学时的比例及二者学时之间的折算;四是到企业顶岗实习一年的教学任务确定。假如公共基础课、专业理论课与专业实践之间的折算系数按 1∶1.2∶1.4 计算,专业实践课占专业技能课的 2/3,每年教学时数按 3300 学时,那么,前两年的实际教学时数就是 2567 学时。

第三年的企业顶岗实习,学校应如何安排实习指导教师,目前没有明确的规定,《教育部 财政部关于印发〈中等职业学校学生实习管理办法〉的通知》(教职成〔2007〕4 号)中指出:"学校应当建立健全学生实习管理制度,要有专门的实习管理机构,要加强实习指导教师队伍建设,要建立学生实习管理档案,定期检查实习情况,处理实习中出现的有关问题,确保学生实习工作的正常秩序。"为此,我们假定每个班安排一名实习指导教师。实践教学教师一人的年实际教学工作量为 520 学时。这样 3 年的教学学时数为 3087 学时。

5. 短期培训学时的计算

目前,我国中等职业教育学校形成了学历教育与短期培训、长学制与短期办学相结合的办学体制。根据《中国教育统计年鉴 2006》,2006 年中等职业学校短期培训人数为 774.81 万人,在校生人数为 1809.89 万人,短期培训人数约为在校生人数的 1/2,可见短期培训已成为我国中等职业学校重要的教学内容。假如中等职业学校开展短期培训的班级容量也按 40 人计算,短期培训的教学时数平均为一个月/年,由于短期培训主要是实践教学,因此,其教学时数应为 235 学时。

(三)生师比计算

1. 生师比计算的假设条件

1)学校教学秩序正常。

2)理论课教学班级容量为 40 人。

3)学校实验、实习、实训条件能够满足教学需要。

4)教师是全专职教师，不包括校内外兼职教师。

5)教师能够很好地胜任教学工作。

6)学生中途没有辍学现象。

7)学生在学校学习时间累计两年，在企业顶岗实习累计一年。

8)学生在企业顶岗实习期间，学校每班配备一名实习指导教师。

2. 生师比计算公式

本计算方法是以一个 40 人标准班级 3 年的教学计划学时数为依据,以学历教育的公共基础课教学时数为基础,把学历教育的技能课教学时数、指导企业顶岗实习教学时数和短期培训教学时数全部折算成学历教育公共基础课教学时数。其中,学历教育年平教学时数取 3 年的公共基础课教学时数、专业技能课教学时数和指导企业顶岗实习教学时数之和的平均数。其计算公式如下。

$$生师比 = \frac{班级学生人数}{全年实际教学时数/教师全年完成的标准教学工作量}$$

全年实际教学时数=(公共基础课学时+专业技能课学时+企业顶岗实习学时)/3+短期培训教学时数=3087学时/3+235学时=1264学时

$$教师全年完成的标准教学工作量=520 学时$$

$$生师比 = \frac{40}{1264/520} \approx 16.5$$

(四)生师比计算的重点和难点

上文很多计算数据是假设的，并非科学计算的结果，因此计算结论不具有现实的指导意义。要计算真实的生师比，需要做大量的科学测算，最为重要的是以下几个指标的确定。

1. 教师工作量的确定

根据我国现行的劳动制度，全职在岗人员每周工作 5 天，每天工作 8 小时，每周工作 40 小时。由于教师工作是一项复杂的工作，既包括如授课、批改作业、教学辅导、教学管理等显性的教学工作任务，也包括备课、自我学习和更新知识等隐性的工作任务，即使是显性的工作任务，有一些也很难衡量，因此，教师的教学工作任务在现实中常以授课时数来衡量。如何衡量和计算授课以外的教学工作量并把它折算成授课教学时数，是计算教师工作量必须解决的一个问题。

2. 理论课教学与实践课教学的折算系数

如前所述，中等职业学校的课程分为公共基础课和专业技能课，专业技能课又分为专业理论课与专业实践课，这三类课程性质不同，同样的教学时数，教师所付出的教学工作量是不一样的，因此在计算生师比时还需要对它们进行折算，使其同质化。确定三者之间的折算系数需要明确 3 个方面的内容：一是专业理论课和专业实践课之间的教学时数比例。关于公共基础课与专业技能课之间的教学时数比例，国家有明确的规定，而对于专业理论课与专业实践课，各专业之间存在着较大的差异，计算生师比首先应确定二者的教学时数比例。二是专业理论课、专业实践课与公共基础课之间的折算系数。对于专业基础课，由于教学内容需不断更新，同时也开设一些实验实习课，因此工作任务应大于公共基础课；专业实践课需要面对面、手把手进行教学，有时由于实习实训条件所限，还需要分班进行教学，因此，专业实践课工作任务应大于专业理论课。三是实行专业理论课和专业实践课一体化教学时，需要明确专业理论课与一体化课程教学时数的比例，以及二者与公共基础课之间的折算系数。

3. 企业顶岗实习教学时数

2005 年《国务院关于大力发展职业教育的决定》和 2008 年教育部《关于进一步深化中等职业教育教学改革的若干意见》（教职成〔2008〕8 号），都对企业顶岗实习教学时数进行了说明，尤其是 2009 年《教育部关于制定中等职业学校教学计划的原则意见》（教职成〔2009〕2 号）中已明确规定："专业技能课程学时一般占总学时的三分之二，其中顶岗实习累计总学时约为一学年。"中等职业学校学生到企业顶岗实习是一个教学环节，但关于这一教学环节学校究竟承担多大的教学任务，从目前的文件来看，如 2007 年教育部、财政部制定的《中等职业学校学生实习管理办法》（教职成〔2007〕4 号)等相关文件还没有明确规定；从实践来看，许多学校教师并不参与学生在企业的顶岗实习指导工作。因此，如何规定和确定第三年学生在企业顶岗实习时的学校教学任务是正确计算生师比不可或缺的内容。

4. 短期培训的教学时数

短期培训教学时数的确定难点主要集中在两个方面：一是短期培训时间长短不

确定，短的几天、十几天，长的半年、甚至一年，长短不一，对于一所学校而言，可以比较准确地计算出其教学工作量，但对于计算某一地区或国家层面的生师比，需要折中计算一个有效的培训期限。二是培训内容存在差异，这也是计算培训教学工作量的一个难点，有的培训理论课占的时数较多，有的培训可能实践课占的教学时数较多，培训内容和实质的不确定性，使计算培训工作量的大小存在一定的难度。现实中由于难以计算,也可以把短期培训的教师编制在学历教育的基础上进行附加，然后在此基础上再迂回计算生师比。

以上介绍的仅是一个简便的生师比计算方法，实际上生师比计算有多种不同的方法，现实中生师比与学校的专业性质、学生规模还有很大的关系。同时，学校办学不仅需要专任教师，还需要教辅人员、管理人员和工勤人员，如果充分考虑了这些因素，生师比问题就上升为教职工、教师编制问题。

二、我国中职教师数量变化与生师比比较研究

教育的师生比问题是各级各类教育不可回避的一个问题，其比例过高会影响教育质量，过低会影响办学效益。因此，如何找到一个合理的比例，无论对国家还是办学机构都是非常现实的问题。然而，生师比是一个非常复杂的问题，受到如人才培养目标、办学条件、办学模式、教师素质、教师待遇、国家教育和人事政策等多种因素的影响，且随社会经济条件的发展变化而不断变化。本部分内容主要从两个维度来探讨中等职业教育的生师比问题：一是纵向比较，通过对中等职业教育生师比的历史分析，说明目前的生师比应高于或低于历史水平；二是横向比较，由于中等职业教育属于高中阶段教育，与普通高中具有一定的可比性，中等职业教育同时又属于专业教育，因此与普通高等教育也具有一定的可比性，故在横向上与普通高中、普通高等教育进行了比较分析。

(一)我国中等职业学校教师数量变化情况

1. 各类中等职业学校专任教师数量变化比较

改革开放以来，尤其是 1985 年《中共中央关于教育体制改革的决定》系统地做出了"调整中等教育结构，大力发展职业技术教育"的决定以来，我国中等职业教育取得了长足的发展。与中等职业教育发展相适应，专任教师队伍也得到了快速发展：中专学校专任教师数从 1980 年的 12.87 万人增加到 1990 年的 17.40 万人，进入21 世纪后，中专学校的专任教师数量有增有减，2000 年较之前有所增加，但在 2005年急剧减少，经过 10 年的发展，2015 增加到了 30.43 万人，但在 2017 年又较之前有所减少；职业高中从 1985 年的 11.58 万人增加 2000 年的 28.18 万人，增加了

1.43 倍，在"十五""十一五"两个时期仍继续上涨，2010 年职业高中专任教师的人数增至 30.70 万人，但之后逐渐下降，2017 年减少至 28.61 万人；技工学校从 1985 年的 8.89 万人增加到 2000 年的 14 万人，增长幅度为 57.5%，进入 21 世纪以来其数量都在增加，2017 年为 19.88 万人，较 1985 年时增加了 10.99 万人；成人中专的变化则经历了一个以 2000 年为节点的增减过程，1985～2000 年数量在增加，2000 年后便呈现下降的趋势，目前成人中专的教师数量仍在随着学校的缩减而继续减少，2017 年的数量只有 4.48 万人。从图 4-1 中还可以发现，2000 年以前普通中专的教师数量高于职业高中，2000～2010 年的情况恰好相反，但经过 2015～2017 年的发展，普通中专又反超了职业高中，成为 4 类中等职业学校中教师数量最多的主体。

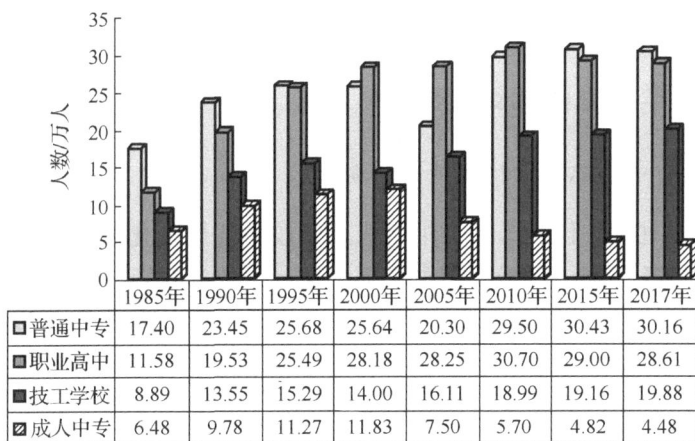

	1985年	1990年	1995年	2000年	2005年	2010年	2015年	2017年
□普通中专	17.40	23.45	25.68	25.64	20.30	29.50	30.43	30.16
▨职业高中	11.58	19.53	25.49	28.18	28.25	30.70	29.00	28.61
■技工学校	8.89	13.55	15.29	14.00	16.11	18.99	19.16	19.88
▨成人中专	6.48	9.78	11.27	11.83	7.50	5.70	4.82	4.48

图 4-1　各类中等职业学校教师数量发展变化情况比较
资料来源：《中国教育统计年鉴》（1985～2017 年）

2. 中等职业学校与普通高中、普通高校专任教师数量变化比较

1985 年我国中等职业学校教师数量为 44.35 万人，与普通高中（49.17 万人）相差 4.82 万人，此后到 2000 年，中等职业学校专任教师数一直超过普通高中，1995 年中等职业学校专任教师数量最多，超过普通高中 22.68 万人，比普通高中专任教师多 41.2%。从 2001 年开始普通高中专任教师数量超过中等职业学校，到 2017 年比中等职业学校专任教师多 93.48 万人，是中职学校的两倍多。另外，中等职业学校、普通高中、普通高校三者专任教师数量在不同时期变化较大，从 20 世纪 80 年代中后期到 90 年代末长达 15 年内，三者专任教师数量从高到低的排序为：中等职业学校、普通高中和普通高校；21 世纪以来的排序是普通高中、普通高校、中等职业学校，目前中等职业学校的教师数量变为最少（图 4-2）。

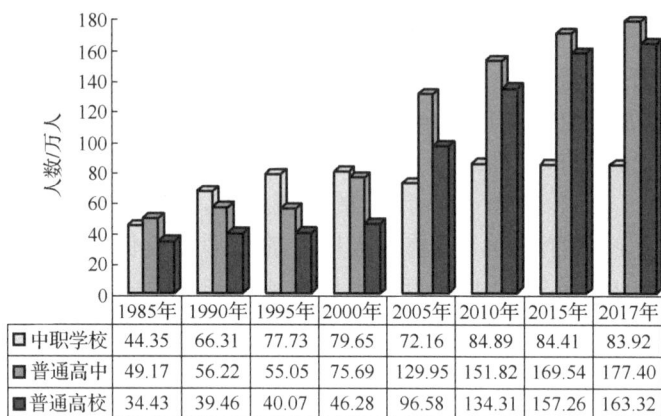

	1985年	1990年	1995年	2000年	2005年	2010年	2015年	2017年
□中职学校	44.35	66.31	77.73	79.65	72.16	84.89	84.41	83.92
▨普通高中	49.17	56.22	55.05	75.69	129.95	151.82	169.54	177.40
■普通高校	34.43	39.46	40.07	46.28	96.58	134.31	157.26	163.32

图 4-2　中等职业学校、普通高中、普通高校专任教师数量变化比较

资料来源：《中国教育统计年鉴》（1985～2017 年）

（二）中等职业学校生师比比较分析

1. 不同类型中等职业学校生师比横向比较

20 世纪 80～90 年代我国各类中等职业学校生师比变化不太相同，普通中专办学历史较早，且多年来一直培养国家干部，发展比较平稳，生师比随着办学时间的增加而增加。总体来看，20 世纪 80 年代普通中专生师比低于 10，90 年代低于 20。职业高中从 1980 年才开始恢复，所以 20 世纪 80 年代生师比呈不断下降的状态，最低的 1990 年不足 13，从 1991 年开始呈缓慢上升趋势，但没有超过 16。技工学校20 世纪 80 年代没有超过 10，90 年代最高达到 17。成人中专由于大量外聘兼职教师，因此生师比一直较高，在 20 左右。总体来看，1985～1999 年，普通中专生师比一直呈缓慢上升趋势，技工学校生师比变化比较稳定，除个别年份外基本上没有超过13，职业高中多年来基本维持在 15 左右。总之，我国各类中等职业学校生师比随着社会经济条件的改善和教育事业的发展在缓慢提高，且各类中等职业学校的生师比存在一定的差异，其生师比与学校办学特色是一致的。

1999 年以来高等教育大规模扩招，拉动了普通高中的招生规模，中等职业学校的招生受到极大影响，除普通中专生师比仍呈增长状态外，职业高中、技工学校和成人中专的生师比均出现了一定程度的下降，下降最多的是技工学校，从 1997 年开始连续 4 年下降。2002 年中等职业学校开始恢复性增长，尤其是近些年来连续大规模的扩招，除成人中专招生规模一直下降导致生师比呈先降后增的状态外，普通中专、职业高中和技工学校的生师比均是先增后降，2017 年与 2000 年相比，普通中专生师比提高了 23.83%，职业高中下降了 1.63%，技工学校提高了 69.93%，成人中专提高了 39.83%，其间技工学校生师比上升的幅度最大，是因为 1998～2001 年下降的幅度比较大。但 2017 年与 2005 年相比，中专学校则下降了 23.79%，职业高中下降了 29.83%，技工学校下降了 0.47%，成人中专提高了 89.21%，2017 年我国中等职业学校生师比平均达到 19.59，其中，普通中专生师比为 23.64，职业高中为 14.47，技工学校为 17.01，成人中专则高达 28.4，成人中专师生比最高，是由于近年来学校规模在减少，专任教师数量随之不断下降，且兼职教师的比例较大（图 4-3）。

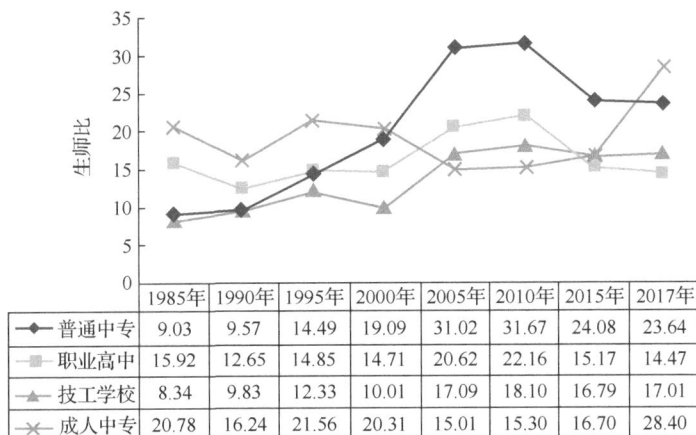

	1985年	1990年	1995年	2000年	2005年	2010年	2015年	2017年
普通中专	9.03	9.57	14.49	19.09	31.02	31.67	24.08	23.64
职业高中	15.92	12.65	14.85	14.71	20.62	22.16	15.17	14.47
技工学校	8.34	9.83	12.33	10.01	17.09	18.10	16.79	17.01
成人中专	20.78	16.24	21.56	20.31	15.01	15.30	16.70	28.40

图 4-3 不同类型中等职业学校生师比发展变化情况
资料来源：《中国教育统计年鉴》（1985～2017 年）

2. 中等职业学校与普通高中、普通高校生师比比较

从中等职业学校与普通高中的生师比发展变化情况来看，1994 年以前，我国普通高中的生师比一直呈缓慢下降状态，中等职业学校的生师比一直低于普通高中，1994～2000 年中等职业学校的生师比开始超过了普通高中，普通高中和中等职业学校的生师比均呈上升趋势，且中等职业学校生师比扩大得比较快，但二者之间的差距并不大，1996 年的最大差异值也没有超过 3，此后二者的差距开始缩小，2000～2004 年连续 4 年二者的生师比接近。从 2004 年开始普通高中生师比开始下降，中等职业学校的生师比快速提高，2010 年二者差距最大，二者的差异最高达到 11，但在 2010 年后二者的差距又在逐步减少，2017 年二者相差 6。

从中等职业学校与普通高中及普通高校的生师比来看：1990 年以前普通高中的生师比最高，普通高校的最低；1990～2005 年中等职业学校最高，仍是普通高校的生师比最低；2010 年后，则是普通高中的生师比最低，仍是中职学校的最高。

总体来看，我国普通高等学校的生师比较低，1999 年大规模扩招前的生师比没有超过 10，高等教育大规模扩招后，生师比提高的速度非常快，2005 年高达 16.17，2015 年接近 18，比 1999 年提高了 1.25 倍，大于中等职业学校生师比提高的幅度。扩招前后中等职业学校与普通高等学校生师比之间的比例，从多年来的约 2∶1 变为目前的不足 1.5：1，说明虽然中等职业学校与普通高等学校的生师比差距在缩小，但目前平均每位中等职业学校教师负责的学生仍比普通高等学校多（图 4-4）。

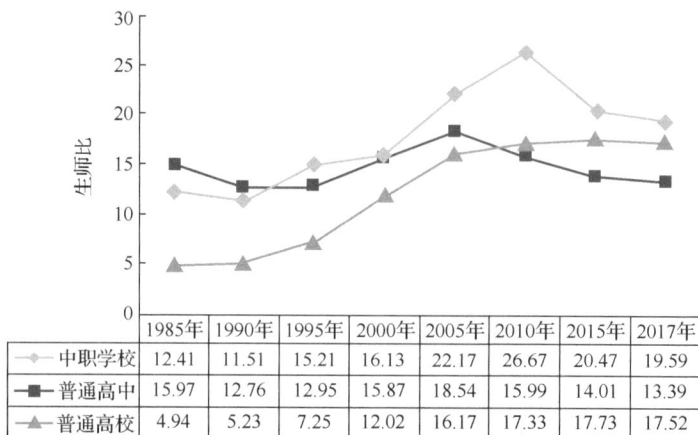

	1985年	1990年	1995年	2000年	2005年	2010年	2015年	2017年
中职学校	12.41	11.51	15.21	16.13	22.17	26.67	20.47	19.59
普通高中	15.97	12.76	12.95	15.87	18.54	15.99	14.01	13.39
普通高校	4.94	5.23	7.25	12.02	16.17	17.33	17.73	17.52

图 4-4　中等职业学校与普通高中、普通高校生师比变化比较
资料来源：《中国教育统计年鉴》（1985～2017 年）

从多年来的比较来看，中等职业学校的生师比与普通高中基本接近。目前国家规定普通高中的生师比为 16，但由于目前中等职业学校的教学模式已不同于以往，加强了实践教学，实践教学需要更多的教师，因此，中等职业学校生师比应低于 16。同时，从多年的发展变化趋势来看，除个别年份外，普通高中、普通高校和中等职业学校生师比均在提高，且三者的生师比呈现越来越接近的趋势。

(三)中等职业学校生师比变化原因分析

总的来看，三类教育教师数量和生师比随着教育事业的发展均在提高，其大幅度变化都是在高等教育大规模扩招背景下产生的，但它们各自变化的原因和变化的程度是不同的。

1. 普通高中

改革开放 40 年来，我国普通高中的发展大致经历 3 个阶段：20 世纪 80 年代的高中阶段职普教育结构调整时期、90 年代的布局结构和效益调整时期，以及 90 年代末以来高等教育大众化导致的规模扩张期。

与此相对应，从 20 世纪 80 年代前期开始，由于高中阶段职普教育结构进行了调整，普通高中的学校数量和在校生数量均在减少，普通高中的学校数量从 1980 年的 31 300 所减少到 1993 年的 14 380 所，在校生数量从 1980 年的 969.79 万人减少到 1993 年的 656.9 万人。因此 1994 年以前普通高中生师比一直在下降。1994 年以后随着普通中小学布局结构的调整，普通高中的学校数量虽然仍在缓慢地减少，由 1994 年的 14 242 所减少到 1997 年的 13 880 所，但这一时期城乡学校的布局结构发生了很大变化，即农村学校由于工业化和城市化劳动力的大量转移，其数量大规模减少，而城镇学校数量却在增加，致使学校办学规模也在不断增加，生师比不断上升。1999 年受高等教育大众化的拉动，普通高中学校数量和招生规模迅速扩张，2004 年学校数量比 1997 年增加了 20.3%，招生量却比 1997 年增加了 1.55 倍，生师比迅速扩大，但由于普通高中扩张期正是中等职业教育发展不景气的阶段，当时一方面一些教师从职业学校调入了普通中学，另一方面许多中等职业学校也兴办普通高中或综合高中，有效地缓解了教师等办学资源的不足。因此，生师比上升的幅度没有中等职业学校扩招时期上升的幅度大，并且在 2005 年后，一方面由于学龄人口下降，另一方面新进专任教师逐年增加，其生师比一直处于下降状态。

2. 普通高等教育

普通高等教育从恢复高考制度以来，招生规模一直处于缓慢的扩张阶段，多年来的生师比变化不大，且呈上升趋势，从 1985 年的 4.94，上升到扩招前 1998 年的 8.37。

1999 年普通高等教育扩招以来，生师比迅速上升，但即使在最高时期的 2015 年也没有超过国家本科教学水平评估规定的合格标准(18)。三类教育中，普通高等教育扩招的幅度最大，在校生数量由 1998 年的 340.88 万人增加到 2007 年的 1884.9 万人，增加了 4.5 倍多，2017 年增加到了 2753.59 万人，但学生增长幅度与教师增长幅度二者之比是最低的，究其原因普通高等教育大规模扩招时，各地为了尽快达到大众化的要求，许多中等职业学校升格为高职或被合并到普通高校。据教育部估计，在普通高等教育大规模扩招过程中大约有 2000 所中等职业学校被高校合并或升格为高职，因此生师比没有突破国家的规定。

以上分析表明，普通高中和普通高等教育的扩招都是建立在利用中等职业教育教师等资源的基础上实现的。

3. 中等职业教育

改革开放以来，我国中等职业教育发展大致经历了 4 个阶段：中等教育结构调整的扩张期(1980～1991 年)、市场经济体制推动的快速发展期(1992～1998 年)、高等教育大众化以来的职业教育内部结构调整期(1999～2002 年)、大规模扩招期(2003 年至今)。与此相适应，中等职业学校的生师比也经历了缓慢下降期、缓慢上升期、下降期和超常扩张期。其中，在超常扩张期，生师比由 2001 年的 15.79 上升为 2003 年的 23.95。

2003 年以来，我国中等职业学校扩招既难以从普通高中吸引教师，更不可能从普通高等教育吸引教师等资源，各中等职业学校积极探索有效途径，依托行业、企业兴办职业教育，加强实践教学，延长在企业实践的时间，一方面有效地缓解了教师等教学资源的不足，另一方面也加强了学生实践能力和操作能力的培养。为此，2005 年《国务院关于大力发展职业教育的决定》中明确指出，"大力推行工学结合、校企合作的培养模式""与企业紧密联系，加强学生的生产实习和社会实践，改革以学校和课堂为中心的传统人才培养模式。中等职业学校在校学生最后一年要到企业等用人单位顶岗实习"。这些措施在一定程度上缓解了中等职业学校教师短缺的现状，但由于在计算生师比时没有考虑企业的实习指导教师，因此从统计数据来看，中等职业学校生师比要比其他两类教育扩招时的生师比大得多。从现实来看，近年来各中等职业学校加强了对学生实践能力和职业技能的培养，培养质量不断提高，毕业生就业率不断提高，而生师比上升的幅度又很大，似乎形成了一个悖论，唯一能进行解释的就是学生到企业实践对降低生师比起了重要的缓冲作用。

(四)中等职业学校教师队伍建设过程中值得重视的几个问题

1. 中等职业学校师资队伍规模扩大与结构调整应并举

自我国中等职业学校从 2005 年开始大规模扩招以来，许多研究者认为应尽快扩大中等职业师资队伍，一些研究者也通过数量模型进行预测，认为应增加 50 万～60 万教师。但事实上，如前所述我国近年来许多学校推行了"2+1"教学模式，从理论上来说，如果学生完全有一年时间在企业实习，这样生师比就不是 23.95，而应是 15.96。当然，现实中并非所有的职业学校、所有的专业都能实行一年企业实习，学生在企业实践也需要学校的教师与企业配合进行实习指导，因此，我国中等职业学校现实的生师比应为 15.96～23.95。另一个事实是，近年来我国中等职业学校均加强了实践教学，实践教学与理论教学相比，需要更多的教师。此外，我国现在许多中等职业学校在办好学历教育的同时，加大了短期培训的力度，也需占用大量的教师等资源。《中国教育统计年鉴(2005)》表明，2005 年我国中等职业学校开展短期培训人数达 809.68 万人，超过中等职业学校学历教育在校生人数的一半。因此，当前中等职业教育师资队伍建设既需要一定的数量扩张，更需要调整中等职业学校教师的结构，这种结构性的调整不仅是新建专业建设的需要，更是增加实践教学或"双师素质、双师结构"教师的数量和比例的需要。

2. 需要重新界定中等职业学校的教师范围

当前，我国中等职业教育积极推行工学结合、校企合作的教学模式。三年制的中等职业学校教育要求有一年时间在企业实践，企业已成为中等职业学校的一个学习场所，企业的部分技术人员和技能型人才已参与中等职业学校学生的教育教学活动，因此需重新界定中等职业学校教师的内涵，它不仅包括聘请到学校的兼职教师，还包括大量参与中等职业学校一年企业实践的技术人员和技能型人才。因此，完全按照传统的学校本位的职业教育的生师比已不能科学反映职业教育的生师比，必须把兼职教师纳入职业学校教师统计范畴，并确定专、兼职教师的换算关系，这样才能计算出真实的中等职业学校生师比。

3. 明确职业教育兼职教师的法律地位

尽管工学结合、校企合作已成为一种教学模式，兼职教师已成为一种事实。但目前的《教师法》《教师资格实施条例》《职业教育法》等相关法律法规，既没有兼职教师这一提法，更没有关于兼职教师到职业学校任教的相关规定。我国应尽快颁布兼职教师相关法律，以适应工学结合、校企合作的办学要求。同时，这一法律的制定也将有利于完善中国现代企业的培训体系。

4. 加强对兼职教师的培训

目前无论是聘请到职业学校的兼课教师，还是负责学生在企业实践的工程技术或高技能人才均没有教师资格证，按照《教师法》的规定，他们不具备从教的资格，不能被称为兼职教师。今后在明确职业教育兼职教师法律地位的基础上，要逐步加强对这些人员教师资格的培训，使他们尽快获取教师资格证书，成为名副其实的兼职教师。

5. 兼职教师应纳入职业学校教师队伍实行科学管理

校企合作、工学结合已成为我国职业教育的办学方向，因此，专、兼职师资队伍成为职业教育师资队伍建设的一个重要组织部分。目前，许多职业学校仅仅把兼职教师看作缓解教师数量不足的权宜之策，而没有把其纳入长远发展规划，对兼职教师的聘用、解聘等随意性大，在一定程度上影响了职业教育的办学质量，因此应出台相关的政策，使兼职教师的管理逐步走向科学化、规范化和法制化。

三、三大区域中等职业学校生师比对比

(一)31 个省份生师比比较分析

1. 2005 年 31 个省份生师比状况

由表 4-1 可知，2005 年全国(未统计港澳台地区数据)中等职业学校生师比为 23。在 31 个省份(包括省、自治区、直辖市，下同)中，生师比最低的是西藏，为 8，最高的宁夏为 34。其中，有 10 个省份的生师比在 20 以下，有 18 个省份的生师比为 20~30，有 3 个省份的生师比在 30 以上，分别是安徽、江西和宁夏。可见，生师比超过

20 的省份的比例为 67.74%。当然,若按 2001 年的生师比标准(18)来看,只有 7 个省份没有超过这一标准,比没有超过 20 的标准的省份数量(10 个)少 3 个,差异不是太大,说明无论是按 18 还是按 20 的生师比标准,我国中等职业学校生师比在 2005年就已处于高位状态。

表 4-1　2005 年、2010 年及 2015 年全国 31 个省份生师比对比表

区域	省份	2005 年			2010 年			2015 年		
		专任教师/人	在校生/人	生师比	专任教师/人	在校生/人	生师比	专任教师/人	在校生/人	生师比
东部	北京	10 621	208 554	20	8 390	161 806	19	7 048	96 277	14
	天津	7 699	135 426	18	7 891	116 107	15	6 496	97 682	15
	河北	39 736	810 472	20	49 074	1 120 517	23	43 936	612 891	14
	辽宁	23 138	431 756	19	21 910	427 773	20	20 411	325 311	16
	上海	8 962	206 326	23	8 094	163 878	20	8 337	119 701	14
	江苏	38 220	1 060 824	28	44 035	1 020 381	23	42 304	680 187	16
	浙江	32 420	732 778	23	30 548	642 238	21	33 494	523 584	16
	福建	17 457	447 689	26	17 993	536 047	30	17 103	396 655	23
	山东	52 999	1 093 400	21	55 465	1 731 621	31	48 926	857 264	18
	广东	33 734	710 162	21	43 533	1 547 785	36	44 972	1 172 119	26
	海南	2 520	58 424	23	3 824	136 905	36	4 576	117 129	26
中部	山西	18 528	361 634	20	23 333	575 210	25	25 353	366 833	14
	吉林	15 851	182 929	12	19 339	292 359	15	16 259	134 237	8
	黑龙江	15 007	260 073	17	18 297	360 023	20	14 185	229 407	16
	安徽	20 220	633 437	31	24 384	872 733	36	30 265	837 795	28
	江西	16 407	541 604	33	20 035	618 065	31	14 921	431 205	29
	河南	43 754	1 076 826	25	60 389	1 636 004	27	51 672	1 040 439	20
	湖北	24 036	606 014	25	28 476	903 834	32	20 550	364 893	18
	湖南	25 962	705 568	27	28 004	764 796	27	26 047	648 020	25
西部	内蒙古	12 342	199 875	16	14 653	334 720	23	13 992	214 555	15
	广西	18 113	365 996	20	20 469	809 508	40	20 300	736 360	36
	重庆	12 520	308 194	25	13 875	391 601	28	15 120	328 028	22
	四川	31 629	783 244	25	36 215	1 236 943	34	39 577	987 491	25
	贵州	8 012	201 373	25	11 291	375 740	33	17 787	602 491	34
	云南	15 787	294 946	19	20 120	57 5301	29	21 338	484 189	23
	西藏	835	7 027	8	591	22 613	38	1 142	15 796	14
	陕西	18 688	427 967	23	20 892	628 261	30	15 906	322 341	20
	甘肃	11 526	195 551	17	14 862	347 376	23	15 578	229 348	15
	青海	1 588	24 656	16	2 444	79 105	32	2 410	76 364	32
	宁夏	1 729	58 773	34	2 444	101 878	42	2 538	82 117	32
	新疆	8 654	115 923	13	10 084	233 319	23	9 904	221 705	22
全国		588 694	13 247 421	23	680 954	18 764 447	28	652 447	13 352 414	20

资料来源:《中国教育统计年鉴》(2005 年,2010 年和 2015 年)

从具体的省份来看，生师比较低的省份主要是西部省份，如内蒙古、云南、西藏、新疆、黑龙江、青海等，生师比均在 20 以下。究其原因：一是这些地区职业教育起步晚，正处于发展的初级阶段；二是西部地区人口密度较小，学校布局较分散，学校规模较小。

从东、中、西三大区域的比较来看，东部 11 个省份的平均生师比为 22；中部 8 个省份的平均生师比为 24；西部 12 个省份的平均生师比为 21。西部、东部接近 20，中部超过 20 比较多，说明中部地区近年来中等职业教育发展最快，这主要是由于中部地区大多是人口大省、教师增加的幅度较慢等原因。

2. 2010 年 31 个省份师生比状况

2005 年《国务院关于大力发展职业教育的决定》提出："到 2010 年，中等职业教育招生规模达到 800 万人，与普通高中招生规模大体相当。"而 2005 年，全国中等职业学校招生数量为 655.66 万人，普通高中招生数量为 877.73 万人，相差 200 多万人。为此，从 2005 年开始中等职业学校连续 3 年大规模扩招，在校生人数不断增多，到 2010 年中等职业学校生师比达到了最高，从 2005 年的 23 上升到 2010 年的 28。

由表 4-1 可知，2010 年全国生师比达到了 28，与 2005 年比较，有 6 个省份生师比有所下降，其中东部 5 个省份，分别是北京、天津、上海、江苏和浙江，另一个是中部的江西。只有 3 个省份的师生比没有超过 20，分别是北京、天津和吉林，吉林虽然与 2005 年相比生师比上升了，但幅度不是太大。增幅最大的是西藏，从 8 增加到 38；其他依次是广西（增幅 100%）、青海（100%）、新疆（76.9%）、广东（71.4%）、海南（56.5%）、云南（52.6%）、山东（47.6%）、内蒙古（43.8%）、四川（36%）、甘肃（35.3%）、贵州（32%）、陕西（30.4%）等 12 个省份，增幅均在 30% 以上。其中，西部地区 10 个省份，东部地区 3 个省份。可见，这一时期我国西部地区中等职业教育取得了突飞猛进的发展，东部地区的 3 个省份中，海南基础比较薄弱，因此发展较快，而两个人口大省广东和山东发展较快主要是因为政府把职业教育作为教育的重点而大力发展。

从三大区域来看，2010 年与 2005 年相比，三大区域的生师比都增大了，东部地区从 22 上升到 26，中部地区从 24 上升到 27 左右，西部地区从 21 上升到 31，西部地区增幅最大。东部地区的平均生师比是在 5 个省份生师比下降的情况下上升的，说明广东、山东和海南 3 省招生规模大幅度提高。西部地区生师比提高了 10，说明在这一阶段西部地区中等职业教育取得了长足的发展。从具体数据来看，2010 年与 2005 年相比，西部地区在校生人数增加了 215.29 万人、中部地区增加了 165.49 万人、东部地区增加了 170.93 万人，增加的幅度分别是 72.16%、37.89%、37.75%，三者增幅所占比例分别为 39.02%、30.00%、30.98%，西部与东、中部地区增加的学生数量比例为 4:6。可见，西部地区在校生人数增加最多、增长最快。

3. 2015 年 31 个省份生师比状况

2010 年我国中等职业学校招生人数达到了历史新高，招生数量为 870.42 万人，占高中阶段教育招生总数的 50.94%；在校生 2238.50 万人（包括技工学校），占高中阶段教育在校生总数的 47.78%，生师比也达到了最高，为 28。由于受 2008 年国际金融危机的影响，我国出口增幅下降，外向型经济比例下降，经济增长速度减慢，尤其学龄人口的减少，2011 年以来我国中等职业学校招生人数连续下降，2015 年中等职业学校招生人数为 601.25 万人，比 2010 年减少了 269.17 万人；在校生人数为 1656.70 万人，比 2010 年减少了 581.80 万人；生师比为 20.47，比 2005 年下降了 2。

2015 年，全国 31 个省份中生师比最低的是吉林，生师比仅为 8；最高的是广西，生师比高达 36。其中，有 16 个省份的生师比低于 20，比 2005 年多了 6 个，比 2010 年多了 13 个。有 12 个省份的生师比为 20～30，与 2005 年的 18 个相比，减少了 6 个；与 2010 年的 16 个相比，减少了 4 个。而生师比高于 30 的省份为 3 个，与 2005 年的 3 个相比，没有变化；但与 2010 年 12 个相比，减少了 9 个。说明 2015 年的中等职业学校生师比与 2005 年相比虽有所降低，但变化不大，主要是由于部分省份的生师比降低；与 2010 年相比生师比明显降低了，主要是由于生师比低于 20 的省份增多，而高于 30 的省份减少。

从东、中、西 3 个区域的整体生师比的比较来看，2015 年东部 11 个省份的平均生师比为 18，比 2005 年的 22 降低了 4；与 2010 年的 26 相比，下降了 8。中部 8 个省份的平均生师比为 20，比 2005 年的 24 降低了 4；与 2010 年的 27 相比下降了 7；东部和西部生师比变化基本是同步的。西部 12 个省份的生师比为 24，比 2005 年的 21 增加了 3；与 2010 年的 31 相比下降了 7。可见，2015 年与 2005 年相比生师比变化不大，主要是 3 个区域有增有减；与 2010 年相比下降幅度较大，主要是西部生师比下降，其次是东部地区生师比下降所致，所以西部地区的生师比变化成为近些年来影响我国中等职业教育生师比变化的主要因素。

（二）三大区域生师比变动因素分析

1. 2010 年与 2005 年相比区域生师比变动因素分析

（1）三大区域生师比变动情况

由于从 2006 年以来中等职业教育大规模扩招，2010 年与 2005 年相比，三大区域生师比都有所提高,提高最多的是西部地区,其次是东部和中部地区。从在校生数量来看,三大区域的在校生数量都明显增加,无论是从数量还是从增幅来看,西部地区都是最大的,其次是中部地区,最少的是东部地区。从三大区域教师数量来看,增长数量最多的也是中部地区,增加了 4.25 万人,西部地区增加了 2.65 万人,东部地区增加了 2.33 万人,由于教师数量增加幅度小于学生数量增加幅度,因此三大地区生师比均有所上升,尤其是西部地区学生数量增加太快,而教师难以有效补充,致使生师比大幅度攀升。从教师数量变化对生师比的影响来看,西部和中部影响较大且相同,而东部地区影响相对较小(表 4-2)。

表 4-2　2010 年与 2005 年三大区域生师比变动表

区域	2005 年			2010 年			生师比变动				
	专任教师/万人	中职在校生/万人	生师比	专任教师/万人	中职在校生/万人	生师比	学生增长率/%	学生数量变化对生师比的影响	教师增长率/%	教师数量变化对生师比的影响	生师比变动幅度
东部	26.75	589.58	22.0	29.08	760.51	26.2	28.99	6	8.71	−2	4
中部	17.98	436.81	24.3	22.23	602.30	27.1	37.89	9	23.64	−6	3
西部	14.14	298.35	21.1	16.79	513.64	30.6	72.16	15	18.74	−6	9
全国	58.87	1324.74	22.5	68.10	1876.44	27.6	41.65	9	15.68	−4	5

资料来源:《中国教育统计年鉴》(2005 年,2010 年)

(2)东部地区生师比变化因素分析

东部 11 个省份大部分是经济发达省份,包括北京、天津、上海 3 个直辖市和江苏、浙江、福建、广东等经济发达省份。这些地区职业教育起步早,职业教育正从中等职业教育向高等职业教育迈进,中等职业教育处于相对稳定发展状态。为了进一步分析生师比变化的影响因素,我们采用了因素分析法进行分析。

由表 4-3 可知,2010 年与 2005 年相比,5 个省份的生师比降低,分别是北京、天津、上海、江苏和浙江。东部地区生师比下降最多的是江苏,2005 年生师比为 27.8,2010 年下降到 23.2,究其原因:江苏的教师数量从 2005 年的 3.82 万人,增加到 2010 年的 4.40 万人,增加了 15.21%,教师数量的增加使生师比下降了 4;学生数量由 2005 年的 106.08 万人,减少到 2010 年的 102.04 万人,学生数量减少了 4 万多人,降幅为 3.81%,学生数量的减少使生师比降低了 1,低于教师数量增加导致的生师比下降的幅度,说明生师比下降主要是由教师数量增加导致的。北京教师数量增加和学生数量减少对生师比影响的大小是一样的,天津、上海生师比下降主要是由学生数量减少导致的,浙江主要是由教师数量增加导致的。其他 6 个省份生师比上升,有 5 个是由学生数量增加导致的,1 个是由教师数量减少导致的。

表 4-3　东部地区 2010 年与 2005 年相比生师比变化及因素分析表

地区	2005 年			2010 年			生师比变动				
	专任教师/万人	在校生/万人	生师比	专任教师/万人	在校生/万人	生师比	学生增长率/%	学生数量变化对生师比的影响	教师增长率/%	教师数量变化对生师比的影响	生师比变动幅度
北京	1.06	20.86	19.6	0.84	16.18	19.3	−22.42	−4	−21.01	4	0
天津	0.77	13.54	17.6	0.79	11.61	14.7	−14.27	−3	2.49	0	−3
河北	3.97	81.05	20.4	4.91	112.05	22.8	38.25	8	23.50	−5	3
辽宁	2.31	43.18	18.7	2.19	42.78	19.5	−0.92	0	−5.31	1	1
上海	0.90	20.63	23.0	0.81	16.39	20.2	−20.57	−5	−9.69	2	−3
江苏	3.82	106.08	27.8	4.40	102.04	23.2	−3.81	−1	15.21	−4	−5
浙江	3.24	73.28	22.6	3.05	64.22	21.0	−12.36	−3	−5.77	1	−2
福建	1.75	44.77	25.6	1.80	53.60	29.8	19.74	5	3.07	−1	4
山东	5.30	109.34	20.6	5.55	173.16	31.2	58.37	12	4.65	−1	11
广东	3.37	71.02	21.1	4.35	154.78	35.6	117.95	25	29.05	−10	15
海南	0.25	5.84	23.2	0.38	13.69	35.8	134.33	31	51.75	−19	12
总计	26.74	589.59	22.0	29.07	760.50	26.2	28.99	6	8.69	−2	4

资料来源：《中国教育统计年鉴》（2005 年，2010 年）

注：表中教师和学生数量增长率数据为相应年份《中国教育统计年鉴》中的原始数据，与根据表中四舍五入保留两位小数后的教师和学生数量数据计算所得结果略有偏差。表 4-4～表 4-9 同此

　　总体来看，东部地区 11 个省份除了江苏和辽宁外，学生数量变化导致的生师比变化幅度大于教师数量变化导致的生师比变化幅度，学生数量增加是生师比上升的主要原因。辽宁教师数量略有增加，学生数量略有下降，教师数量变化对生师比的影响大于学生数量变化对生师比的影响；江苏教师数量增加导致的生师比下降幅度大于学生数量减少导致的生师比下降幅度。此外，北京教师数量下降和学生数量减少对生师比变化影响的大小大致相同，生师比没有太大变化。总之，2010 年与 2005 年相比，东部地区学生数量变化对生师比变化的影响大于教师数量变化对生师比的影响。

　　(3)中部地区生师比变动因素分析

　　2010 年与 2005 年相比，中部 8 个省份的生师比除了江西下降外，其他均不同程度上升，上升幅度最小的是湖南，仅增加了 0.1，上升幅度最大的是湖北，为 6.5，总体来说生师比变化幅度不是太大(表 4-4)。

表 4-4 中部区域 2010 年与 2005 年相比生师比变动及因素分析表

地区	2005 年			2010 年			生师比变动				
	专任教师/万人	中职在校生/万人	生师比	专任教师/万人	中职在校生/万人	生师比	学生增长率/%	学生数量变化对生师比的影响	教师增长率/%	教师数量变化对生师比的影响	生师比变动幅度
山西	1.85	36.16	19.5	2.33	57.52	24.7	59.06	12	25.93	−6	6
吉林	1.59	18.29	11.5	1.93	29.24	15.1	59.82	7	22.00	−3	4
黑龙江	1.50	26.01	17.3	1.83	36.00	19.7	38.43	7	21.92	−4	3
安徽	2.02	63.34	31.3	2.44	87.27	35.8	37.78	12	20.59	−7	5
江西	1.64	54.16	33.0	2.00	61.81	30.0	14.12	5	22.11	−7	−2
河南	4.38	107.68	24.6	6.04	163.60	27.1	51.93	13	38.02	−10	3
湖北	2.40	60.60	25.2	2.85	90.38	31.7	49.14	12	18.47	−6	6
湖南	2.60	70.56	27.2	2.80	76.48	27.3	8.39	2	7.87	−2	0
总计	17.98	436.80	24.3	22.22	602.30	27.1	37.89	9	23.64	−6	3

资料来源:《中国教育统计年鉴》(2005 年,2010 年)

总的来看,在"十一五"期间,中部地区 8 个省份除了江西生师比略有下降外,其他 7 个省份的生师比全部上升,从教师数量变化情况来看,8 个省份都在增加,当然各省份增加的幅度不同。教师数量增长幅度最大的是河南,其次是山西、江西、吉林。从学生数量变化情况来看,8 个省份的学生数量均在增加,依次是:河南(55.92万人)、湖北(29.78 万人)、安徽(23.93 万人)、山西(21.36 万人)、吉林(10.95 万人)、黑龙江(9.99 万人)、江西(7.65 万人)和湖南(5.92 万人)。从表 4-4 不难看出,除了江西外,其他省份教师数量增加导致的生师比下降幅度低于(或等于)学生数量增加导致的生师比上升幅度,因此总体上生师比在上升。也就是说生师比上升除了江西是教师数量增加对生师比的影响大于学生数量增加对生师比的影响外,其他都是学生数量变化对生师比影响较大。

(4)西部地区中等职业学校生师比变化因素分析

2010 年与 2005 年相比,西部 12 个省份中,除了西藏外,其他 11 个省份教师数量都有不同程度的增加。增长幅度在 40%以上的有青海、宁夏、贵州 3 个省份;增长幅度为 20%~30%的有甘肃和云南两个省份,其他 6 个省份均在 10%以上。教师数量总计增加 2.67 万人,增长 18.75%。学生数量更是大幅度增加,总计增加 215.27 万人,增长 72.15%,其中,增长幅度在 2 倍以上的有青海和西藏 2 个省份;增长幅度在 1 倍以上的有广西、新疆。学生数量的增长幅度除重庆、陕西以外,其他的均超过了 50%(表 4-5)。

表 4-5　西部区域 2010 年与 2005 年相比生师比变动及因素分析表

地区	2005 年			2010 年			生师比变动				
	专任教师/万人	中职在校生/万人	生师比	专任教师/万人	中职在校生/万人	生师比	学生增长率/%	学生数量变化对生师比的影响	教师增长率/%	教师数量变化对生师比的影响	生师比变动幅度
内蒙古	1.23	19.99	16.2	1.47	33.47	22.8	67.46	11	18.72	−4	7
广西	1.81	36.60	20.2	2.05	80.95	39.5	121.18	24	13.01	−5	19
重庆	1.25	30.82	24.6	1.39	39.16	28.2	27.06	7	10.82	−3	4
四川	3.16	78.32	24.8	3.62	123.69	34.2	57.93	14	14.50	−5	9
贵州	0.80	20.14	25.1	1.13	37.57	33.3	86.59	22	40.93	−14	8
云南	1.58	29.49	18.7	2.01	57.53	28.6	95.05	18	27.45	−8	10
西藏	0.08	0.70	8.4	0.06	2.26	38.3	221.80	19	−29.22	11	30
陕西	1.87	42.80	22.9	2.09	62.83	30.1	46.80	11	11.79	−4	7
甘肃	1.15	19.56	17.0	1.49	34.74	23.4	77.64	13	28.94	−7	6
青海	0.16	2.47	15.5	0.24	7.91	32.4	220.83	34	53.90	−17	17
宁夏	0.17	5.88	34.0	0.24	10.19	41.7	73.34	25	41.35	−17	8
新疆	0.87	11.59	13.4	1.01	23.33	23.1	101.27	14	16.52	−4	10
总计	14.13	298.36	21.1	16.80	513.63	30.6	72.16	15	18.75	−6	9

资料来源:《中国教育统计年鉴》(2005 年,2010 年)

总之,西部地区 12 个省份生师比全部上升,上升的原因除了西藏是学生数量大幅度增加,而教师数量不增反减,致使生师比大幅度增加外,其他 11 个省份均是教师数量增加导致生师比下降的幅度小于学生数量增加导致的生师比上升的幅度,致使生师比普遍攀升。教师数量增长的幅度与学生数量增长幅度不相匹配,一方面说明西部地区教师补充机制不完善,另一方面也说明西部地区迫切要求加强中等职业学校教师队伍建设。

2. 2015 年与 2010 年相比区域生师比变动因素分析

2011 年后,全国中等职业学校招生人数出现了下降,当然,不同地区变化情况不一样,下面从三大区域的角度来分别进行分析。

(1)三大区域生师比变动因素分析

2010 年我国中等职业学校招生人数创历史新高。此后,从 2011 年开始全国中等职业学校招生人数连年减少,致使在校生人数减少。2015 年与 2010 年相比,三大区域生师比都下降,其中东部地区大约下降 8;中部地区下降 7,西部地区下降了6;东、中部地区降低的幅度大体一致,学生数量和教师数量双减少导致生师比降低,2015 年东部地区的生师比降到了 18,符合国家规定标准,中部约为 20(表 4-6)。而西部地区学生数量虽在下降,但教师数量仍在增加,由于 2010 年生师比太高,教师虽进行了补充，但补充的数量仍显不足，致使生师比下降的幅度较小，2015年生师比仍超最低标准，达到24。这意味着西部地区仍需补充大量中职专任教师。

表4-6 2015年与2010年相比三大区域生师比变动及因素分析表

区域	2010年			2015年			生师比变动				
	专任教师/万人	中职在校生/万人	生师比	专任教师/万人	中职在校生/万人	生师比	学生增长率/%	学生数量变化对生师比的影响	教师增长率/%	教师数量变化对生师比的影响	生师比变动幅度
东部	29.08	760.51	26.15	27.76	499.88	18.00	−34.27	−9	−4.54	1	−8
中部	22.23	602.30	27.09	19.93	405.28	20.34	−32.71	−9	−10.37	3	−7
西部	16.79	513.64	30.55	17.56	430.08	24.49	−16.27	−5	4.58	−1	−6
全国	68.10	1876.45	27.67	65.25	1335.24	20.47	−28.84	−8	−4.20	1	−7

资料来源：《中国教育统计年鉴》(2010年，2015年)

(2)东部地区各省份生师比变动因素分析

2015年与2010年相比，东部地区11个省份的生师比除天津无明显变化外，其他均有所下降，主要是学生数量大幅度减少的结果，而天津的生师比略有上升，是由于教师数量减少幅度大于在校生数量减少幅度的结果。其他10省份中，生师比下降幅度最小的是辽宁，下降数为4，但其教师数量下降幅度并不是最大的，降幅最大的为天津；生师比下降幅度最大的是山东，山东教师数量减少带来的生师比上升的幅度远远低于学生数量下降带来的生师比下降的幅度，导致生师比大幅度下降。2010~2015年只有上海、浙江、广东、海南4个省份教师数量增加，浙江增加近3000人，广东增加1500人，海南增加800多人，上海增加200余人，海南虽增量不大，但由于教师基数少，所以增幅比较大。

总之，2015年与2010年相比，东部地区11个省份平均生师比下降了8，其中由于学生数量减少使生师比降低了9，而由于教师数量增加使生师比增加了1，生师比下降主要是学生数量下降所致。教师数量增加的省份有4个，减少或没有变化的有7个省份；11个省份的学生数量在"十二五"期间都在减少(表4-7)。

表4-7 2015年与2010年相比东部地区各省份生师比变动及因素分析表

地区	2010年			2015年			生师比变动				
	专任教师/万人	中职在校生/万人	生师比	专任教师/万人	中职在校生/万人	生师比	学生增长率/%	学生数量变化对生师比的影响	教师增长率/%	教师数量变化对生师比的影响	生师比变动幅度
北京	0.84	16.18	19.3	0.70	9.63	13.7	−40.50	−8	−16.10	3	−6
天津	0.79	11.61	14.7	0.65	9.77	15.0	−15.86	−2	−17.76	3	0
河北	4.91	112.05	22.8	4.39	61.29	14.0	−45.30	−10	−10.52	2	−8
辽宁	2.19	42.78	19.5	2.04	32.53	15.9	−23.96	−5	−6.80	1	−4

续表

地区	2010 年			2015 年			生师比变动				
	专任教师/万人	中职在校生/万人	生师比	专任教师/万人	中职在校生/万人	生师比	学生增长率/%	学生数量变化对生师比的影响	教师增长率/%	教师数量变化对生师比的影响	生师比变动幅度
上海	0.81	16.39	20.2	0.83	11.97	14.4	−26.97	−5	2.93	−1	−6
江苏	4.40	102.04	23.2	4.23	68.02	16.1	−33.34	−8	−3.85	1	−7
浙江	3.05	64.22	21.0	3.35	52.36	15.6	−18.47	−4	9.82	−2	−6
福建	1.80	53.60	29.8	1.71	39.67	23.2	−26.00	−8	−4.98	2	−6
山东	5.55	173.16	31.2	4.89	85.73	17.5	−50.49	−16	−11.84	4	−13
广东	4.35	154.78	35.6	4.50	117.21	26.1	−24.27	−9	3.38	−1	−10
海南	0.38	13.69	35.8	0.46	11.71	25.6	−14.44	−5	20.42	−6	−11
总计	29.07	760.50	26.2	27.75	499.89	18.0	−34.27	−9	−4.54	1	−8

资料来源：《中国教育统计年鉴》(2010 年，2015 年)

(3)中部地区各省份生师比变化因素分析

2015 年与 2010 年相比，中部 8 个省份的生师比均有所降低，从表 4-8 中可以看出，除了安徽以外，学生数量的大幅度减少是各省份生师比下降的主要原因，安徽的学生数量虽有小幅下降，但其教师数量的大量增加才是生师比下降的主要因素。从教师数量变化来看，安徽和山西教师数量有所增加，分别增加了 5900 人和 2100 人；其他 6 个省份教师数量随着学生数量的减少都在不同程度的减少，减少量最多的是河南，为 8700 人，减少幅度最大的是湖北，为 27.89%。从学生数量变化来看，安徽下降幅度最小，虽减少了 3.49 万人，但由于基数大，只减少了 4.00%；其他 7 个省份中除了湖南，其余的学生数量下降幅度均超过 30%，减少数量由大到小依次是河南 59.56 万人、湖北 53.89 万人、山西 20.84 万人、江西 18.69 万人、吉林 15.82 万人、黑龙江 13.06 万人、湖南 11.68 万人。

表 4-8　2015 年与 2010 年相比中部地区各省份生师比变动及因素分析表

地区	2010 年			2015 年			生师比变动				
	专任教师/万人	中职在校生/万人	生师比	专任教师/万人	中职在校生/万人	生师比	学生增长率/%	学生数量变化对生师比的影响	教师增长率/%	教师数量变化对生师比的影响	生师比变动幅度
山西	2.33	57.52	24.7	2.54	36.68	14.5	−36.23	−9	8.81	−2	−10
吉林	1.93	29.24	15.1	1.63	13.42	8.3	−54.09	−8	−15.76	3	−7
黑龙江	1.83	36.00	19.7	1.42	22.94	16.2	−36.28	−7	−22.49	6	−3
安徽	2.44	87.27	35.8	3.03	83.78	27.7	−4.00	−1	24.04	−7	−8
江西	2.00	61.81	30.8	1.49	43.12	28.9	−30.24	−9	−25.40	11	−2
河南	6.04	163.60	27.1	5.17	104.04	20.1	−36.40	−10	−14.45	5	−7
湖北	2.85	90.38	31.7	2.06	36.49	17.8	−59.63	−19	−27.89	12	−14

续表

地区	2010 年			2015 年			生师比变动				
	专任教师/万人	中职在校生/万人	生师比	专任教师/万人	中职在校生/万人	生师比	学生增长率/%	学生数量变化对生师比的影响	教师增长率/%	教师数量变化对生师比的影响	生师比变动幅度
湖南	2.80	76.48	27.3	2.60	64.80	24.9	-15.27	-4	-6.98	2	-2
总计	22.22	602.30	27.1	19.94	405.27	20.3	-32.71	-9	-10.37	3	-7

资料来源:《中国教育统计年鉴》(2010 年, 2015 年)

总之, 2015 年与 2010 年相比, 中部地区 8 个省份平均生师比下降了 7, 其中由于学生数量减少使生师比降低了 9, 而由于教师数量增加使生师比增加了 3, 生师比下降主要是学生数量下降所致。教师数量增加的省份有两个, 减少或没有变化的有 6 个省份; 而 8 个省份的学生数量都在减少。

(4)西部地区生师比变动因素分析

2015 年与 2010 年相比, 位于西部的 12 个省份中, 虽然生师比不存在上升的情况, 但除西藏外下降的幅度并不大。内蒙古、广西、青海 3 个省份的教师数量出现了小幅度下滑, 但其学生数量也在减少, 因而生师比略有下降, 其中内蒙古的学生数量减少量较大, 相较于 2015 年下降了近 36 个百分点, 陕西的教师数量也出现较大幅度的下降, 但由于其学生数量减少更多, 因而生师比仍呈现下降趋势。其他 8 个省份的教师数量均在增加, 增加较多的是贵州和四川两省, 分别增加了约 6500 人和约 3400 人。从学生数量来看, 增加的只有贵州一个省份, 增加了近 23 万人, 因而其教师数量虽也上涨了 57.41%, 但生师比却几乎没有变化。其他 11 个省份学生数量都在不同程度地减少, 减少人数较多的省份有: 陕西(30.60 万人)、四川(24.94万人)、内蒙古(12.01 万人)、甘肃(11.81 万人)、云南(9.1 万人)等(表 4-9)。

表 4-9　2015 年与 2010 年相比西部地区各省份生师比变动及因素分析表

地区	2010 年			2015 年			生师比变动				
	专任教师/万人	中职在校生/万人	生师比	专任教师/万人	中职在校生/万人	生师比	学生增长率/%	学生数量变化对生师比的影响	教师增长率/%	教师数量变化对生师比的影响	生师比变动幅度
内蒙古	1.47	33.47	22.8	1.40	21.46	15.3	-35.90	-8	-4.82	1	-7
广西	2.05	80.95	39.5	2.03	73.64	36.3	-9.04	-3	-0.98	0	-3
重庆	1.39	39.16	28.2	1.51	32.80	21.7	-16.23	-5	8.78	-2	-7
四川	3.62	123.69	34.2	3.96	98.75	25.0	-20.16	-7	9.33	-3	-9
贵州	1.13	37.57	33.3	1.78	60.25	33.9	60.36	20	57.41	-12	0
云南	2.01	57.53	28.6	2.13	48.42	22.7	-15.84	-5	6.16	-2	-6
西藏	0.06	2.26	38.3	0.11	1.58	13.8	-30.11	-12	90.33	-19	-24
陕西	2.09	62.83	30.1	1.59	32.23	20.3	-48.70	-15	-23.89	9	-10

续表

地区	2010 年			2015 年			生师比变动				
	专任教师/万人	中职在校生/万人	生师比	专任教师/万人	中职在校生/万人	生师比	学生增长率/%	学生数量变化对生师比的影响	教师增长率/%	教师数量变化对生师比的影响	生师比变动幅度
甘肃	1.49	34.74	23.4	1.56	22.93	14.7	−33.98	−8	4.55	−1	−9
青海	0.24	7.91	32.4	0.24	7.64	31.7	−3.46	−1	0.42	0	−1
宁夏	0.24	10.19	41.7	0.25	8.21	32.4	−19.41	−7	5.75	−2	−9
新疆	1.01	23.33	23.1	0.99	22.17	22.4	−4.97	−1	−1.94	0	−1
总计	16.80	513.63	30.6	17.55	430.08	24.5	−16.27	−5	4.58	−1	−6

资料来源：《中国教育统计年鉴》（2010 年，2015 年）

总之，2015 年与 2010 年相比，西部地区 12 个省份平均生师比下降了 6，其中由学生数量减少导致生师比下降的省份占 83.33%，而由教师数量增加导致生师比下降的省份占 16.67%，生师比下降主要是学生数量下降所致。教师数量增加的省份有 8 个，减少或没有变化的有 4 个省份；学生数量减少的省份有 11 个，增加的有 1 个省份。

第五章

中等职业学校教师专业能力调研

中等职业学校教师不仅类型多样化，而且来源也多元化。教师来源结构是指教师队伍中教师最终学历的毕业院校在类型、层次、布局等方面的构成状态。本章的中等职业学校教师来源结构，是指中等职业学校教师队伍中专业教师的最终学历在毕业院校类型方面(职技高师类与非职技高师类)的构成情况。历史上我国职业技术师范院校培养了大量的中等职业学校专业教师，但进入 21 世纪以来，我国师范教育开始向教师教育转型，教师培养方式越来越多元化，来源渠道也呈现多样化特点。传统的师范教育实行定向招生、定向培养、定向分配，非师范院校毕业生不能进入教师队伍；而现今的教师教育面向全社会提供教师资格课程，遴选合格教师，这种开放式的教师资格制度取代了定向培养制度。中等职业学校专业课教师既可来自普通高等院校，也可来自职业技术师范院校，但近几年无论是从数据的统计结果还是从现实情况来看，来自职业技术师范院校的比例在不断下降。

为了分析是否由于职业技术师范院校培养质量影响毕业生到中等职业学校就业从教，我们对部分中等职业学校校长进行了问卷调研，问卷内容涉及中等职业学校教师来源于职业技术师范院校和普通高校(含高等师范院校)的对比分析。调研结果表明，职业技术师范院校培养的教师在职业教育认可度、对待自身专业发展态度、实践教学能力、联系企业和校企合作能力、组织学生开展实习实训和技能比赛等方面具有明显的优势；在接受先进的教学理念和教学方法的速度、教学规范程度、受欢迎程度等教学能力方面比普通本科院校毕业生有一定的优势；普通本科院校培养的教师在专业理论知识、综合素质、个人发展潜力等方面优于职业技术师范院校毕业生。同时，调研也发现，如综合素质、沟通与合作能力等方面与培养院校关系不大，更多地取决于学生个人素质，说明选择适教、乐教人员是培养优秀教师的重要环节之一。

一、不同来源教师专业能力比较研究

为了解中等职业学校两类不同来源教师间专业能力差异产生的原因，我们对部分职业技术师范院校和普通本科院校的课程设置和结构进行了调研。

(一)中等职业学校专业教师来源结构调查

1. 数据来源

本章数据来源于教育部、财政部"职业院校教师素质提高计划"设立的中等职业学校专业骨干教师国家级培训管理办公室2007～2013年参加培训的近5.9万名中等职业学校专业骨干教师填写的个人基本信息。本部分内容对2007～2013年共7年参加培训学员的毕业院校来源进行统计,毕业来源分为职业技术师范院校(以下简称职技高师)和普通高校(含师范院校),试图通过参培学员的来源情况来反映中等职业学校教师毕业于职业技术师范院校的比例。

2. 数据统计结果说明

从 2007～2013 年中职学校参培教师毕业学校来源情况来看,17.42%的教师毕业于职业技术师范院校,82.58%毕业于普通高校。由于历年来源于两类学校的参培学员的比例大致相似,带有一定的规律性,因此,我们大致可以认定,中等职业学校专业教师中来源于职业技术师范院校的约占17%,而来源于普通高等学校的约占83%(表5-1)。

表5-1　2007～2013 年中职学校参培教师毕业学校来源结构表

时间	教师来源学校及结构				总计/人
	职技高师/人	比例/%	非职技高师/人	比例/%	
2007 年	2 005	17.84	9 235	82.16	11 240
2008 年	1 174	18.03	5 338	81.97	6 512
2009 年	1 030	16.66	5 154	83.34	6 184
2010 年	946	17.84	4 356	82.16	5 302
2011 年	1 547	17.69	7 200	82.31	8 747
2012 年	2 142	17.67	9 979	82.33	12 121
2013 年	1 432	16.13	7 444	83.87	8 876
合计	10 276	17.42	48 706	82.58	58 982

资料来源:中等职业学校专业骨干教师国家级培训管理办公室

(二)两类不同来源教师专业能力调研

1. 调研对象和方法

校长掌握全校教师整体情况,对教师发展现状的了解较为深刻全面。若要对两类高校来源的教师进行对比,校长最具有发言权。因此,本次调研选取了参加教育部中等职业学校校长高级研修班的 110 位校长,学校涉及全国 12 个省(自治区、直辖市），学校类型包括普通中专、职业高中和技工学校。调查方法以问卷调查为主，为了进一步获取更全面的资料，对部分校长进行了访谈。

问卷内容设计基于 2013 年 9 月教育部印发的《中等职业学校教师专业标准（试行）》（以下简称《专业标准》），主要是近 5 年来源于职业技术师范院校和普通高校的毕业生专业素养情况的比较，问卷涉及的内容包括专业理念与师德、专业知识、教学能力、专业实践能力、沟通与合作能力及教师专业发展等专业能力。问卷的选项设计包括职技高师较强，普通高校较强，无明显差异，以及与来源无关，取决于个人素质。本次调查共发出问卷 110 份，回收 105 份，回收率为 95.5%。

2. 调研结果

（1）专业理念与师德

十八大提出教育的根本任务是立德树人，专业理念与师德是教师专业能力的首要条件，教师只有树立正确的理念，才会形成与之匹配的师德观念、专业知识和专业能力，才会有效开展教育教学实践。《专业标准》中关于专业理念提出了 4 个"对待"：如何对待职业，如何对待学生，如何对待教学，如何对待个人。因此，在专业理念与师德方面，我们从中职教师职业认可度、对待学生和教学的态度两个方面进行了调查。

从表 5-2 可以看出，基于 3 个"对待"（如何对待职业，如何对待学生，如何对待教学），来源于职业技术师范院校的教师在专业理念与知识方面更有优势，在对待学生和教学态度方面更加认真。通过与中等职业学校校长访谈得知，由于职业技术师范院校一开始的人才培养定位就是培养职业院校教师，来源于职业技术师范院校的教师更加认同职业学校教师这一角色的专业性和独特性。

表 5-2　专业理念与师德比较

选项	中职教师职业认可度	对待学生和教学的态度
职技高师较强	62.1%	58.3%
普通高校较强	24.2%	32.3%
无明显差异	2.3%	2.3%
与来源无关，取决于个人素质	11.4%	7.1%

（2）专业知识

专业知识是支撑教师专业能力的基础，没有坚实的专业基础，教师的专业教学能力就无从谈起。《专业标准》中专业知识包括教育知识、职业背景知识、课程教学知识和通识性知识 4 个方面，教育知识就是育人知识，职业背景知识包括行业企业知识和所从事专业知识，课程教学知识包括课程开发、教学设计、教学实施和教学评价知识，通识性知识包括人文素养和艺术修养等知识。问卷基于以上 4 个方面内容进行设计。

由表 5-3 可知，来源于职业技术师范院校的教师在教育知识和课程教学知识方面较有优势，在通识性知识和职业背景知识方面与来源于普通高校的教师无明显差异。由于学习年限的有限性，职业技术师范院校在教学中难以平衡教育教学知识和通识性知识是产生这一结果的重要原因。

表 5-3　专业知识比较

选项	教育知识	职业背景知识	课程教学知识	通识性知识
职技高师较强	96.3%	48.3%	91.3%	23.1%
普通高校较强	0.9%	32.4%	3.5%	46.8%
无明显差异	0.9%	12.2%	2.4%	13.3%
与来源无关，取决于个人素质	1.9%	7.1%	2.8%	16.8%

（3）教学能力

教学能力是教师专业能力的核心，包括教学设计、教学实施和教学评价等方面。在教学能力方面，我们对教师教学理念、教学方法和课程开发能力、教育教学评价、实践教学能力、教学效果等方面进行了深入调研。

由表 5-4 可以看出，来源于职业技术师范院校的教师在教学理念、教学方法、课程开发和教育教学评价方面比来源于普通高校的教师要强，尤其在实践教学能力方面优势更为明显，教学效果也高于普通高校，充分体现了职业技术师范院校人才培养的"职业性"优势。

表 5-4　教学能力比较

选项	教学理念、教学方法和课程开发能力	教育教学评价	实践教学能力	教学效果
职技高师较强	56.3%	48.5%	59.3%	58.1%
普通高校较强	32.9%	32.2%	22.5%	36.8%
无明显差异	9.9%	1.9%	6.9%	2.9%
与来源无关，取决于个人素质	0.9%	17.4%	11.3%	2.2%

（4）专业实践能力

职业教育培养技术技能人才，职业学校的教师不仅要具备很强的专业实践操作能力，而且能很好地组织和指导学生进行实习实训。当然，这二者之间具有一致性，所不同的是实习实训组织能力顾名思义包括一定的管理能力，二者的侧重面不同。

调查结果显示，在实践操作能力和指导学生开展实习实训方面来源于职业技术师范院校的教师比来源于普通高校教师有较为明显的优势。可见，职业技术师范院校在人才培养中注重学生专业实践能力的培养，并取得良好效果（表 5-5）。

表 5-5　专业实践能力比较

选项	实践操作能力	实习实训组织能力
职技高师较强	56.3%	58.5%
普通高校较强	32.9%	22.2%
无明显差异	0.9%	1.9%
与来源无关，取决于个人素质	9.9%	17.4%

（5）沟通与合作能力

沟通与合作是职业学校教师专业能力的又一个重要方面。《专业标准》中要求教师了解学生，平等地和学生沟通交流；与同事合作交流，分享经验和资源，共同发展；与家长进行沟通合作，共同促进学生的发展，并促进学校与企业、社区建立合作互助关系。因此，我们从与人的沟通和单位的联系两个方面进行了调研。

由表 5-6 可以看出，两类来源教师在与学生、家长和同事沟通能力及企业的沟通与合作方面没有明显的差异。可见，教师的沟通与合作能力与来源无关，而是取决于教师的个人素质。

表 5-6　沟通与合作能力比较

选项	与学生、家长和同事沟通	联系企业和校企合作
职技高师较强	6.5%	8.5%
普通高校较强	4.9%	12.2%
无明显差异	40.9%	21.9%
与来源无关，取决于个人素质	47.7%	57.4%

（6）教师专业发展

经济社会和科学技术的发展变化和产业结构的演进影响着职业学校教学内容的变革，这就要求教师积极参与教学改革，并结合企业行业需要，通过专业培训和企业实践等多种途径不断提高自身专业素质。通过对教师参与教育教学改革的积极性和外出培训次数的调查，可以在很大程度上反映当前我国中等职业学校教师专业发展的情况。

从表 5-7 可以看出，在参与教学改革的积极性方面两类来源教师差异不明显；在外出培训方面，总体上来看，来源于普通高校的教师参与培训的比例高于职业技术师范院校，当然也与个人素质有较大的关系。可见，教师的个人素养对教师某些能力的形成也非常重要。

表 5-7　教师专业发展比较

选项	参与教学改革的积极性	外出培训次数
职技高师较强	46.5%	23.3%
普通高校较强	44.9%	42.2%
无明显差异	0.9%	1.9%
与来源无关，取决于个人素质	7.7%	32.6%

3. 结论与建议

由于职业教育的特殊性，中等职业学校教师作为履行教育教学工作职责的专业人员，必须具备符合职业教育特点的教师专业能力。从上面的分析不难看出，总体上来看，来源于职业技术师范院校的教师专业能力优于普通高等学校，尤其是在专业实践能力方面具有较大的优势，也就是说当前职业技术院校去师范化，培养的师范生到职业学校就业的比例下降，是国家制度层面的原因，尤其是没有建立起符合职业教育特点的教师资格准入制度。当然，目前中等职业学校对教师的要求越来越高，要求职业技术师范院校更加凸显专业性、职业性、师范性"三性"办学特色，因此培养教师的难度越来越大。鉴于此，结合上述调查结果，在充分分析职业技术师范院校培养教师的优势与不足的基础上，我们从培养目标、考试招生、课程体系、实践教学、教师队伍等方面提出完善职业技术师范院校人才培养的建议，以期进一步提高人才培养质量，更好地适应中等职业学校教育教学改革的需要。

(1)完善培养目标

培养目标是教育目的的具体体现，它取决于社会领域和特定社会层次的需要，同时也与受教育对象所处的学校类型、级别等密切相关。职业技术师范教育作为高等教育的一个组成部分，不同于普通高等师范院校，也有别于普通高等学校，有着自己独特的责任与使命，即为职业院校培养符合职业教育特点的教师。因此，职业技术师范教育办学特色要充分体现专业性、职业性和师范性"三性"，即高等教育的学术性、职业教育的技术性和师范教育的师范性。根据调研结果，来源于职业技术师范院校的教师在教育教学能力方面与普通高校来源教师相比优势并不是特别明显，这和职业技术师范院校人才培养定位有着密切的关系。目前，为了促进毕业生就业，大多数职业技术师范院校将培养目标定位于职教教师培养和高级专门人才两个方向。究其原因，主要是由于当前中等职业学校教师资格标准没有体现职业教育的特点，虽然进入中等职业学校的教师实行"逢进必考"，但考的主要是基本的教育教学能力，因此职业技术师范院校毕业生技能强的优势难以发挥，进入职业学校的比例不高，出于毕业生就业的需要，培养目标是双重的，看似符合市场需求，实际上损害了师范教育，仅仅是在应用技术人才培养的基础上，加了几门教育类的课程，从而弱化了师范能力的培养。

鉴于职业技术师范院校在培养职业学校教师方面的独特要求，职业技术师范教育的培养目标必须满足中等职业学校对高素质"双师型"教师的要求，充分体现"三性"相互融合的特色，遵循比较优势的原则，坚持有所为、有所不为、错位竞争的发展之路，必须制订单一的人才培养目标。当然，也需要国家尽快出台符合职业教育特点的教师资格标准，并在此基础上建立中等职业学校教师资格考试标准，考试标准要突出实践技能，并形成"国标、省考、校聘校用"的管理体制，使职业技术师范院校培养的学生能够进入职业学校。

(2)改革考试招生制度

根据来源于职业技术师范院校教师专业素养的调研结果，多项教师专业能力与来源无关，取决于个人的素质。可见，生源质量是影响人才培养质量的重要因素。因此，办好职业技术师范院校的首要任务之一是吸引高素质的生源，而吸引优秀生源需要国家相关制度支持。从目前来看应做到以下几点，一是向普通师范院校一样实行免费师范生制度，吸引品学兼优的学生报考职业技术师范院校，普通高中教师培养主要是在教育部所属的6所重点师范大学中实施，职业技术师范院校的免费师范生主要由地方政府来实施，可以是本省范围内实施，也可以跨省份实施，如天津职业技术师范大学与海南等地合作开展的免费师范生教育，实现了供需见面，有效地解决了生源出口问题。二是与中等职业学校开展"3+4"一体化职教师资培养，吸引优秀的初中毕业生经过3年中等职业学校学习后再到职业技术师范院校学习，职业技术师范院校和中等职业学校双方系统设计人才培养方案，明确各自的人才培养定位和分工，提高人才培养质量。此外，也可以与高职院校开展"3+2"一体化培养。

(3)深化课程体系改革

课程是指学生所应学习的学科总和及其进程与安排，是教育教学活动的基本依据，也是实现培养目标的基本保证。只有良好的课程设置，才能培养出优秀的人才。普通高等学校的课程设置一般包括公共基础课、学科基础课、学科专业课和专业实践课，并且学科基础课和专业实践课占很大比例，其内容注重对学生专业性或职业性的培养。普通师范院校的课程设置主要包括公共基础课、学科基础课、学科专业课及教育类课程，其中教育类课程占了较大的比例。例如，河南师范大学数学与应用专业不仅开设了传统的教育学、教育心理学、数学课程教学论（"老三门"），还开设了多媒体课件制作、数学文化鉴赏、现代教育技术、基础教育课程标准解读与数学教材分析、班主任工作技能、微格教学训练、中学生心理辅导、中学名师名家讲坛、基础教育课程改革专题等一系列课程，以培养学生的师范性。职业技术师范院校教师教育课程设置比普通师范院校要少很多，究其原因是职业技术师范院校在师范生培养中要专业性、职业性和师范性"三性"兼顾，而不是普通师范教育的师范性和学术性"两性"。近些年来随着中等职业学校理实一体化课程的推进,对学生专业实践能力的要求越来越高,在有限的时间内一般只能开设"老三门",以浙江的两所学校为例,浙江师范大学财会教育专业的教育类课程学分仅占总学分的 17.8%左右,宁波大学仅占 14%左右,57%的学生认为学校开设的教育类课程对其帮助不大,18%认为教育类课程对其没有任何帮助。为了提高师资培养的质量,有研究者提出延长学制,也有学校对专业课程进行了有效整合,缩小专业理论课时,增加教育类理论课程和教学实习时间,提高学生教育教学能力。例如,江西科技师范大学试行了"综合素质、专业能力、职业方向"三位一体课程体系。

(4)强化实践教学

中等职业学校注重学生的实践操作能力的培养,这就要求职业学校的教师不仅具备理论教学能力,而且具备实践教学能力,以及理实一体化教学能力。在对中等职业学校校长的访谈中得知,教师的实践教学能力是职业学校最看重的,同时也是当前许多教师最欠缺的。中等职业学校"双师型"教师比例较低就是一个例证。调查结果显示,来源于职业技术师范院校的教师实践能力优势非常明显。可见,职业技术师范院校在人才培养中注重师范生实践能力的培养,并取得了良好的效果。鉴于专业实践在中等职业学校教育教学中的重要性,职业技术师范院校在人才培养中应将专业实践训练贯穿始终。同时,还要加强教学实践,一方面,在专业教学中通过项目教学、案例教学、角色扮演、示范模拟、岗位轮换等方式培养学生的实践教学能力,进一步提高学生的"双师"素质;另一方面,加强学生到中等职业学校教学实践的环节,通过助教活动,熟悉中等职业学校的教学环境,参与教学和班主任管理工作,形成能够初步胜任中等职业学校教学工作的能力。

(5)加强教师队伍建设

职业学校需要大量的"双师型"教师,既能"坐而论道",又能"身体力行",上得了讲台,下得了车间,在教学中能够"做中教"。目前,大多数职业技术师范院校自身的教师队伍结构就不合理,大多数专业教师来源于普通高校,对职业教育了解不深,缺乏企业实践经历,对职业技术师范教育的教学特点把握不准,专业实践和教育实践能力不足,教育教学理念、课程开发能力和教学方法等滞后于中等职业学校教学的实际需要,培养的学生到职业学校任教难以实现零距离上岗;实习指导教育和聘请的校外兼职教师数量存在一定缺口,质量有待进一步提升。要培养符合职业学校要求的"双师型"教师,职业技术师范院校需要进一步加强教师队伍建设,建立教师到企业或学校实践制度,加强与企业和职业学校的合作,引进和聘请生产一线的高素质技术技能人才和优秀的职业院校教师,构建起专兼结合的"双师型"教师队伍。只有自身构建起专兼结合的"双师型"教师队伍,才能培养出职业学校所需的"双师型"教师。

二、职业技术师范院校与普通高校人才培养方案比较

对于教师专业能力的形成，职前培养起着关键作用，而人才的培养是通过课程来实现的。为了了解两类教师专业能力差异产生的原因，有必要对职业技术师范院校与普通高等学校人才培养的课程体系进行比较，同时，应对职业技术师范院校教师教育类课程与当前中等职业学校专业教师的需求进行分析，以便明确我国职业技术师范院校教师教育类课程的适用性。我们以 5 所职业技术师范院校(其中 3 所是独立设置的职业技术师范院校，2 所是普通高校设置的职业技术教育学院)和 5 所普通高校的自动化专业(2010 级)的培养方案为样本，对课程设置和结构进行调研，寻找中等职业学校两类教师专业能力存在差异的原因。

(一)课程构成模块的比较

依据两类高校自动化专业(2010 级)的培养计划调研发现：职业技术师范院校自动化专业的课程分为公共(通识)课程、专业(学科)基础课程、专业课程、教师教育课程、教学实践课程和素质拓展实践；普通高校自动化专业的课程分为公共(通识)课程、专业(学科)基础课程、专业课程、教学实践课程和素质拓展实践。从课程模块名称差异可以发现，普通本科高校是学科知识体系，而职业技术师范院校是专业知识体系，相对而言范围要窄些。普通本科高校不开设教师教育课，职业技术师范院校开设了教师教育课。通过整理调研资料发现，普通本科高校理论课学分占总学分的 75.1%，实践课学分占总学分的 24.9%；职业技术师范院校理论课学分占总学分的 72.6%，实践课学分占总学分的 27.3%；职业技术师范院校公共(通识)课程学分比例高于普通高校3.7 个百分点；普通高校专业基础课程学分比例比职业技术师范院校高 14 个百分点；普通高校专业课程学分与职业技术师范院校专业课程学分比例相当，在 19%左右；职业技术师范院校实践教学课学分比例比普通高校实践教学课高 2.4 个百分点。相比较而言，普通本科更注重理论课程和专业基础教育，而职业技术师范院校则更加注重实践课程和师范能力教育(表 5-8，图 5-1)。

表 5-8　两类高校课程构成模块表　　　　　　(单位：学分，%)

课程模块	学分及比例	
	职技高师	普通高校
公共(通识)课	64/31.2	52/27.5
专业(学科)基础课	30/14.6	54/28.6
专业课	40/19.5	36/19
教师教育课	15/7.3	0
理论学分	149/72.6	142/75.1
教学实践	48/23.4	42/22.2

续表

课程模块	学分及比例	
	职技高师	普通高校
素质拓展实践	8/3.9	5/2.7
实践学分	56/27.3	47/24.9
总学分	205/100	189/100

资料来源：依据两类高校 10 所学校 2010 级培养方案统计，后同

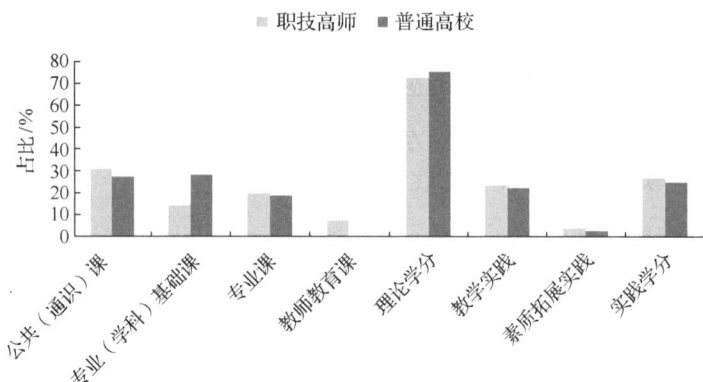

图 5-1　两类高校课程构成模块图

(二)课程结构学分比例

1. 必修课和选修课

从课程与专业学习依赖程度角度，可把课程分为必修课和选修课。必修课是某一专业的学生必须学习的课程，通常包括公共课、专业基础课和专业课，其保证了培养专门人才的基本规格，是必须要学习的课程。选修课是为了满足学生的兴趣爱好，发展他们某一方面才能而设置的课程，可以分为两类：公共选修课和专业选修课。

(1)理论必修课程结构的比较

职业技术师范院校理论必修课程学分的比例为 65.4%，其中，公共(通识)必修课学分占总课程学分的 28.3%，专业基础必修课占 14.6%，专业方向必修课占 16.6%，教师教育必修课占 5.9%；而普通本科高校理论必修课程学分的比例为 69.8%，其中公共(通识)必修课学分占总课程学分的 24.3%，学科基础必修课占 28.6%，专业方向必修课占 16.9%，普通本科高校没有开设教师教育课，职业技术师范院校教师教育类课程比例不足。与普通高校相比，职业技术师范院校专业基础课和专业方向比例更低，导致毕业生在专业基础扎实程度、个人发展潜力等

方面存在弱势。尽管公共(通识)必修课学分比例更高,但毕业生在沟通与合作、受学生欢迎程度、综合素质等方面没有体现出优势。职业技术师范院校开设教师教育课,在教学设计、班级管理与教育活动、教学研究与教师专业发展等方面存在相对的优势,但不是很明显(表 5-9,图 5-2)。

表 5-9 理论必修课程学分构成对比表 （单位：学分，%)

课程类别	学分及比例	
	职技高师	普通高校
公共(通识)必修课	58/28.3	46/24.3
专业基础必修课	30/14.6	54/28.6
专业方向必修课	34/16.6	32/16.9
教师教育必修课	12/5.9	0
理论必修课(总计)	134/65.4	132/69.8

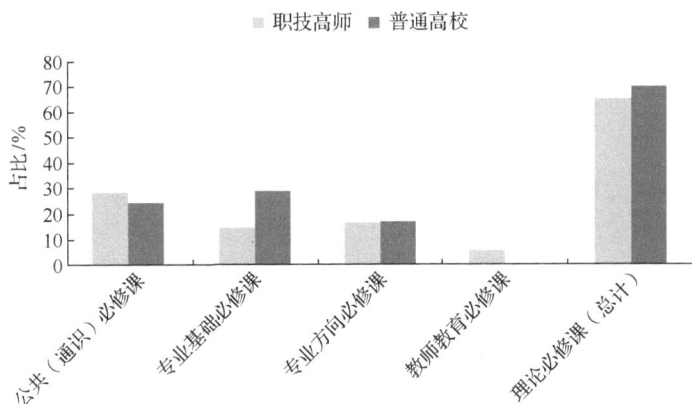

图 5-2 两类高校理论必修课程学分构成图

(2)理论选修课程结构的比较

职业技术师范院校和普通本科高校选修课程所占学分比例分别为 7.3%和 5.3%。职业技术师范院校公共选修课、专业方向选修课和教师教育选修课所占学分比例分别为 2.9%、2.9%和 1.5%,普通本科高校公共选修课和专业方向选修课所占学分比例分别为 3.2%和 2.1%。可见,职业技术师范院校和普通本科高校的选修课程学分所占比例均极小。相对而言,普通本科高校公共选修课学分所占比例高于职业技术师范院校;在专业选修课课程数量上普通本科高校多于职业技术师范院校,但课程门类都比较单一;普通本科高校和职业技术师范院校都没有开设专业基础选修课;职业技术师范院校开设了教师教育选修课。可见,职业技术师范院校开设选修课的模块更多。由于开设了教师教育类课程,职业技术师范院校毕业生在对待学生态度和教学态度、教学规范程度、育人和班级管理、接受先进的教学理念和教学方法以及课程开发等方面有优势(表 5-10,图 5-3)。

表 5-10　理论选修课程结构学分构成对比表　　　　　(单位:学分,%)

课程类别	学分及比例	
	职技高师	普通高校
公共选修课	6/2.9	6/3.2
专业基础选修课	0	0
专业方向选修课	6/2.9	4/2.1
教师教育选修课	3/1.5	0
理论选修课(总计)	15/7.3	10/5.3

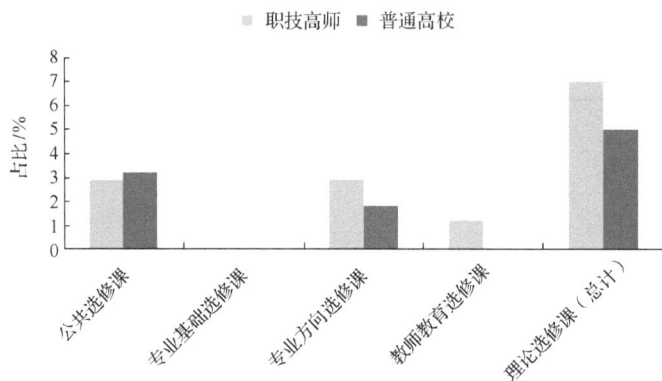

图 5-3　两类高校选修课程学分构成图

2. 理论课和实践课

从教学组织方式和教学方法角度,课程可分为理论课与实践课。理论课一般包括公共课、专业基础理论课、专业课;实践课主要是指实验、实习、实训和毕业设计,包括教育实践课、专业实践课。理论课学习的目的是积累人文素养、掌握专业理论和技术知识;实践课主要是培养职业能力、习得应用技能。两类课程各司其职,互为补充,共同为培养高技能专业人才服务。实践是理论产生与发展的源泉和基础,理论是优化实践的工具。

(1)理论课程结构的比较

在理论课程方面,职业技术师范院校理论课学分占总学分的 72.6%。其中,公共课占 31.2%,专业基础理论课占 14.6%,专业方向理论课占 19.5%,教育理论课占7.3%。普通本科高校理论课学分占总学分的 75.1%。其中,公共课学分占 27.5%,专业基础理论课占 28.5%,专业方向理论课占 19%。与普通高校相比,职业技术师范院校专业基础理论课比例更低,导致毕业生在专业基础扎实程度、个人发展潜力等方面存在弱势(表 5-11,图 5-4)。

表 5-11 理论课程结构学分构成对比表 （单位：学分，%）

课程类别	学分及比例	
	职技高师	普通高校
公共课	64/31.2	52/27.5
专业基础理论课	30/14.6	54/28.6
专业方向理论课	40/19.5	36/19
教育理论课	15/7.3	0
理论课程学分（总计）	149/72.6	142/75.1

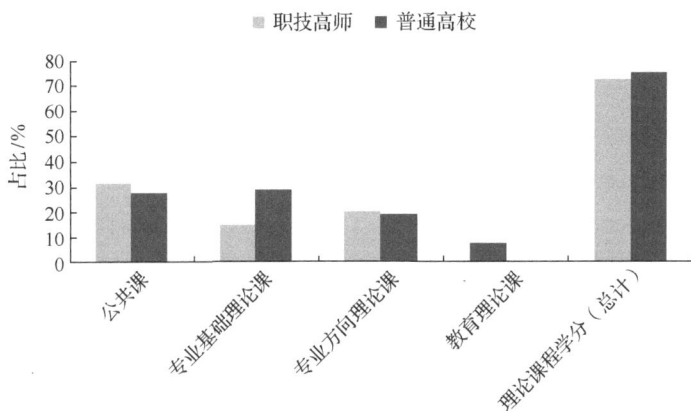

图 5-4 两类高校理论课程学分构成图

(2)实践课程结构的比较

实践课程包含公共实践课、专业实践课和素质拓展实践课(课外活动与社会实践)。职业技术师范院校实践课程不仅包含公共实践课、专业实践课和课外活动与社会实践课，还包括教育实践课，占总学分的比例为 27.3%，其中，专业实践课占学分比为 19.5%，课外活动与社会实践课占学分比为 3.9%，教育实践课占学分比为 2.9%。普通高校实践课程包括公共实践课、专业实践课、课外活动与社会实践课，占总学分的比例为 24.9%，其中，专业实践课占学分比为 20.6%，课外活动与社会实践课占学分比为 2.7%。职业技术师范院校实践课范围要比普通高校广，实践课的学分比例更高，但在专业实践方面普通高校学分比例高于职业技术师范院校。职业技术师范院校把教育实践课作为一个重要组成部分，突出教师教育的特色，但学分比例过低。教育实践课使职业技术师范院校培养的教师在职业教育认可度、对待自身专业发展态度、实践教学能力、教学效果和受学生欢迎程度等方面具有明显的优势(表 5-12，图 5-5)。

(3)专业实践课

在专业实践课设置方面，职业技术师范院校专业实践课学分占比为 19.5%，普

表 5-12　实践课程学分构成对比表　　　　（单位：学分，%）

课程类别	学分及比例	
	职技高师	普通高校
公共实践课	2/1.0	3/1.6
专业实践课	40/19.5	39/20.6
教育实践课	6/2.9	0
课外活动与社会实践课	8/3.9	5/2.7
实践学分（总计）	56/27.3	47/24.9

资料来源：根据两类高校 10 所学校 2010 级培养方案整理

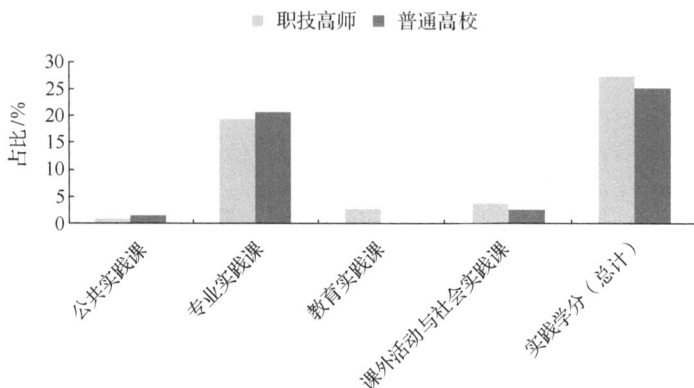

图 5-5　两类高校实践课程学分构成图

通高校专业实践课学分占比为 20.6%，可见在专业教育实践方面，普通高校学分比例高于职业技术师范院校。从专业实践课开设内容上看，普通高校专业实践课范围要比职业技术师范院校广，但两者实践课性质差异显著，普通高校专业实践课更关注实验，职业技术师范院校更关注实训；普通高校专业实践课大部分在校内完成，职业技术师范院校专业实践课在校内实训和校外企业实习完成。由于职业技术师范院校专业实践课着重于应用实践，其毕业生在联系企业和校企合作能力、组织学生开展实习实训和技能比赛等方面具有明显优势（表 5-13）。

表 5-13　两类高校专业实践课课程设置表

专业实践课程名称	学分	
	职技高师	普通高校
物理实验	0	3
力学实验	0	2
机械设计基础实验	0	2
电路综合实验	0	2
测控电路课程设计	0	2
机械工艺课程设计	0	1
机械原理课程设计	1	1

续表

专业实践课程名称	学分	
	职技高师	普通高校
机械设计课程设计	2	3
测控电子工艺实习	0	2
机械制造工艺实习	0	1
机电系统综合实训	0	2
专业技能训练	12	0
CAD 技术应用训练	2	0
金工实习	2	2
企业认识实习	1	0
生产实习	4	0
毕业实习	4	2
毕业设计	12	14
总计	40	39

(三)职业技术师范院校教育类课程设置

　　合格的中等职业学校教师需具备良好的专业理念和师德，掌握系统的专业知识和拥有相应的专业能力，其中，专业知识和专业能力包括教育知识、课程知识、教学设计能力、教学实施能力与教学评价能力。培养中等职业学校教师的学校要针对这些知识和能力开设教师教育课程。根据知识和能力所需的课程，对5所学校开设教师教育课程的情况进行了调查。

　　从调查对象的课程设置情况来看，由于普通高等院校不以培养中等职业学校专业教师为目标，所以没有开设教师教育课程。5所职业技术师范院校都开设了职业教育学、职业教育心理学、专业教学法、现代教育技术、师范教育技能训练、教师教育实习等教师教育的必修课程。除了这些经典课程以外，部分学校还设置了课程知识方面的课程，如职业教育课程设计与开发；一些教学技能方面的课程，如微格教学、德育与班主任等课程，只是设置这类课程的学校的比例不高；教育研究方面的课程，如教育统计方法、教育测量与评价、职业教育教学与教研专题等课程；在实践教学方面，设置教师教育见习的院校不多(表 5-14)。

表 5-14　教师教育课程(必修课)设置调查表

课程名称	开设院校数	学时与学分
职业教育学	5	32/2
职业教育心理学	5	32/2
专业教学法	5	32/2
现代教育技术	5	28/2
德育与班主任	1	32/2
职业教育课程设计与开发	1	32/2

续表

课程名称	开设院校数	学时与学分
教育统计方法	1	32/2
教育测量与评价	2	24/2
职业教育教学与教研专题	1	16/1
微格教学	2	1 周/1
师范教育技能训练	5	1 周/1
教师教育见习	1	1 周/1
教师教育实习	5	10 周/10

在教师教育课程中，开设选修课的学校不多。例如，开设职业科学、现代教师礼仪、中外职业教育史等课程的院校只有 1 所；有的学校开设教育研究方法类课程，但放在选修课中，并且学时数偏低(表 5-15)。

表 5-15　教育课程(选修课)设置调查表

课程名称	开设院校数	学时与学分
教育研究方法	1	16/1
职业科学	1	16/1
现代教师礼仪	1	16/1
中外职业教育史	1	16/1

(四)课程设置对比结论

1. 两类学校课程模块结构趋同，但职业技术师范院校课程模块范围更广

两类高校的课程一般由公共(通识)课程、专业课程组成，职业技术师范院校还包含教师教育课程。公共(通识)课程一般由必修课和选修课组成。必修课由思想政治理论课、大学英语、大学语文、健康体育与国防教育课、信息技术课六大类课程组成。选修课从社会科学、人文科学、自然科学与艺术等领域中精选课程内容，供学生选修相关课程。专业课程一般由专业基础课、专业方向课、专业实习(社会实践)与毕业论文(毕业设计)4 个模块组成。教师教育课程一般包括教育理论类课程、教育技能类课程、教育实践类课程和职业科学课程 4 种类型，但所占的学分和比例偏低。

2. 普通本科高校选修课程的学分和数量多于职业技术师范院校

在必修课程和选修课程之间，职业技术师范院校理论必修课程学分占总学分的 65.4%，而普通本科高校理论必修课程学分占总学分的 69.8%。职业技术师范院校和普通本科高校选修课程所占学分比例分别为 7.3% 和 5.3%。可见，不管是职业技术师范院校还是普通本科高校，选修课程学分所占比例均较小。相对而言，普通本科高校公共选修课程学分所占比例高于职业技术师范院校；普通本科高校和职业技术师范院校都没有开设专业基础选修课程。

3. 两类学校重理论课程，轻实践课程

在理论课程和实践课程之间，职业技术师范院校理论课程学分占总学分的72.6%，实践课程所占学分比例为27.3%，其中社会实践占学分比例为3.9%，教育实践课程占学分比例为2.9%。普通高校理论课程占学分比例为75.1%，实践课程占学分比例为24.9%，其中社会实践课程占学分比例为2.7%。相比而言，职业技术师范学院更注重实践课程。

4. 普通高校重校内实验实训，职业技术师范校兼顾校内实训和企业实习

从专业实践课程开设内容上来看，普通高校的专业实践课程范围要比职业技术师范院校广，但两者实践课程的性质差异明显，普通高校专业实践课程更关注实验，职业技术师范院校更关注实训；普通高校专业实践课程大部分在校内完成，职业技术师范院校专业实践课程在校内实训和校外企业实习完成；普通高校专业实践课程更关注基础理论实践，职业技术师范院校更关注应用实践。

三、职业技术师范院校深化教师培养改革的建议

当代课程论的一个重要观点就是强调实践性、注重选择性，实践性和选择性对于职业教育来说显得更为重要，这就要求中职学校专业课教师应具备很强的实践动手能力，以便指导中职学生开展技能训练和实训活动。同时，中等职业教育专业的多样性和易变性要求中职学校专业课教师能适应专业调整要求。职业技术教育教师必须接受专业知识教育、专业技能训练与教育理论学习、教育技能训练，必须是掌握教育理论的技术专家。

（一）设立职教教师教育学院加强教师教育

职教教师教育学院应当是在师范院校综合化进程中，顺应教师教育专业化的要求，具体承担职教教师教育使命的专门的培养机构，也是在"专业性、职业性"基础上强化"师范性"的教师教育发展的新模式。因此，职教教师教育学院承担着多种角色。

1. 专门的教师教育学院

职教教师教育学院专门培养那些具有扎实的学科专业知识和较高专业技能水平的，意愿从事职业学校教师职业的师范类专业的学生。它承担着学科专业教育之后和入职之前这段时间的全日制中等职业学校教师教育，不承担教师教育课程之外的其他课程的教学。高等院校的学生只有进入职教教师教育学院方可称为真正的职业技术教育师范生。

2. 职教教师教育研究机构

职教教师教育学院与其他任何办学实体或二级学院一样，同时承担着人才培养和科学研究的任务，因此，它要立足于自身所承担的人才培养类别和层次，致力于职教教师教育发展理论与实践的研究。

3. 职业技术师范院校与中职学校互动的桥梁

职教教师教育学院的人才培养和科学研究只有建立在与职业学校合作的基础上才更具针对性，因此，职教教师教育学院应成为职业技术师范院校与职业学校互动的桥梁，成为职业学校教育教学改革的"智囊团"和"咨询站"。

(二)依据中职教师标准完善培养目标

中等职业教育需要"双师型"师资，这就要求中职教师不仅要有一定的专业知识基础和较强的动手能力，掌握一般教育教学方法，更重要的是要能结合专业知识和技能特点，做到"三好"——"课上得好""操作技能好""为人师表好"，也就是说，既能在课堂上教好书，讲授理论知识，又能在车间熟练操作设备并指导好实习实训，还能进行教学研究，同时还是学生职业生涯规划及行为道德和心理生理健康的辅导员。

(三)构建教师培养联盟创新培养模式

我国职业技术师范院校办学体制封闭、人才培养规格与岗位要求脱节、教育教学资源不足、教学形式和方法落后等问题严重阻碍了师范性培养质量。依托相关高等学校和大中型企业，共建职业学校"双师型"教师培养培训体系。学校要设置与地方职业学校需求相适应的专业结构；开发"平台+模块"的以项目为核心的课程体系，构建"校企校互融，工学教结合"的职教师资人才培养模式，其中"校企校互融"是指校企校三方共建教师队伍、共建教学资源、共建课程体系、共建评价体系的合作模式，"工学教结合"是指以实践过程为导向，把课堂学习、企业工作实践和职业学校教学实践有机结合起来，实行项目驱动、教学做合一的教学模式。

(四)突出实践教学改革课程体系

1. 师德为先，增加职业道德课

师德即教师的职业道德，是指教师对教育、对每个学生的发展具备的一种强烈的责任感和使命感，以及在此基础上形成的一系列相应的内心信念和行为规范。中等职业学校教师职业道德主要包括坚持正确方向、热爱职业教育、热爱学生、刻苦钻研业务、团结协作和为人师表等内容。《专业标准》提出"师德为先"，因此职业技术师范生教师教育课中要增加道德教育课学分比例，如增加工匠精神、师德师风、学术道德与学术规范等内容。

2. 突出师范特色，增加教师教育课程

教师教育课程是指为各专业学生开设的有关教育教学理论方法、技巧等培养教师专业内涵的课程，培养教师素质。这类课程体现了教师的专业特点，是教师教育区别于其他教育的重要标志，是提高教师教育专业化水平和教师职业专门化程度的重要保证。教师教育课程的设置要以遵循教师工作导向为原则。《专业标准》依据职业教育教师工作的任务，将职业教育教师工作分为专业教学设计与实施、实训实习组织、班级与学生管理、课程开发、课程设计、专业建设、沟通协作、教学评价和教育科学研究等主要环节，并确定相应的课程门类，培养职业教育教师的教育教学与研究能力。《教师教育课程标准（试行）》对教师专业发展途径进行了准确的定位，建议教师教育机构在真实的教育情境中发展师范生的"参与和研究教育实践"的教研能力，它已经成为教师专业发展水平的主要标志。在职业技术师范教育专业的课程设置中适当减少专业类课程学分，增加教师教育课程学分，使其达到25%左右。目前国际上比较通行的职业教育师资培养课程体系中，除专业课程外，教师教育课程学分在培养计划中占有较大比例，为 25%～35%，而且内容相当全面，涉及职业教育学、教学论、专业教学法、心理学、社会学等领域。

3. 理论课程与实践课程并重

《专业标准》提出：中等职业学校教师在教学和育人中，要把专业理论与专业实践相结合、职业教育理论与职业教育实践相结合。要做到理论与实践结合，前提是理论与实践并重，不得偏废任何一方。职业技术教育师范类专业要将理论课程和实践课程齐抓共管，达到"两手都要硬"，就要根据各专业情况，把实践课程学分占总学分的比例适当提高。在有限的学时内，若要做到理论课程与实践课程并重，就必须将理论课程和实践课程通过一个有效的方式成功地整合起来，因此，要以岗位（专业技术岗位和教师岗位）要求为基准来组织理论与实践内容，将"教学做合一"，将"教室、实验室、实训室"融于一体。

4. 以能力为重，突出专业实践课程和教育实践课程

专业能力是人们表现出来的解决专业问题的个性心理特征，是完成任务、达到目标的必备条件。专业能力是通过专业实践积累而成，不是通过专业知识的阅读自

主形成的。职教教师专业能力的形成一定是在专业技术岗位和教师岗位工作过程中逐渐积累而成的，体现出技术性和师范性的统一。《专业标准》对职业学校教师专业能力的要求是以教学能力为中心的，其中涉及教学设计、教学实施、实习实训组织和教学评价等，同时要求职业学校教师具有沟通能力和教育研究能力。职业技术教育师范生要获取上述教师专业能力，需要通过学校开设的实践课程进行训练而获取。实践课程，是一种相对于认知性取向的学科课程的课程类型，它不以系统知识的传递和学习为目的，旨在发展学生的实践素养。

职业技术教育师范生的实践课程包括专业实践课程和教育实践课程，专业实践课程侧重训练学生的专业操作技能，形成职业活动中的某种专业技能，一般是指深入校内实训室或社会生产第一线进行分解或综合实训，积累实训教学技能。教育实践课程是职业技术教育师范生教师教育课程中的重要组成部分，在教学实践中为学生提供大量的机会，运用其掌握的知识和技能于实际教学，通过自身的努力充分地将理论与实践整合。教育实践课程应包括教育技能实训、教育见习和教育实习。参照西方国家职教师资培养经验，职业技术教育师范生的实践课程所占学分应不低于40%。《教育部关于"十二五"期间加强中等职业学校教师队伍建设的意见》提出："要创新教师培养模式，强化企业实践和职业学校实习环节。"《教育部关于大力推进教师教育课程改革的意见》要求教育实践课程不少于一个学期。英国大学要求教育见习与实习一般不少于 20 周；法国师范院校实行连续性教育实践，共 486 学时。只有通过加强和延长专业实践和教育实践时间，学生才能在不断研究自身经验的过程中获得成长，才能不断发现问题和解决问题。

5. 以终身学习为目标，拓宽公共课程的范围

公共课程在职教师范生培养过程中具有双重功能，首先具有通识性，有利于职教师范生树立科学的世界观和方法论，能够获取较为宽泛的知识，使得他们具备宽厚的文理基础知识，优化他们知识结构；其次具有发展性，有利于培养职教师范生的终身学习能力。《教师教育课程标准（试行）》提出教师是终身学习者。教师专业发展是一个不断完善的过程，需要教师进行终身的专业学习。《专业标准》要求职业学校教师具有终身学习与持续发展的能力，成为终身学习的典范。在终身学习的理念下，要求职业技术教育师范生不仅能够在教师的引导下，具备获得知识的能力，还要求他们具备自己通过多种途径获得知识的能力。这就要求职业技术师范生要掌握一定的学习方法、思维方式和研究方法，不断提升终身学习的能力。这些学习内容要求职业技术师范院校给师范生设置门类齐全、涵盖面广的课程，如此才能使学生在学习时空上获得延续性。

职业技术师范院校开设的公共课程包括人文社科类与自然科技类：人文社科类包括马克思主义知识、人文科学知识、社会科学知识等，培养职业技术教育师范生

的人文科学素养；自然科技类包括数理化学知识、工程科技类知识、生命科学类知识等，培养职业技术教育师范生的自然科学素养，这些课程由若干必修课程和选修课程组成。职业技术师范院校还要开设方法能力类和社会能力类课程，培养职业技术教育师范生的学习研究能力、文献检索与利用能力、分析解决问题能力、创新能力、语言应用能力、协调沟通能力、价值判断能力和认识社会能力等。因此，职业技术师范教育专业的课程设置中选修课程学分占总课程学分的比例要进一步提高，为学生获取终身学习能力奠定基础。

第六章

中职骨干教师国家级培训学员调研

一、数据收集与整理

本章数据来源于 2007～2013 年参加教育部、财政部"职业院校教师素质提高计划"设立的中等职业学校专业骨干教师国家级培训管理办公室培训的教师填写的个人基本信息。这些数据主要包括了近 5.9 万名参加国家级培训的中职骨干专业教师的年龄结构、性别结构、教龄、来源分布、职称结构、学历结构及获资格证书等级情况等，通过对这些数据的统计分析以了解目前我国中等职业学校专业教师的专业发展情况。

二、2007～2013 年总体情况

(一)参培学员毕业学校来源结构

1. 总体情况

从参培学员毕业院校来看，主要来源于三类院校：职业技术师范院校(职技高师)、普通师范院校(普通师范)和普通高等院校(普通高校)，最多的是普通高等院校，为62.55%，其次是普通师范院校，为 19.79%，而职业技术师范院校仅 17.66%(图 6-1)。

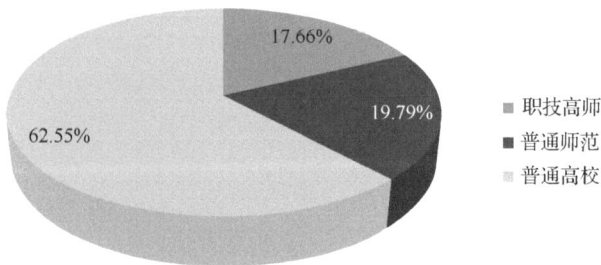

图 6-1　2007～2013 年参培学员毕业学校来源结构分布图

2．分年度情况

从分年度来看，2007～2013 年毕业于三类学校的参培学员的比例基本接近，据此，可以初步判断上述比例可以看作当前我国中等职业学校的教师来源比例，更贴切地说是 40 岁以下教师的来源结构，也可以说是高等教育扩招以后我国中等职业学校教师的来源结构（图 6-2）。

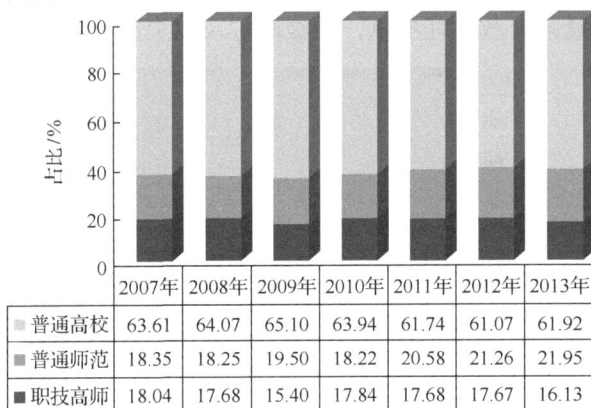

	2007年	2008年	2009年	2010年	2011年	2012年	2013年
■ 普通高校	63.61	64.07	65.10	63.94	61.74	61.07	61.92
■ 普通师范	18.35	18.25	19.50	18.22	20.58	21.26	21.95
■ 职技高师	18.04	17.68	15.40	17.84	17.68	17.67	16.13

图 6-2　2007～2013 年各年度参培学员毕业学校来源结构分布图

（二）参培学员年龄结构

1．总体情况

按照教育部、财政部《关于实施职业院校教师素质提高计划的意见》（教职成〔2011〕14 号）的要求："中等职业学校专业骨干教师国家级培训，培训对象为中等职业学校具有中级以上教师职务的专业教师。"从 7 年来全国中等职业学校专业骨干教师国家级培训学员的年龄结构来看，出生于 1970～1979 年（70 后）的参培学员的比例最高，其次是 1980～1989 年（80 后）的，再次是 1960～1969 年（60 后）的，也就是说 50 岁以上参与培训的人数较少（图 6-3）。

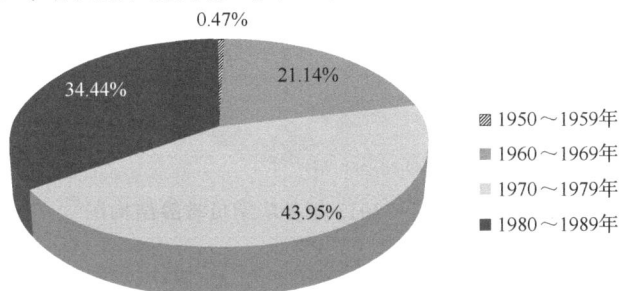

图 6-3　2007～2013 年参培学员年龄结构图

2. 分年度情况

随着培训年限的不断增多，60 后和 70 后教师参加培训的人数逐渐减少，且二者下降比例基本相同，而 90 后（出生于 1990～1999 年）教师比例大幅度上升。随着培训年限的增多，参培学员的年龄结构逐渐年轻化，有一部分教师是中级职称以下的教师。究其原因，一方面，随着时间的推移，参加过培训的教师越来越多；另一方面，由于中等职业学校教师紧缺，教学任务重，中级职称及以上的教师难以派出（图 6-4）。

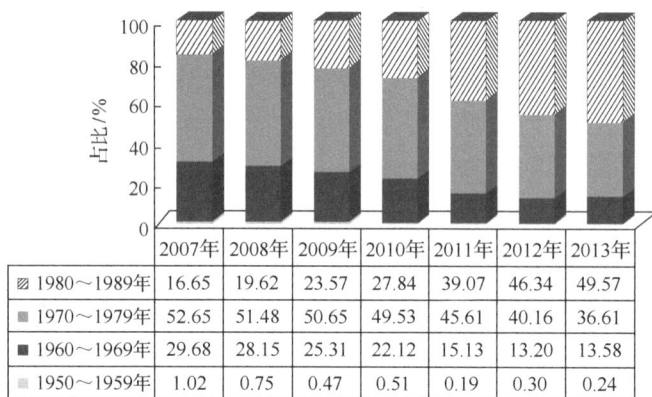

	2007年	2008年	2009年	2010年	2011年	2012年	2013年
▨ 1980～1989年	16.65	19.62	23.57	27.84	39.07	46.34	49.57
▪ 1970～1979年	52.65	51.48	50.65	49.53	45.61	40.16	36.61
■ 1960～1969年	29.68	28.15	25.31	22.12	15.13	13.20	13.58
▫ 1950～1959年	1.02	0.75	0.47	0.51	0.19	0.30	0.24

图 6-4　2007～2013 年各年度参培学员年龄结构分布图

（三）参培学员教龄结构

1. 总体情况

参培学员的教龄按每 5 年一个年龄段进行统计。从统计结果来看，教龄在 6～10 年的参培教师比例最高，其次是教龄在 11～15 年的，教龄在 1～5 年和 16～20 年的教师比例相差不大，最少的是教龄在 21 年及以上的参培教师（图 6-5）。

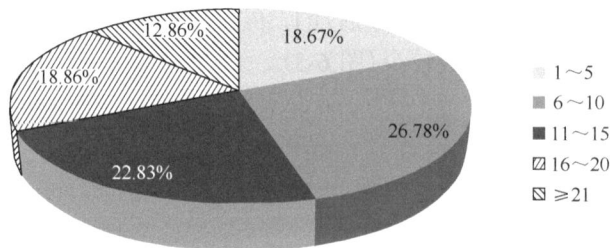

图 6-5　2007～2013 年参培学员教龄结构图

2. 分年度情况

分年度来看，5 个教龄段的教师，教龄在 21 年以上的参培教师的比例基本稳定，教龄在 16~20 年的参培教师的比例逐年下降，但幅度不大，教龄在 11~15 年的参培教师的比例在下降，下降的幅度比较大，教龄在 1~5 年的参培教师的比例在上升，教龄在 6~10 年的参培教师的比例有变化，但变化幅度不大。上述统计结果说明，教龄在 16 年以上的教师大多是副教授职称，所以参培比例相对稳定，而教龄在 11~15 年的教师面临着职称评定等压力，参培的积极性较低，教龄在 1~5 年的教师的参培比例逐渐增大的原因主要是刚入职、缺乏专业技能和对职业教育不熟悉，以及教学任务少等(图 6-6)。

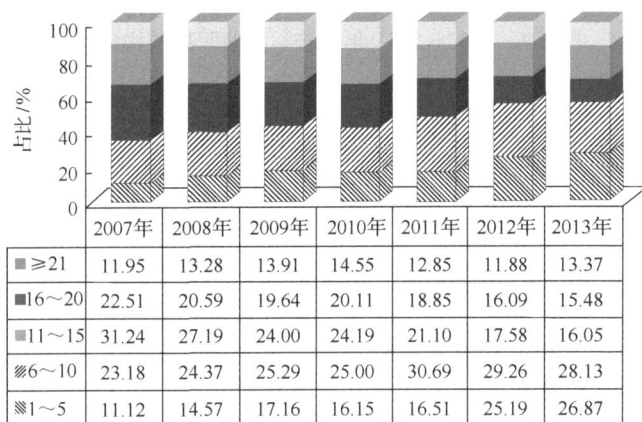

	2007年	2008年	2009年	2010年	2011年	2012年	2013年
≥21	11.95	13.28	13.91	14.55	12.85	11.88	13.37
16~20	22.51	20.59	19.64	20.11	18.85	16.09	15.48
11~15	31.24	27.19	24.00	24.19	21.10	17.58	16.05
6~10	23.18	24.37	25.29	25.00	30.69	29.26	28.13
1~5	11.12	14.57	17.16	16.15	16.51	25.19	26.87

图 6-6　2007~2013 年各年度参培学员教龄结构分布图

(四)参培学员职称结构

1. 总体情况

从总体情况来看，中级职称教师参培教师比例最大，高达 64.80%，高级职称教师比例约为 16%，二者合计为 81%左右。初级职称教师和无职称教师比例合计约为 19%，与 1~5 年教龄参培教师的比例接近，可以看出，中等职业学校教师绝大多数 5 年后就可以晋升中级职称。而教龄在 6~15 年的教师的比例为 49.61%，比中级职称教师比例(64.80%)低 15.19 个百分点；教龄在 16~20 年的参培教师的比例为 18.86%，与高级职称教师占比 15.86%仅相差约 3 个百分点，这说明中等职业学校绝大多数教师中级职称晋升高级职称需要 15 年的时间，这不利于中等职业学校教师的专业发展(图 6-7)。

2. 分年度情况

从分年度来看，随着培训年份的增加，高级职称教师参培比例在下降，中级职称教师比例近两年有所下降，初级职称教师比例在逐年增加，尤其是近两年增加幅度比较大，无职称教师比例变化不大，说明近几年新进教师的职称比例变化不大(图 6-8)。

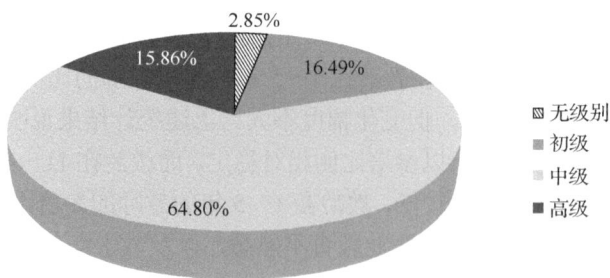

图 6-7 2007～2013 年参培学员的职称结构情况

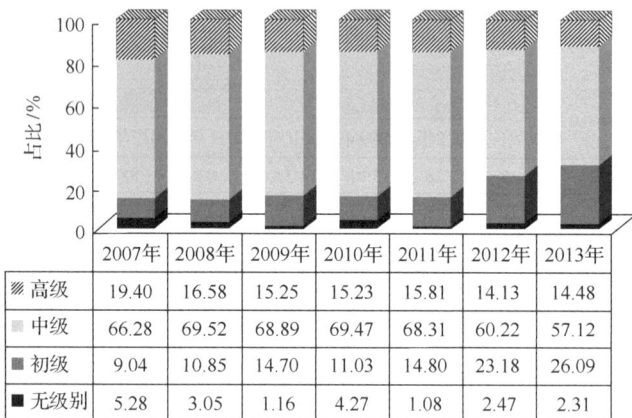

	2007年	2008年	2009年	2010年	2011年	2012年	2013年
高级	19.40	16.58	15.25	15.23	15.81	14.13	14.48
中级	66.28	69.52	68.89	69.47	68.31	60.22	57.12
初级	9.04	10.85	14.70	11.03	14.80	23.18	26.09
无级别	5.28	3.05	1.16	4.27	1.08	2.47	2.31

图 6-8 2007～2013 年各年度参培学员职称结构分布图

(五)参培学员第一学历情况

1. 总体情况

从参培学员的第一学历来看，本科毕业的仅占 63.28%，加上学历为研究生的教师的比例也仅为 65.62%，尤其是第一学历为研究生的比例较低，而接近 35% 的教师的第一学历在专科及其以下，因此总体来看，中等职业学校教师第一学历层次较低(图 6-9)。

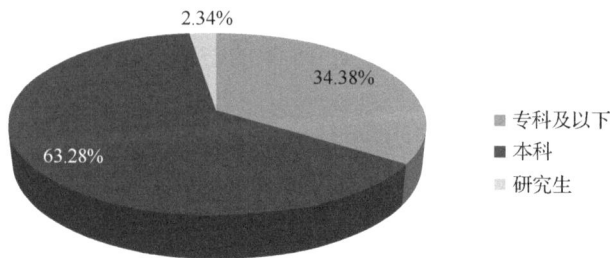

图 6-9 2007～2013 年参培学员第一学历结构情况图

2. 分年度情况

从分年度来看，随着培训年份的增加，本科层次教师比例增加，专科层次教师比例下降，与整个教师队伍学历结构的变化相一致，2007～2013 年本科层次教师比例提高了约 10 个百分点，专科层次教师比例下降了近 13 个百分点，近两年研究生层次教师比例增加较快，与近几年中等职业学校新进教师中研究生比例不断提高有关（图 6-10）。

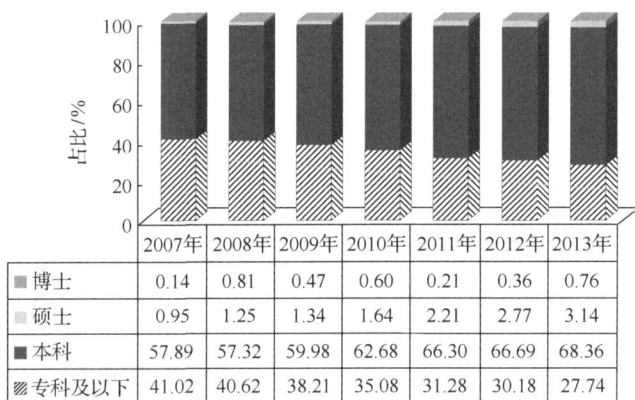

	2007年	2008年	2009年	2010年	2011年	2012年	2013年
■博士	0.14	0.81	0.47	0.60	0.21	0.36	0.76
□硕士	0.95	1.25	1.34	1.64	2.21	2.77	3.14
■本科	57.89	57.32	59.98	62.68	66.30	66.69	68.36
▨专科及以下	41.02	40.62	38.21	35.08	31.28	30.18	27.74

图 6-10　2007～2013 年各年度参培学员第一学历结构分布图

（六）参培学员最高学历情况

1. 总体情况

从参培学员最高学历来看，本科与研究生学历教师比例合计接近 90%，专科学历教师在 10% 左右，与当前整个中等职业学校教师学历结构相一致，从这一点来看，中等职业学校参培教师在很大程度上可以代表整个中等职业学校教师的学历结构。从第一学历与最高学历比较来看，教师通过在职提高，研究生学历教师比例提高 10.81 个百分点，为第一学历是研究生的教师比例的 5.6 倍。本科学历教师比例提高了 13.18 个百分点，专科学历教师比例下降了近 23.99 个百分点（图 6-9，图 6-11）。

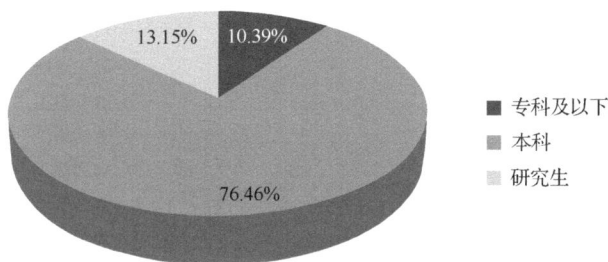

13.15%　10.39%

■专科及以下
■本科
□研究生

76.46%

图 6-11　2007～2013 年参培学员最高学历结构分布图

2. 分年度情况

从分年度来看,硕士及以上层次参培学员比例不断提高,提高了 7.87 个百分点,专科及以下层次教师的比例在下降,这与中等职业学校整个教师队伍学历结构变化相一致,参培学员中研究生学历教师的比例高于整个中等职业学校教师队伍研究生学历教师的比例,这一现象有可能有两种原因:一种原因是这些教师将被培养为专业带头人;另一种原因是目前培养的研究生不符合中等职业学校教师的要求,需要通过培训来提高其进行职业教育教学的能力(图 6-12)。

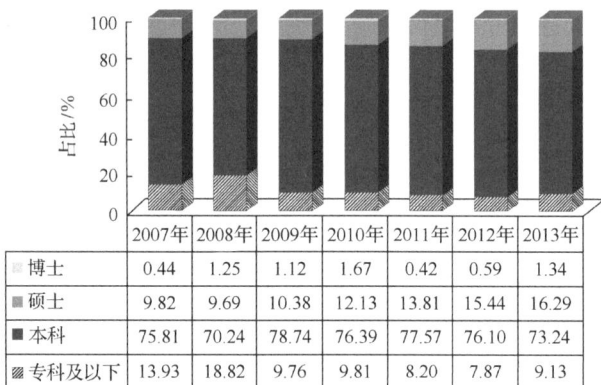

	2007年	2008年	2009年	2010年	2011年	2012年	2013年
□博士	0.44	1.25	1.12	1.67	0.42	0.59	1.34
■硕士	9.82	9.69	10.38	12.13	13.81	15.44	16.29
■本科	75.81	70.24	78.74	76.39	77.57	76.10	73.24
▨专科及以下	13.93	18.82	9.76	9.81	8.20	7.87	9.13

图 6-12　2007～2013 年各年度参培学员最高学历结构分布图

(七)参培学员拥有职业资格证书情况

1. 总体情况

从参培学员拥有职业资格证书情况来看,没有取得职业资格证书的教师比例超过 50%,从参培学员拥有职业资格证书的等级来看,中级工和高级工比例较大,技师和高级技师比例大约占 7%,总体来看,专业教师拥有职业资格证书数量少,且层次较低(图 6-13)。

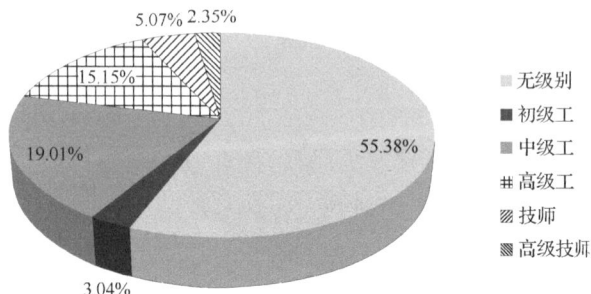

图 6-13　2007～2013 年参培学员职业资格等级结构图

2. 分年度情况

从分年度来看，近几年没有职业资格证书和职业资格证书等级较低的教师的比例在提高，而技师和高级技师教师的比例相对稳定，说明近几年教师考取职业资格证书的积极性在下降（图6-14）。

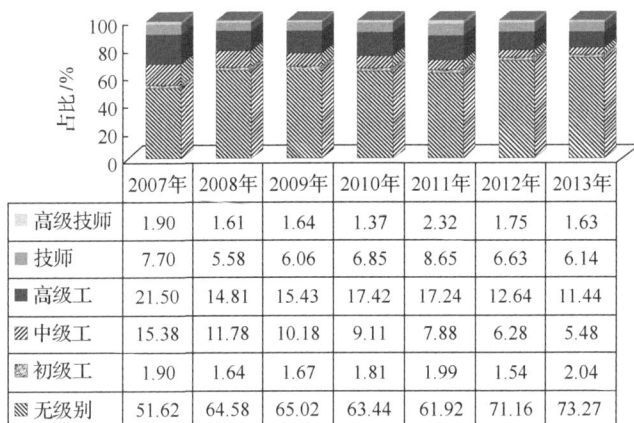

	2007年	2008年	2009年	2010年	2011年	2012年	2013年
高级技师	1.90	1.61	1.64	1.37	2.32	1.75	1.63
技师	7.70	5.58	6.06	6.85	8.65	6.63	6.14
高级工	21.50	14.81	15.43	17.42	17.24	12.64	11.44
中级工	15.38	11.78	10.18	9.11	7.88	6.28	5.48
初级工	1.90	1.64	1.67	1.81	1.99	1.54	2.04
无级别	51.62	64.58	65.02	63.44	61.92	71.16	73.27

图 6-14　2007～2013 年各年度参培学员职业资格等级结构分布图

三、三大区域参培学员情况

（一）来源情况

1. 分区域参培学员来源情况

毕业于普通高校的教师的比例，东部地区约 56%，中部地区约 66%，西部地区接近 67%，即中、西部地区较多；毕业于职业技术师范院校的教师的比例，东部最多，为 25.00%，中部地区为 16.70%，西部为 10.03%；而毕业于普通师范院校的教师的比例，西部地区最高，中部地区最低（图 6-15～图 6-18）。

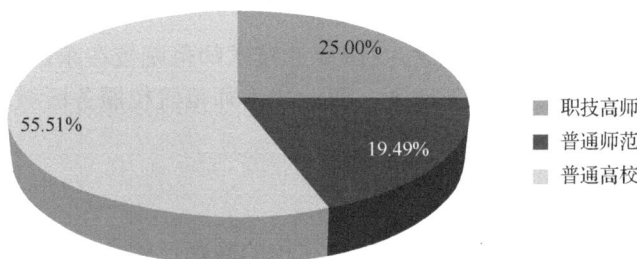

图 6-15　东部地区来源结构分布图

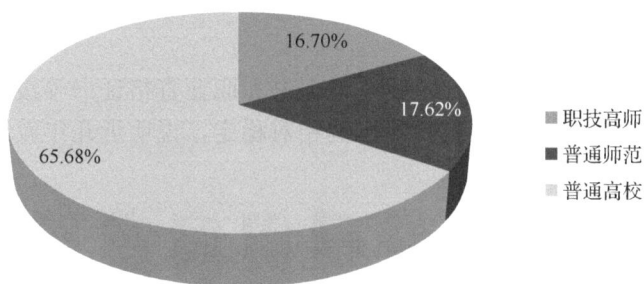

图 6-16　中部地区来源结构分布图

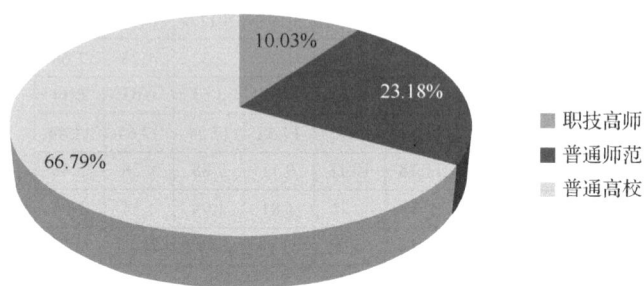

图 6-17　西部地区来源结构分布图

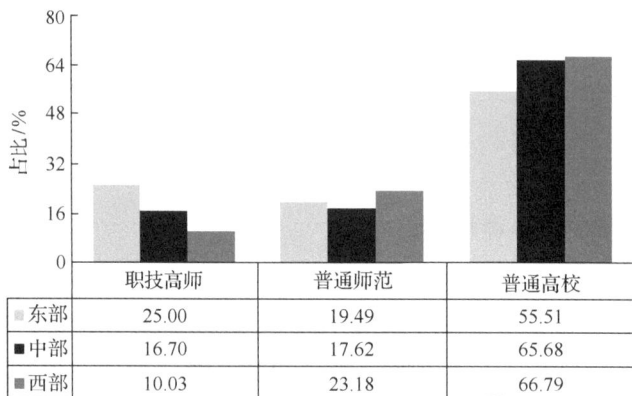

	职技高师	普通师范	普通高校
东部	25.00	19.49	55.51
中部	16.70	17.62	65.68
西部	10.03	23.18	66.79

图 6-18　三大区域中职教师来源对比图

这种来源结构与院校分布有关,我国职业技术师范院校在东部地区分布最集中,其次是中部地区,最少的是西部地区,职业技术师范院校服务区域职业教育的作用明显。

2. 分年度不同区域来源情况

从分年度来看,东部地区毕业于普通高校的教师比例在增加,中、西部地区普通师范院校的比例在增加,尤其是西部地区增加较明显(图 6-19～图 6-21)。

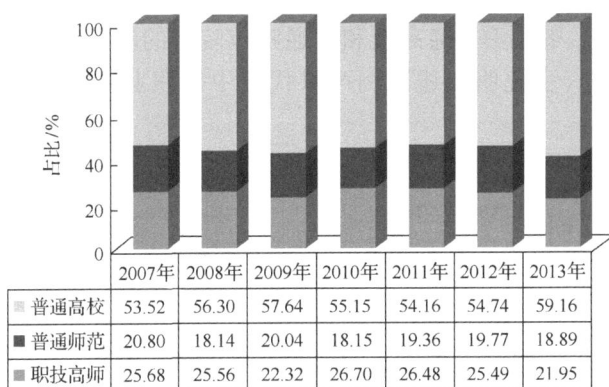

	2007年	2008年	2009年	2010年	2011年	2012年	2013年
普通高校	53.52	56.30	57.64	55.15	54.16	54.74	59.16
普通师范	20.80	18.14	20.04	18.15	19.36	19.77	18.89
职技高师	25.68	25.56	22.32	26.70	26.48	25.49	21.95

图6-19　2007～2013年东部地区中职教师来源分布图

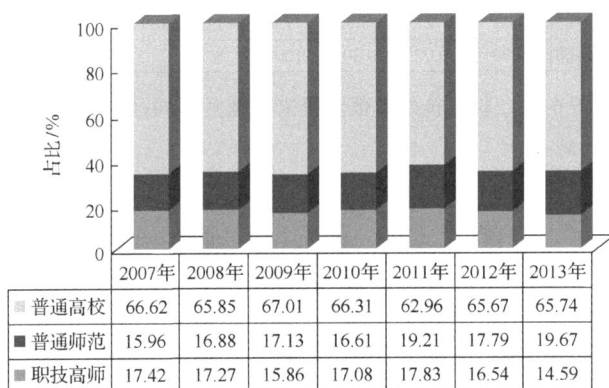

	2007年	2008年	2009年	2010年	2011年	2012年	2013年
普通高校	66.62	65.85	67.01	66.31	62.96	65.67	65.74
普通师范	15.96	16.88	17.13	16.61	19.21	17.79	19.67
职技高师	17.42	17.27	15.86	17.08	17.83	16.54	14.59

图6-20　2007～2013年中部地区中职教师来源分布图

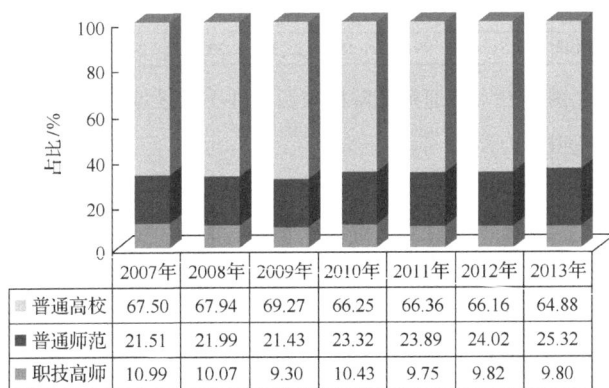

	2007年	2008年	2009年	2010年	2011年	2012年	2013年
普通高校	67.50	67.94	69.27	66.25	66.36	66.16	64.88
普通师范	21.51	21.99	21.43	23.32	23.89	24.02	25.32
职技高师	10.99	10.07	9.30	10.43	9.75	9.82	9.80

图6-21　2007～2013年西部地区中职教师来源分布图

3. 不同来源教师分年度区域分布情况

从三大区域来看,毕业于职业技术师范院校的教师比例在不同年份虽有所不同,但基本上变化不大，毕业于普通高校和普通师范院校的教师比例在不同年份也表现出相同的特点，进一步说明上述比例可以代表中等职业学校教师来源的总体情况（图 6-22～图 6-24）。

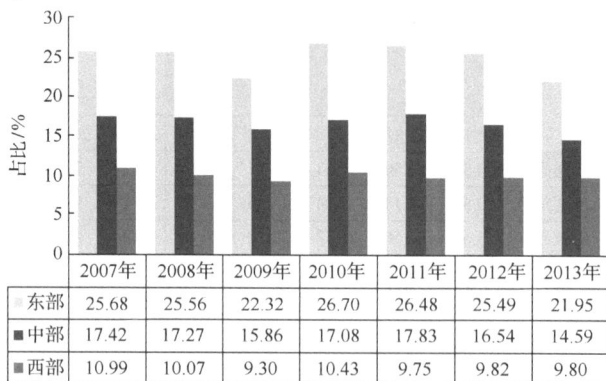

	2007年	2008年	2009年	2010年	2011年	2012年	2013年
东部	25.68	25.56	22.32	26.70	26.48	25.49	21.95
中部	17.42	17.27	15.86	17.08	17.83	16.54	14.59
西部	10.99	10.07	9.30	10.43	9.75	9.82	9.80

图 6-22　职业技术师范院校来源教师不同区域分布图

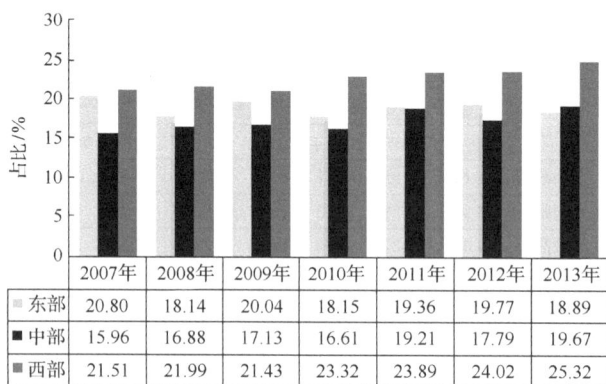

	2007年	2008年	2009年	2010年	2011年	2012年	2013年
东部	20.80	18.14	20.04	18.15	19.36	19.77	18.89
中部	15.96	16.88	17.13	16.61	19.21	17.79	19.67
西部	21.51	21.99	21.43	23.32	23.89	24.02	25.32

图 6-23　普通师范院校来源教师不同区域分布图

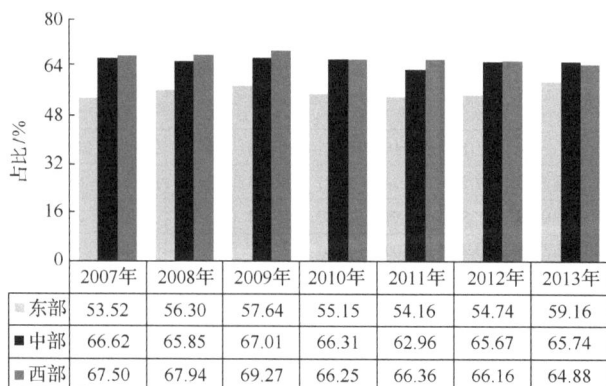

	2007年	2008年	2009年	2010年	2011年	2012年	2013年
东部	53.52	56.30	57.64	55.15	54.16	54.74	59.16
中部	66.62	65.85	67.01	66.31	62.96	65.67	65.74
西部	67.50	67.94	69.27	66.25	66.36	66.16	64.88

图 6-24　普通高校来源教师不同区域分布图

（二）年龄结构

1. 三大区域参培学员总体情况

从三大区域来看，70 后教师参培比例最高的是东部地区，其次是中部地区，最低是西部地区。80 后参培教师的比例，中、西部地区最高，尤其西部地区比东部地区高近 5 个百分点。60 后参培教师的比例，西部与中部地区最高，东部地区最低。上述统计数据说明，我国东部地区教师结构优于中部地区，中部地区优于西部地区，但中、西部地区又具有一定的相似性（图 6-25～图 6-28）。

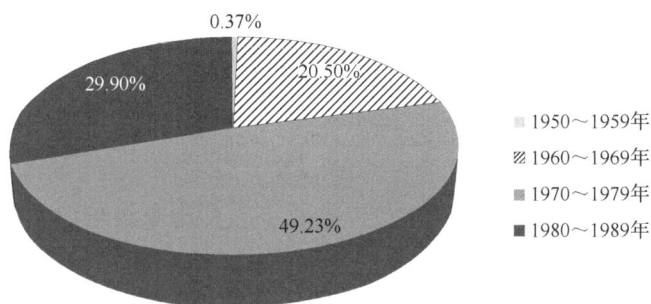

图 6-25　东部地区不同年龄段中职教师分布图

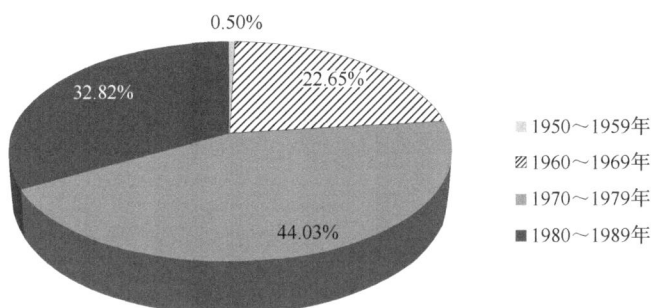

图 6-26　中部地区不同年龄段中职教师分布图

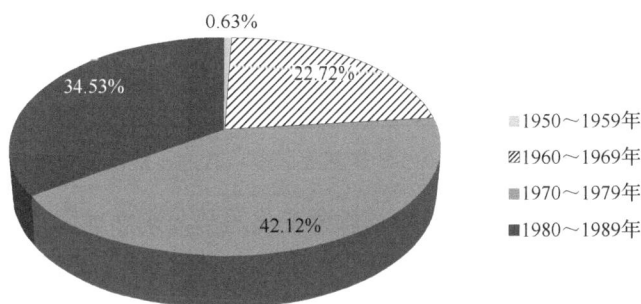

图 6-27　西部地区不同年龄段中职教师分布图

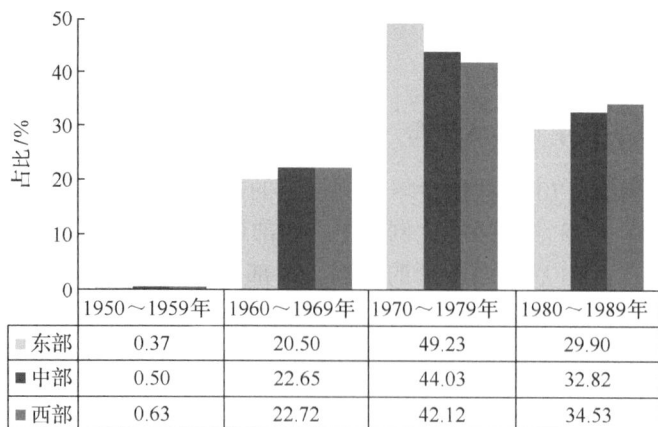

	1950～1959年	1960～1969年	1970～1979年	1980～1989年
东部	0.37	20.50	49.23	29.90
中部	0.50	22.65	44.03	32.82
西部	0.63	22.72	42.12	34.53

图 6-28　2007～2013 年中职教师年龄段分布图

2. 分年度三大区域情况

·　从 7 年来东部地区中等职业学校专业骨干教师国家级培训学员的年龄结构来看，1970～1979 年出生的(70 后)教师参加培训的人员比例最高，其次是 1960～1969 年出生的(60 后)，而 1980～1989 年出生的(80 后)教师参培比例超过了 60 后教师，到 2012 年 80 后教师的参培比例超过了 70 后教师。50 后(1950～1959 年出生)参加培训的人数较少。上述分析表明，东部地区参加培训教师的年龄越来越年轻，而且逐渐上升为主体(图 6-29)。

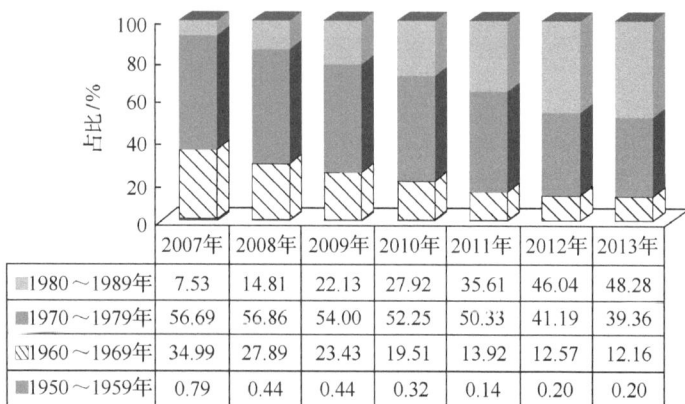

	2007年	2008年	2009年	2010年	2011年	2012年	2013年
1980～1989年	7.53	14.81	22.13	27.92	35.61	46.04	48.28
1970～1979年	56.69	56.86	54.00	52.25	50.33	41.19	39.36
1960～1969年	34.99	27.89	23.43	19.51	13.92	12.57	12.16
1950～1959年	0.79	0.44	0.44	0.32	0.14	0.20	0.20

图 6-29　2007～2013 年东部地区参培教师年龄段分布图

从中部地区来看，4 个年龄段参培教师变化趋势与东部地区基本相同，60 后和 70 后参培教师比例在下降，而 80 后参培教师的比例在上升，2012 年超过了 70 后教师，参培比例最高，但比例仍低于东部地区(图 6-30)。

西部地区与中、东部地区表现出同样的规律，只是西部地区 2011 年 80 后参培教师比例就超过了 70 后参培教师。2012 年 80 后参培教师比例上升到 50%以上,比东、中部地区的比例都高(图 6-31)。

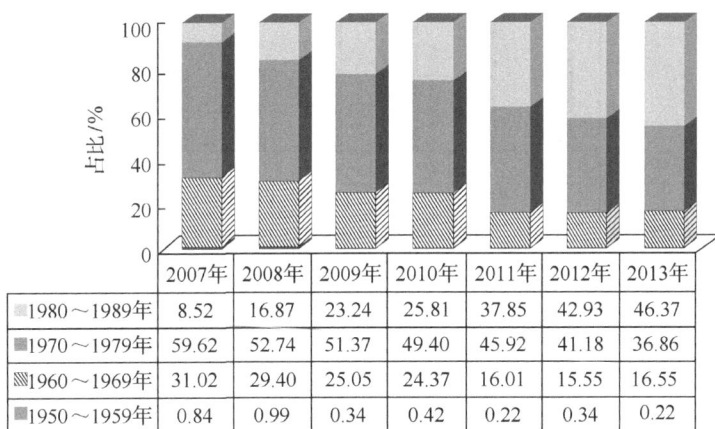

	2007年	2008年	2009年	2010年	2011年	2012年	2013年
1980～1989年	8.52	16.87	23.24	25.81	37.85	42.93	46.37
1970～1979年	59.62	52.74	51.37	49.40	45.92	41.18	36.86
1960～1969年	31.02	29.40	25.05	24.37	16.01	15.55	16.55
1950～1959年	0.84	0.99	0.34	0.42	0.22	0.34	0.22

图 6-30 2007～2013 年中部地区参培教师年龄段分布图

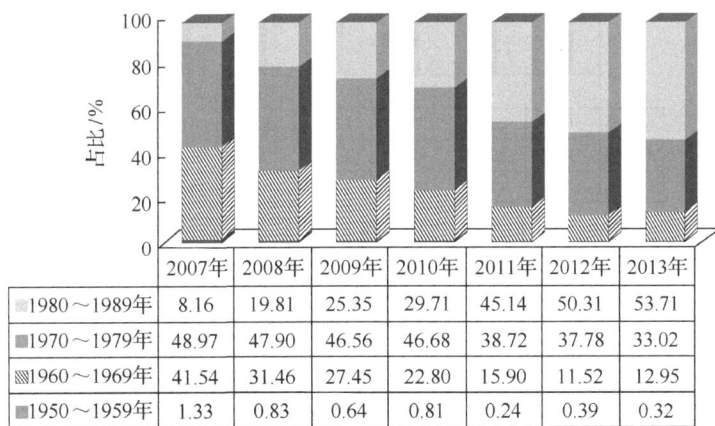

	2007年	2008年	2009年	2010年	2011年	2012年	2013年
1980～1989年	8.16	19.81	25.35	29.71	45.14	50.31	53.71
1970～1979年	48.97	47.90	46.56	46.68	38.72	37.78	33.02
1960～1969年	41.54	31.46	27.45	22.80	15.90	11.52	12.95
1950～1959年	1.33	0.83	0.64	0.81	0.24	0.39	0.32

图 6-31 2007～2013 年西部地区参培教师年龄段分布图

3. 分年龄段区域分布情况

从三大区域参培学员各个年龄段的比较来看,60 后参培教师比例前 3 年西部地区最高,后 4 年中部地区最高,东部地区最低;70 后参培教师比例东部地区最高,其次是中部地区,最低是西部地区;80 后参培教师比例西部地区最高,其次是东部地区,最低是中部地区。这是因为 2005 年以来西部地区职业教育发展快,补充的新教师多,所以西部地区 80 后教师参培的比例较高。总的来看,东、中部地区教师队伍结构相对较为合理,西部地区青年教师比例在逐渐上升(图 6-32～图 6-34)。

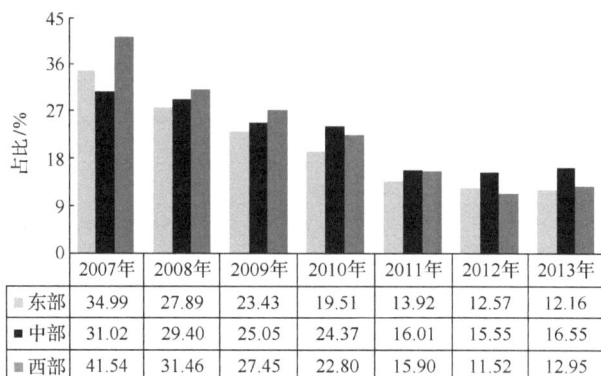

图 6-32　东部、中部和西部 60 后参培教师分布图

	2007年	2008年	2009年	2010年	2011年	2012年	2013年
东部	34.99	27.89	23.43	19.51	13.92	12.57	12.16
中部	31.02	29.40	25.05	24.37	16.01	15.55	16.55
西部	41.54	31.46	27.45	22.80	15.90	11.52	12.95

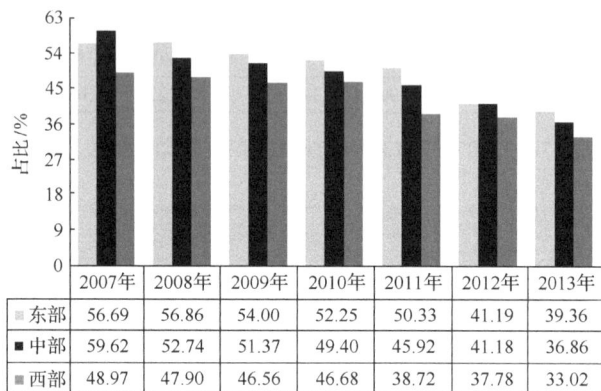

图 6-33　东部、中部和西部 70 后参培教师分布图

	2007年	2008年	2009年	2010年	2011年	2012年	2013年
东部	56.69	56.86	54.00	52.25	50.33	41.19	39.36
中部	59.62	52.74	51.37	49.40	45.92	41.18	36.86
西部	48.97	47.90	46.56	46.68	38.72	37.78	33.02

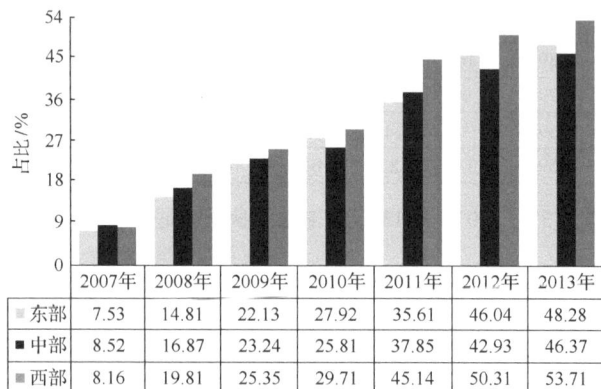

图 6-34　东部、中部和西部 80 后参培教师分布图

	2007年	2008年	2009年	2010年	2011年	2012年	2013年
东部	7.53	14.81	22.13	27.92	35.61	46.04	48.28
中部	8.52	16.87	23.24	25.81	37.85	42.93	46.37
西部	8.16	19.81	25.35	29.71	45.14	50.31	53.71

（三）教龄情况

1. 三大区域教龄总体情况

从三大区域参培教师的教龄来看,均为教龄在 6～10 年的教师参培比例最高;

相比之下，中部地区教龄在 21 年及以上的比例在三大区域中最高，西部地区教龄在 1～5 年的比例在三大区域中最高，东部地区教龄在 6～15 年的比例在三大区域中最高。上述统计结果说明，中部地区缺乏专业带头人，东部地区教师资源充分，能够按照规定的培训对象选派教师，西部地区年轻教师比例高，来自职业技术师范院校的比例低，急需加大培训力度（图 6-35～图 6-38）。

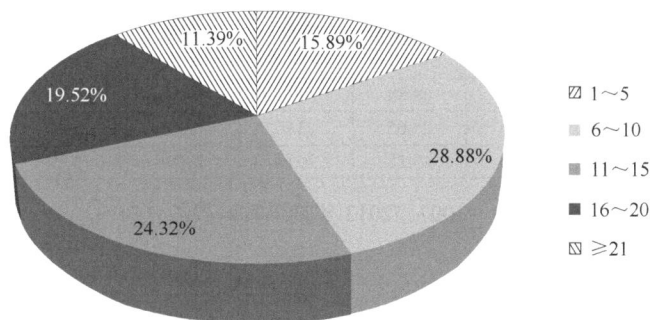

图 6-35 东部地区参培教师不同教龄分布图

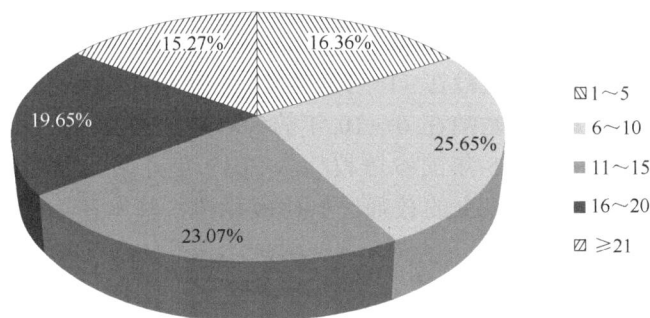

图 6-36 中部地区参培教师不同教龄分布图

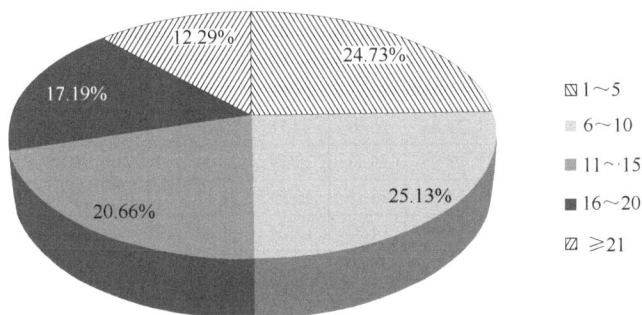

图 6-37 西部地区参培教师不同教龄分布图

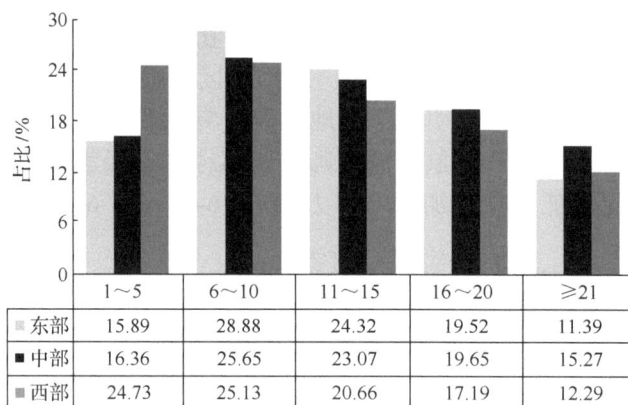

	1～5	6～10	11～15	16～20	≥21
东部	15.89	28.88	24.32	19.52	11.39
中部	16.36	25.65	23.07	19.65	15.27
西部	24.73	25.13	20.66	17.19	12.29

图 6-38　2007～2013 年参培教师教龄分布图

2. 分年度不同区域情况

（1）东部地区

2007 年和 2008 年，教龄在 11～15 年的参培教师比例最高，其次分别是教龄在 6～10 年和 16～20 年的参培教师，但在 2009 年以后，教龄在 6～10 年的参培教师比例升到第一位，此后教龄在 11～15 年、16～20 年的参培教师比例都在下降，到 2013 年二者比例接近。教龄在 6～10 年的参培教师在 2011 年比例达到最高，此后出现下降；教龄在 1～5 年的参培教师从 2012 年开始大幅度增加，比例上升到约 23%。教龄在 21 年及以上的教师比例比较稳定，基本在 10%左右（图 6-39）。

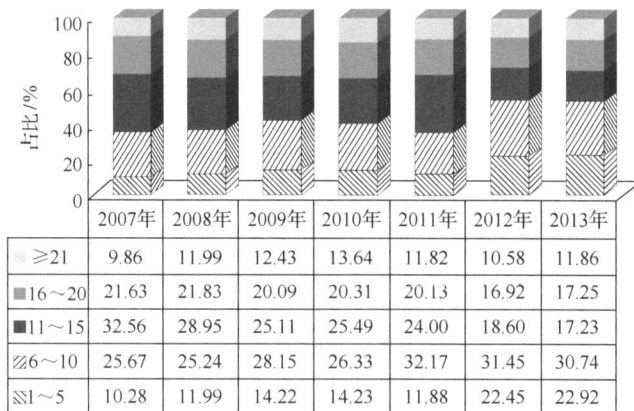

	2007年	2008年	2009年	2010年	2011年	2012年	2013年
≥21	9.86	11.99	12.43	13.64	11.82	10.58	11.86
16～20	21.63	21.83	20.09	20.31	20.13	16.92	17.25
11～15	32.56	28.95	25.11	25.49	24.00	18.60	17.23
6～10	25.67	25.24	28.15	26.33	32.17	31.45	30.74
1～5	10.28	11.99	14.22	14.23	11.88	22.45	22.92

图 6-39　2007～2013 年东部地区参培教师教龄分布图

（2）中部地区

基本变化规律与东部地区相同，只是教龄在 11～15 年的教师的比例在 2010 年后低于教龄在 6～10 年的教师。此外，教龄在 21 年及以上的参培教师比例高于东部地区，而教龄在 6～10 年和 11～15 年的参培教师比例低于东部地区（图 6-40）。

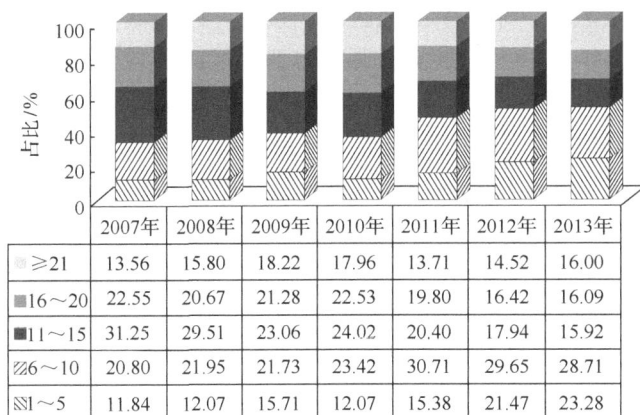

	2007年	2008年	2009年	2010年	2011年	2012年	2013年
≥21	13.56	15.80	18.22	17.96	13.71	14.52	16.00
16～20	22.55	20.67	21.28	22.53	19.80	16.42	16.09
11～15	31.25	29.51	23.06	24.02	20.40	17.94	15.92
6～10	20.80	21.95	21.73	23.42	30.71	29.65	28.71
1～5	11.84	12.07	15.71	12.07	15.38	21.47	23.28

图 6-40　2007～2013 年中部地区参培教师教龄分布图

（3）西部地区

2007 年教龄在 11～15 年的参培教师比例最高，2008～2011 年教龄在 6～10 年的参培教师比例最高，2012 年以后，教龄在 1～5 年的参培教师比例最高。说明近些年来，西部地区职业教育发展快，新补充教师多，参加培训的比例较高；教龄在 16～20 年的参培教师比例下降较快。从变化幅度来看，与中部地区相比，东部与西部地区不同教龄阶段参培教师比例变化比较平缓（图 6-41）。

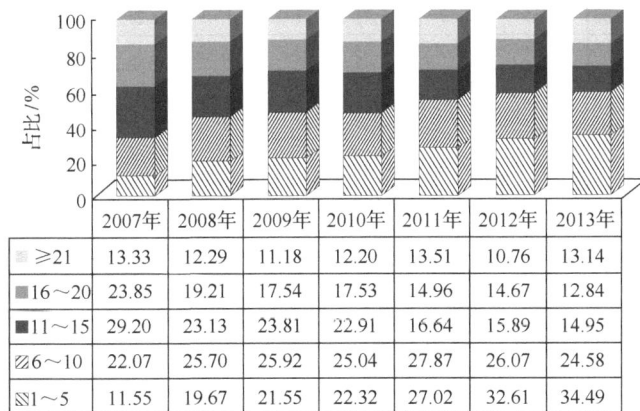

	2007年	2008年	2009年	2010年	2011年	2012年	2013年
≥21	13.33	12.29	11.18	12.20	13.51	10.76	13.14
16～20	23.85	19.21	17.54	17.53	14.96	14.67	12.84
11～15	29.20	23.13	23.81	22.91	16.64	15.89	14.95
6～10	22.07	25.70	25.92	25.04	27.87	26.07	24.58
1～5	11.55	19.67	21.55	22.32	27.02	32.61	34.49

图 6-41　2007～2013 年西部地区参培教师教龄分布图

3. 分教龄段不同区域比较

从 7 年三大区域不同教龄段教师比例的比较来看，教龄在 1～5 年的参培教师，西部地区最高；教龄在 6～10 年的教师，东部地区最高，中、西部相差不大；教龄在 11～15 年的参培教师，东部地区最高，其次是中部地区，最低是西部地区；教龄在 16～20 年的参培教师，东、中部地区比例接近，西部低于东、中部地区。需要指出的是，教龄在 21 年及以上的参培教师，中部地区比例最高，其次是西部地区，最后是东部地区，这在一定程度上说明，中部地区对提高骨干教师素质的要求最为迫切，其次是西部地区，东部地区教师素质总体较高。从三大区域比较来看，教龄在 1～5 年的参培教师比例较高的是西部地区；教龄在 6～20 年的参培教师比例较高的是东部地区；教龄在 21 年及以上的参培教师比例最高的是中部地区，三大区域教师队伍建设面临的问题不一样，西部地区生师比高，补充的新教师多，迫切要求提高素质；东部地区教师队伍结构稳定，基本上能够按照国家的要求选派中级职称以上的教师参加培训；中部地区缺乏专业带头人或骨干教师，所以选派较多教龄较长的教师参加培训（图 6-42～图 6-46）。

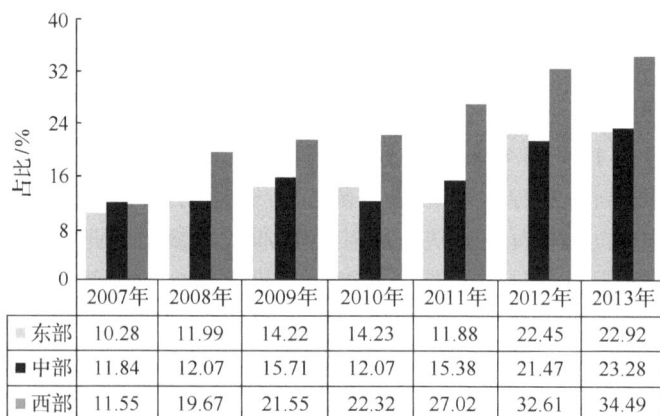

	2007年	2008年	2009年	2010年	2011年	2012年	2013年
东部	10.28	11.99	14.22	14.23	11.88	22.45	22.92
中部	11.84	12.07	15.71	12.07	15.38	21.47	23.28
西部	11.55	19.67	21.55	22.32	27.02	32.61	34.49

图 6-42　东部、中部和西部地区 1～5 年教龄参培教师分布图

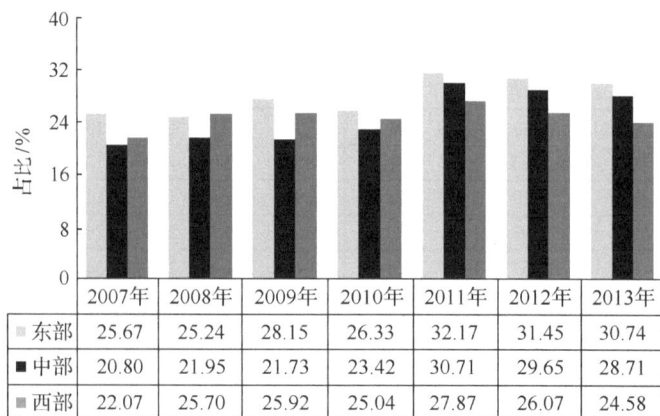

	2007年	2008年	2009年	2010年	2011年	2012年	2013年
东部	25.67	25.24	28.15	26.33	32.17	31.45	30.74
中部	20.80	21.95	21.73	23.42	30.71	29.65	28.71
西部	22.07	25.70	25.92	25.04	27.87	26.07	24.58

图 6-43　东部、中部和西部地区 6～10 年教龄参培教师分布图

	2007年	2008年	2009年	2010年	2011年	2012年	2013年
东部	32.56	28.95	25.11	25.49	24.00	18.60	17.23
中部	31.25	29.51	23.06	24.02	20.40	17.94	15.92
西部	29.20	23.13	23.81	22.91	16.64	15.89	14.95

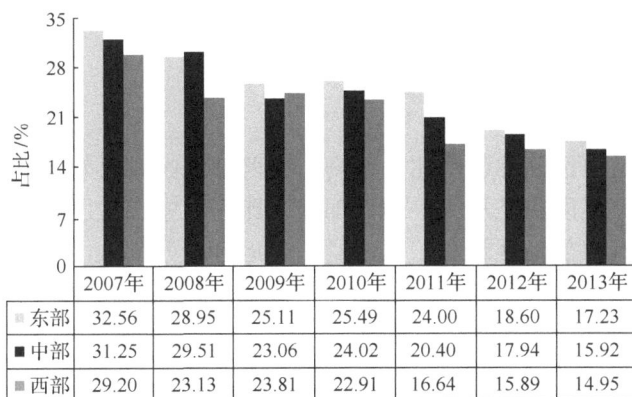

图 6-44　东部、中部和西部地区 11～15 年教龄参培教师分布图

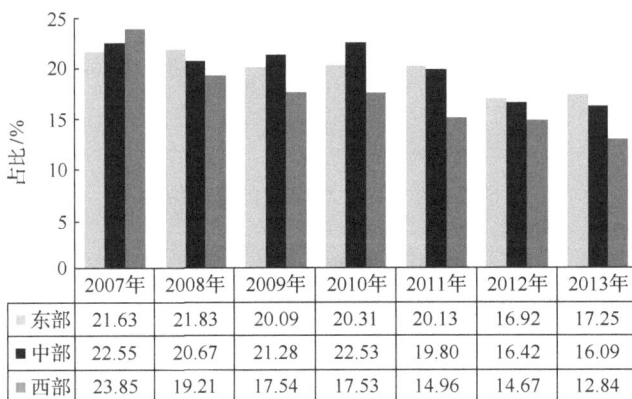

	2007年	2008年	2009年	2010年	2011年	2012年	2013年
东部	21.63	21.83	20.09	20.31	20.13	16.92	17.25
中部	22.55	20.67	21.28	22.53	19.80	16.42	16.09
西部	23.85	19.21	17.54	17.53	14.96	14.67	12.84

图 6-45　东部、中部和西部地区 16～20 年教龄参培教师分布图

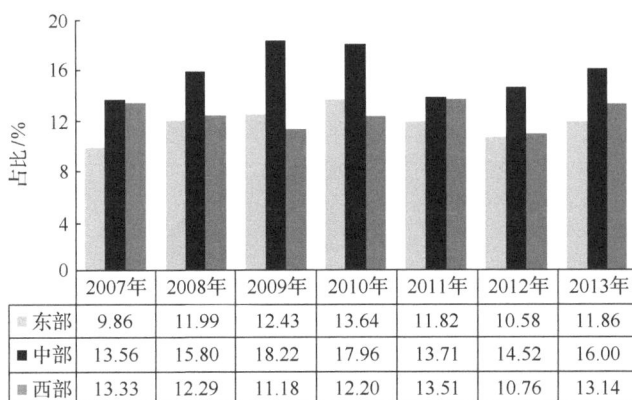

	2007年	2008年	2009年	2010年	2011年	2012年	2013年
东部	9.86	11.99	12.43	13.64	11.82	10.58	11.86
中部	13.56	15.80	18.22	17.96	13.71	14.52	16.00
西部	13.33	12.29	11.18	12.20	13.51	10.76	13.14

图 6-46　东部、中部和西部地区 21 年及以上教龄参培教师分布图

(四)职称情况

1. 总体情况

三大区域都是中级职称教师比例最高,但西部地区相对较低;初级职称教师比例东部地区和中部地区相差不大,但西部地区比东、中部地区高出近10个百分点;高级职称教师比例中部地区最高,其次是东部地区,西部地区与东、中部地区相差较大。充分说明西部地区参培教师的职称结构较差(图6-47~图6-50)。

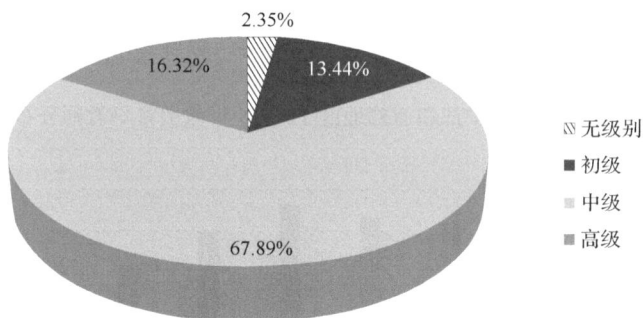

图 6-47　东部地区参培教师职称结构图

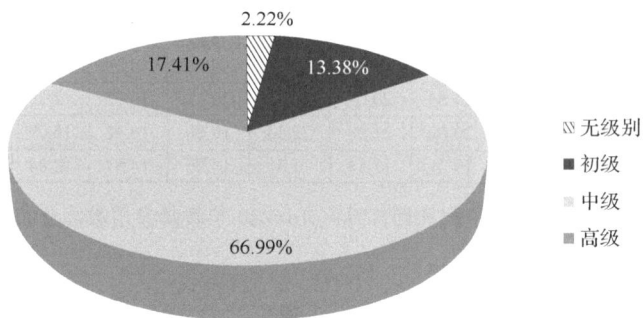

图 6-48　中部地区参培教师职称结构图

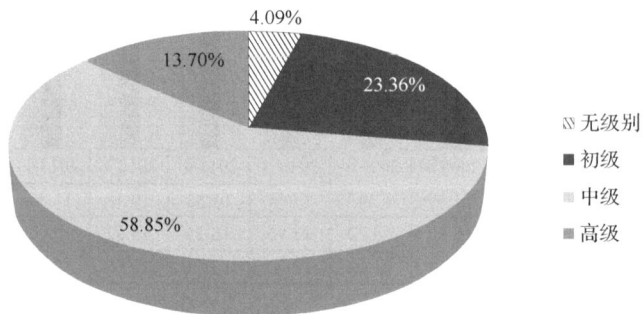

图 6-49　西部地区参培教师职称结构图

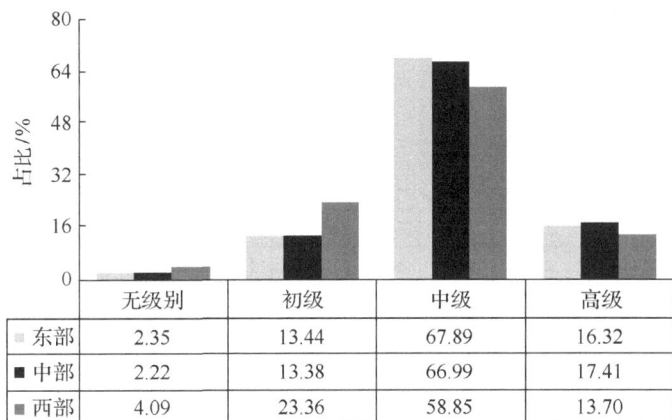

	无级别	初级	中级	高级
东部	2.35	13.44	67.89	16.32
中部	2.22	13.38	66.99	17.41
西部	4.09	23.36	58.85	13.70

图 6-50　2005～2013 年参培教师职称分布图

2. 分年度情况

三大区域参培教师的职称都是以中级职称为主，但也表现出不同的趋势。

（1）东部地区

7 年来中级职称教师比例一直在 60%以上，从 2012 年开始中级职称教师比例下降，初级职称教师比例上升，但增减变化幅度不大（图 6-51）。

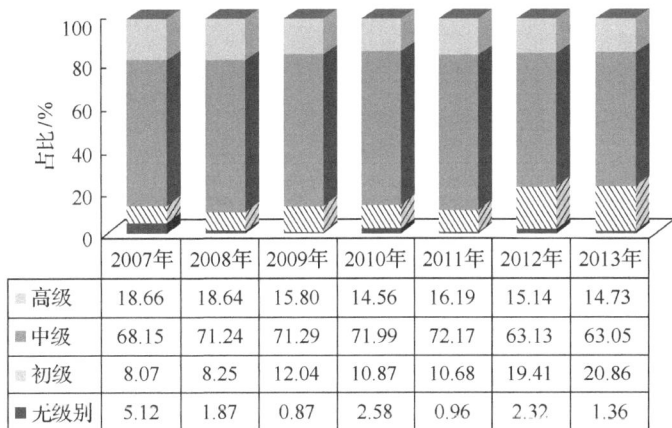

	2007年	2008年	2009年	2010年	2011年	2012年	2013年
高级	18.66	18.64	15.80	14.56	16.19	15.14	14.73
中级	68.15	71.24	71.29	71.99	72.17	63.13	63.05
初级	8.07	8.25	12.04	10.87	10.68	19.41	20.86
无级别	5.12	1.87	0.87	2.58	0.96	2.32	1.36

图 6-51　2005～2013 年东部地区参培教师职称分布图

（2）中部地区

2011 年中级职称教师比例下降，到 2013 年下降到 60%以下，初级职称教师比例上升较快，增减变化幅度都比较大。高级职称教师和无级别教师比例呈下降趋势（图 6-52）。

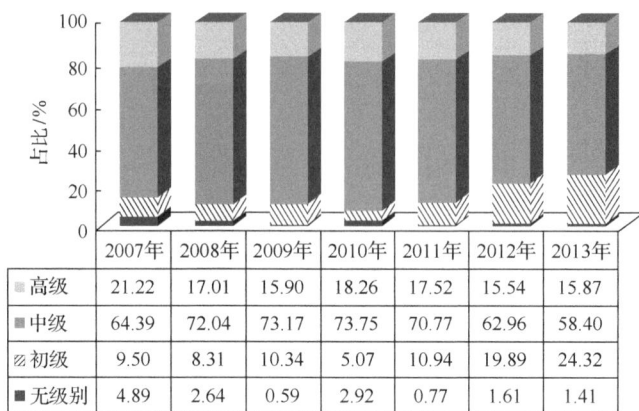

	2007年	2008年	2009年	2010年	2011年	2012年	2013年
▦ 高级	21.22	17.01	15.90	18.26	17.52	15.54	15.87
■ 中级	64.39	72.04	73.17	73.75	70.77	62.96	58.40
▨ 初级	9.50	8.31	10.34	5.07	10.94	19.89	24.32
■ 无级别	4.89	2.64	0.59	2.92	0.77	1.61	1.41

图 6-52　2005～2013 年中部地区参培教师职称分布图

（3）西部地区

从 2012 年开始，中级职称教师比例开始低于 60%，2012 年和 2013 年下降幅度较大。西部地区中级职称教师下降和初级职称教师比例上升的幅度较大，无职称教师比例高于东、中部地区。充分说明近些年西部地区新进教师比例较大，迫切需要加大培训力度（图 6-53）。

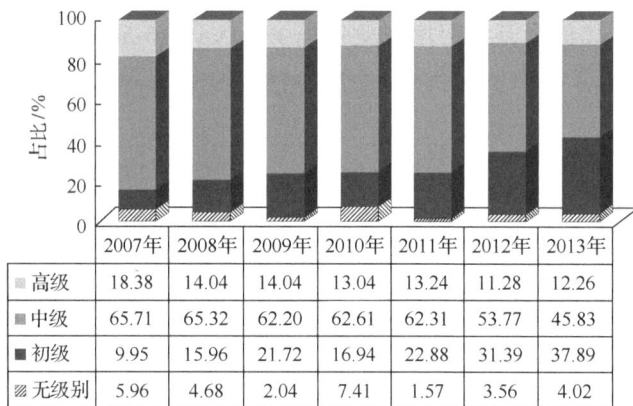

	2007年	2008年	2009年	2010年	2011年	2012年	2013年
▦ 高级	18.38	14.04	14.04	13.04	13.24	11.28	12.26
■ 中级	65.71	65.32	62.20	62.61	62.31	53.77	45.83
■ 初级	9.95	15.96	21.72	16.94	22.88	31.39	37.89
▨ 无级别	5.96	4.68	2.04	7.41	1.57	3.56	4.02

图 6-53　2005～2013 年西部地区参培教师职称分布图

3. 不同职称教师在三大区域分布情况

从不同职称参培教师在三大区域的分布来看，无职称教师西部地区的比例较高，东、中部地区相差不大；初级职称教师，西部地区比例较大，与东、中部地区相比较高，东、中部地区相差不大；中级职称教师，东、中部地区比例较高且相差不大，近两年下降较大，而西部地区相比相对低一点，一直低于 66%；高级职称教师，中部地区最高，其次是东部地区，西部最低，但差异不是太大，且基本没有超过 20%（图 6-54～图 6-56）。

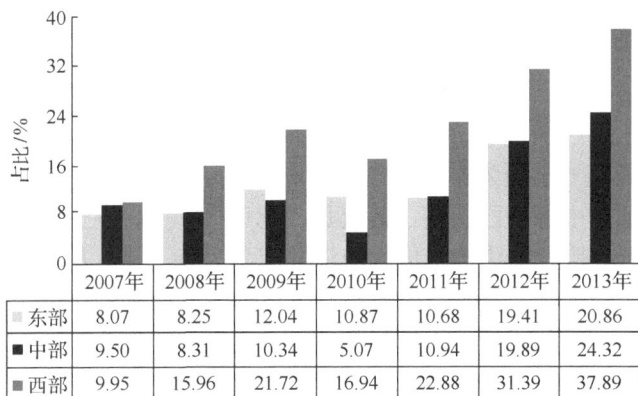

	2007年	2008年	2009年	2010年	2011年	2012年	2013年
东部	8.07	8.25	12.04	10.87	10.68	19.41	20.86
中部	9.50	8.31	10.34	5.07	10.94	19.89	24.32
西部	9.95	15.96	21.72	16.94	22.88	31.39	37.89

图 6-54　初级职称教师在不同区域分布图

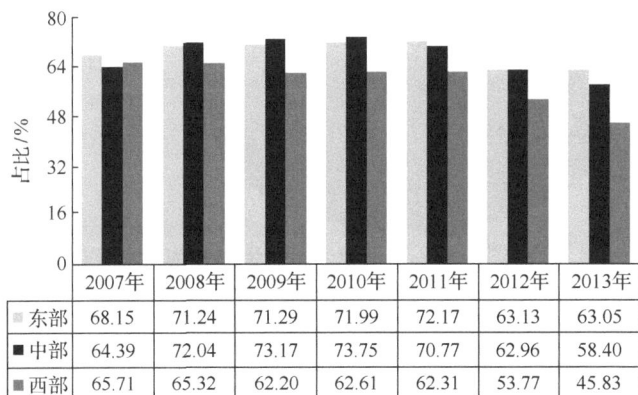

	2007年	2008年	2009年	2010年	2011年	2012年	2013年
东部	68.15	71.24	71.29	71.99	72.17	63.13	63.05
中部	64.39	72.04	73.17	73.75	70.77	62.96	58.40
西部	65.71	65.32	62.20	62.61	62.31	53.77	45.83

图 6-55　中级职称教师在不同区域分布图

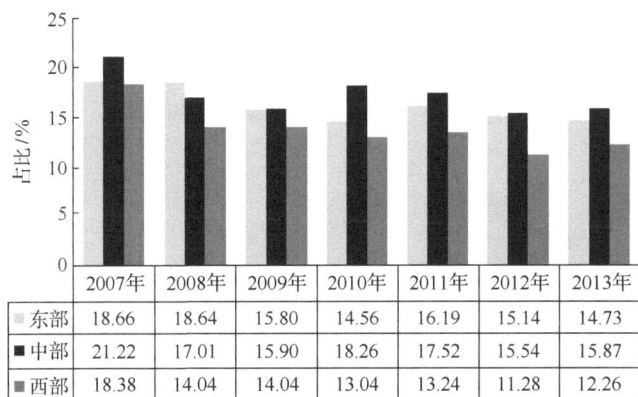

	2007年	2008年	2009年	2010年	2011年	2012年	2013年
东部	18.66	18.64	15.80	14.56	16.19	15.14	14.73
中部	21.22	17.01	15.90	18.26	17.52	15.54	15.87
西部	18.38	14.04	14.04	13.04	13.24	11.28	12.26

图 6-56　高级职称教师在不同区域分布图

（五）第一学历结构

1. 总体情况

　　三大区域都是第一学历为本科的教师比例最高，其中，中部地区比例最低；学历为专科的参培教师，中部地区最高，其次是西部地区，中、西部相差不大，东部地区最低。研究生学历参培教师比例与地区经济发展水平相一致，从高到低依次是东部地区、中部地区和西部地区。需要指出的是，中部地区和西部地区博士学历教师比例较高，就西部地区而言，主要是因为教师基数小，所以比例高，而中部地区主要是因为毕业生的就业渠道不如东部地区广（图6-57～图6-60）。

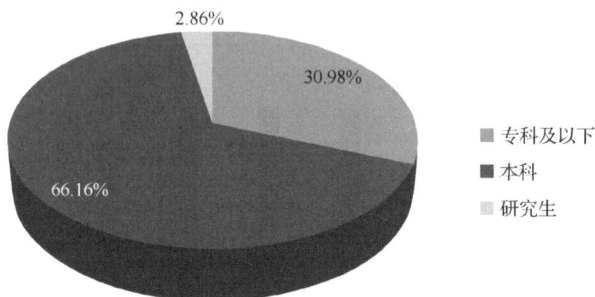

图 6-57　东部地区第一学历结构图

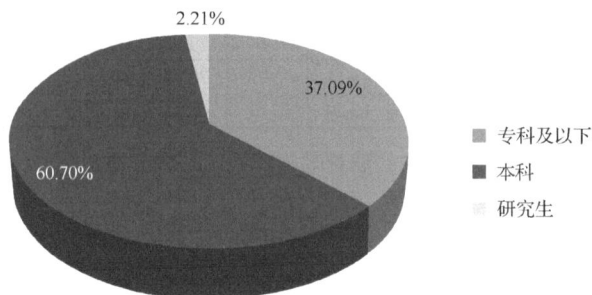

图 6-58　中部地区第一学历结构图

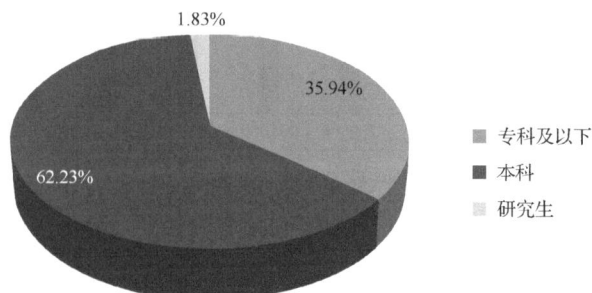

图 6-59　西部地区第一学历结构图

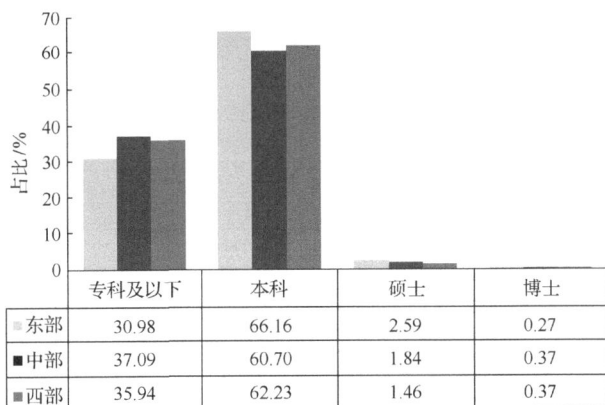

	专科及以下	本科	硕士	博士
东部	30.98	66.16	2.59	0.27
中部	37.09	60.70	1.84	0.37
西部	35.94	62.23	1.46	0.37

图 6-60　2007～2013 年三大区域参培教师第一学历分布图

2. 分年度情况

(1) 东部地区

东部地区参培教师的第一学历 60%左右是本科，而且 2007 年～2013 年，本科比例在上升，专科比例在下降，专科从 2007 年的近 40%下降到 2013 年的不足 24%，本科比例从近 60%上升到 70%以上。硕士层次的教师比例也在不断提高（图 6-61）。

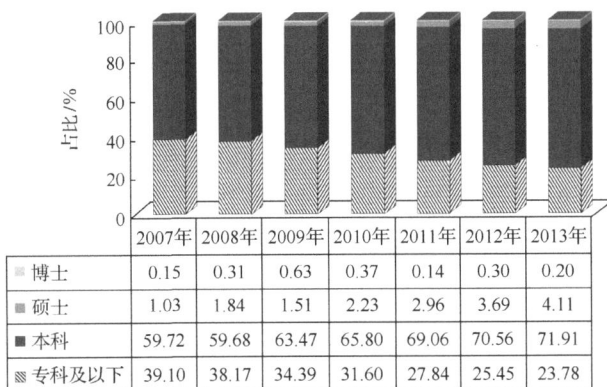

	2007年	2008年	2009年	2010年	2011年	2012年	2013年
博士	0.15	0.31	0.63	0.37	0.14	0.30	0.20
硕士	1.03	1.84	1.51	2.23	2.96	3.69	4.11
本科	59.72	59.68	63.47	65.80	69.06	70.56	71.91
专科及以下	39.10	38.17	34.39	31.60	27.84	25.45	23.78

图 6-61　2007～2013 年东部地区参培教师第一学历分布图

(2) 中部地区

中部地区也表现出与东部地区相同的趋势，但本科比例低于东部地区，专科比例高于东部地区，到 2013 年参培教师第一学历为专科的仍高达 30%多，研究生的比例与东部地区相差不大（图 6-62）。

(3) 西部地区

西部地区参培教师第一学历为本科和专科的比例，与中部地区基本相同，但研究生学历的教师比例低于中部地区（图 6-63）。

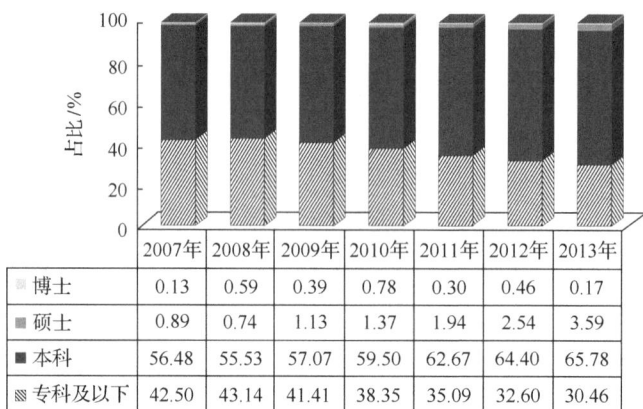

	2007年	2008年	2009年	2010年	2011年	2012年	2013年
博士	0.13	0.59	0.39	0.78	0.30	0.46	0.17
硕士	0.89	0.74	1.13	1.37	1.94	2.54	3.59
本科	56.48	55.53	57.07	59.50	62.67	64.40	65.78
专科及以下	42.50	43.14	41.41	38.35	35.09	32.60	30.46

图 6-62　2007～2013 年中部地区参培教师第一学历分布图

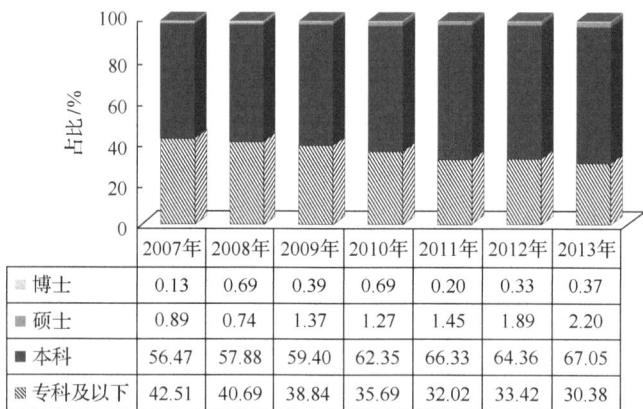

	2007年	2008年	2009年	2010年	2011年	2012年	2013年
博士	0.13	0.69	0.39	0.69	0.20	0.33	0.37
硕士	0.89	0.74	1.37	1.27	1.45	1.89	2.20
本科	56.47	57.88	59.40	62.35	66.33	64.36	67.05
专科及以下	42.51	40.69	38.84	35.69	32.02	33.42	30.38

图 6-63　2007～2013 年西部地区参培教师第一学历分布图

3. 不同学历教师在三大区域的分布情况

(1)专科及以下学历教师

历年中、西部地区专科及以下学历教师的比例都高于东部地区，中、西部地区相差不大(图 6-64)。

(2)本科学历教师

历年本科学历教师的比例都是东部地区最高，中、西部地区相差不大，但西部地区高于中部地区的年份较多(图 6-65)。

(3)研究生学历教师

历年研究生学历教师的比例均是东部地区最高，2007～2009 年西部地区高于中部地区，但 2010～2013 年中部地区高于西部地区，且差距逐年扩大，中部地区与东部地区的差距在缩小(图 6-66)。

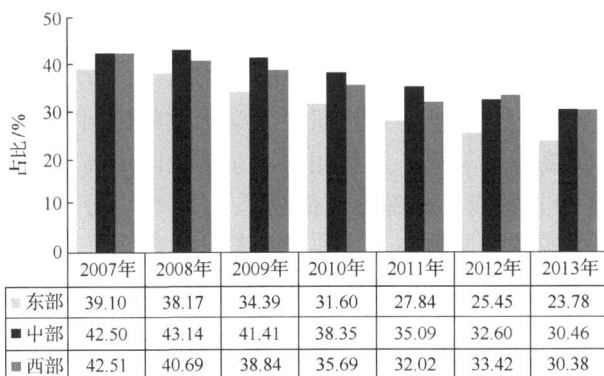

	2007年	2008年	2009年	2010年	2011年	2012年	2013年
东部	39.10	38.17	34.39	31.60	27.84	25.45	23.78
中部	42.50	43.14	41.41	38.35	35.09	32.60	30.46
西部	42.51	40.69	38.84	35.69	32.02	33.42	30.38

图 6-64　不同区域专科及以下学历分布图

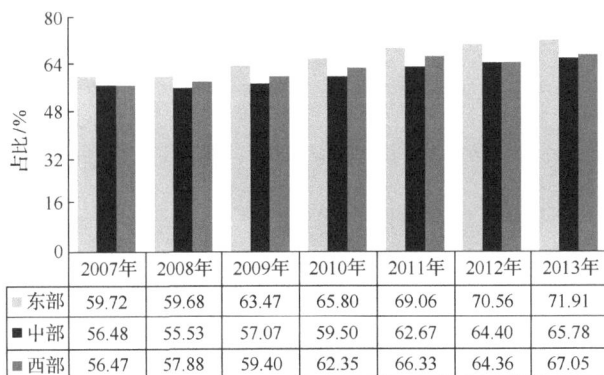

	2007年	2008年	2009年	2010年	2011年	2012年	2013年
东部	59.72	59.68	63.47	65.80	69.06	70.56	71.91
中部	56.48	55.53	57.07	59.50	62.67	64.40	65.78
西部	56.47	57.88	59.40	62.35	66.33	64.36	67.05

图 6-65　不同区域本科学历分布图

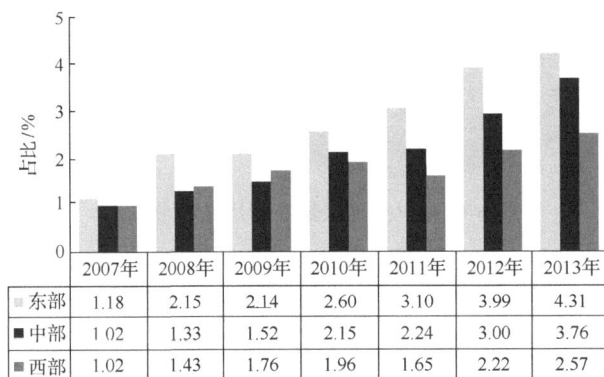

	2007年	2008年	2009年	2010年	2011年	2012年	2013年
东部	1.18	2.15	2.14	2.60	3.10	3.99	4.31
中部	1.02	1.33	1.52	2.15	2.24	3.00	3.76
西部	1.02	1.43	1.76	1.96	1.65	2.22	2.57

图 6-66　不同区域研究生学历分布图

(六)最高学历结构

1. 总体情况

从最高学历来看，本科和研究生学历教师的比例都比第一学历有了提高，其中本科学历比例，东部地区提高了 9.15 个百分点，中部地区提高了 18.63 个百分点，西部地区提高了 12.48 个百分点，中部地区提高最多，本科学历比例中部地区最高，东、西部地区相对较低，且相差不大。研究生学历教师比例东部地区最高，中、西部地区相差不大，最高学历与第一学历相比，东部地区提高了 13.34 个百分点，中部地区提高了 9.45 个百分点，西部地区提高了 8.94 个百分点，可见，东部地区教师在职提高学历层次的积极性最高。专科学历教师比例从低到高依次是东部地区、中部地区和西部地区，与第一学历相比，东部地区降低了 22.49 个百分点，中部地区降低了 28.08 个百分点，西部地区降低了 21.42 个百分点，可见，中部地区降低的幅度最大，东部地区和西部地区相差不大（图 6-67～图 6-70）。

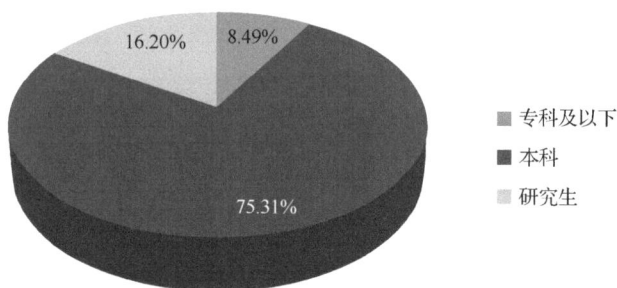

图 6-67　东部地区最高学历结构分布图

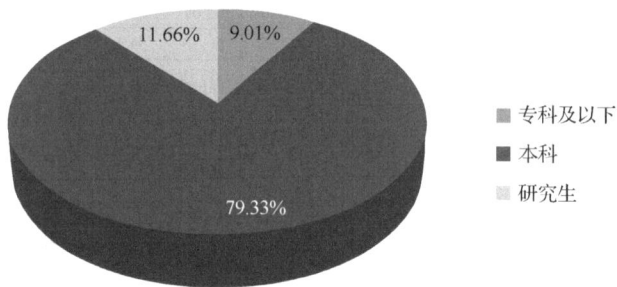

图 6-68　中部地区最高学历结构分布图

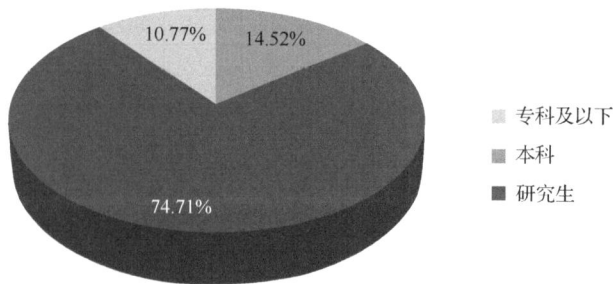

图 6-69　西部地区最高学历结构分布图

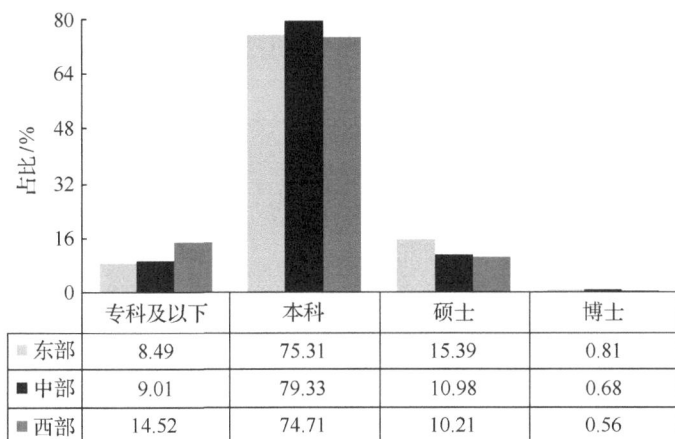

	专科及以下	本科	硕士	博士
东部	8.49	75.31	15.39	0.81
中部	9.01	79.33	10.98	0.68
西部	14.52	74.71	10.21	0.56

图 6-70　2007~2013 年不同区域参培教师最高学历分布图

2. 分年度不同区域情况

(1)东部地区

参培教师最高学历，本科在 70%以上，从 2010 年开始本科教师比例在下降；专科及以下教师比例 2007~2010 年一直在下降，从最初的近 13%下降到 5%左右，以后基本持平；硕士研究生教师比例一直在提高，从 11%左右提高到 20%左右（图 6-71）。

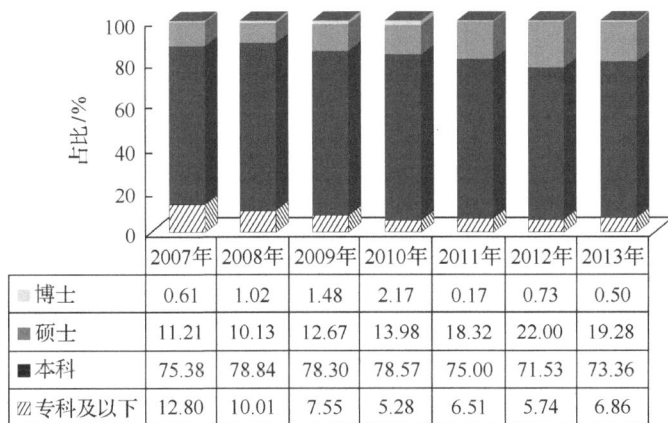

	2007年	2008年	2009年	2010年	2011年	2012年	2013年
博士	0.61	1.02	1.48	2.17	0.17	0.73	0.50
硕士	11.21	10.13	12.67	13.98	18.32	22.00	19.28
本科	75.38	78.84	78.30	78.57	75.00	71.53	73.36
专科及以下	12.80	10.01	7.55	5.28	6.51	5.74	6.86

图 6-71　2007~2013 年东部地区参培教师最高学历分布图

(2)中部地区

本科学历教师比例在 80%左右，从 2012 年开始下降；专科及以下学历教师从 2007 年的 14%左右下降到 2009 年的 8%以下，此后基本保持不变；硕士研究生学历教师比例从 2007 年的不足 10%上升到 2013 年的接近 17%；博士研究生学历教师比例基本没有什么变化(图 6-72)。

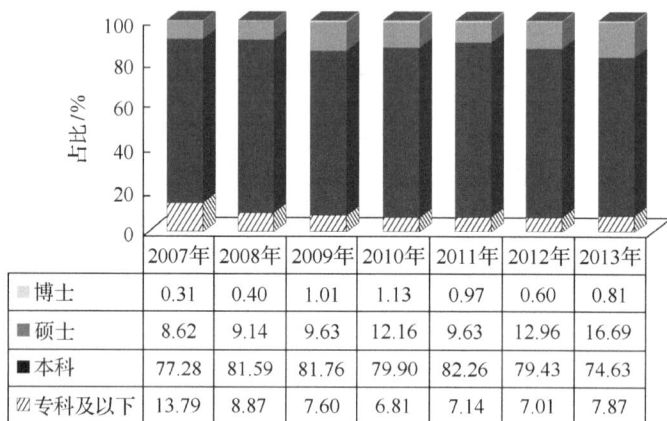

	2007年	2008年	2009年	2010年	2011年	2012年	2013年
▨博士	0.31	0.40	1.01	1.13	0.97	0.60	0.81
■硕士	8.62	9.14	9.63	12.16	9.63	12.96	16.69
■本科	77.28	81.59	81.76	79.90	82.26	79.43	74.63
▨专科及以下	13.79	8.87	7.60	6.81	7.14	7.01	7.87

图 6-72　2007～2013 年中部地区参培教师最高学历分布图

(3)西部地区

本科学历参培教师比例在 75%左右变化，7 年来比较稳定，没有大的变化；专科及以下学历教师比例逐年下降，但下降的幅度不大，没有低于 11%；硕士研究生学历参培教师比例基本在 10%左右变化，从 2011 年开始较大幅度上升(图 6-73)。

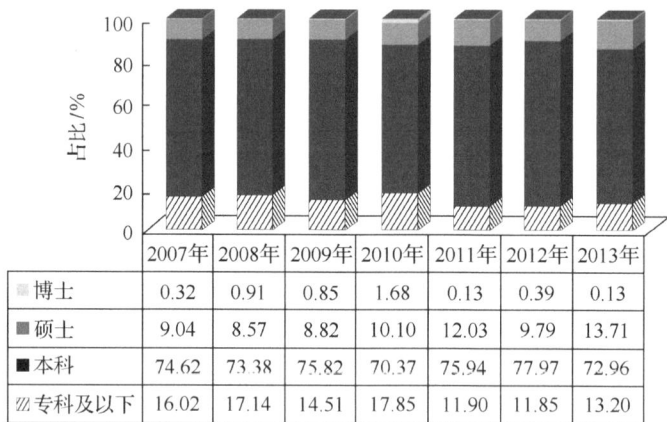

	2007年	2008年	2009年	2010年	2011年	2012年	2013年
▨博士	0.32	0.91	0.85	1.68	0.13	0.39	0.13
■硕士	9.04	8.57	8.82	10.10	12.03	9.79	13.71
■本科	74.62	73.38	75.82	70.37	75.94	77.97	72.96
▨专科及以下	16.02	17.14	14.51	17.85	11.90	11.85	13.20

图 6-73　2007～2013 年西部地区参培教师最高学历分布图

3. 不同学历分区域情况比较

从历年不同学历参培教师在三大区域的分布来看，专科及以下学历教师在西部地区比例最高，东、中部地区比例较低，且比较接近；本科学历教师中部地区最高，在 80%左右变化，东部地区和西部地区的比例接近，在 75%左右变化；硕士和博士研究生学历教师比例从高到低依次为东部地区、中部地区和西部地区，且东部地区比例明显高于中、西部地区，中部地区基本高于西部地区，但差异不大（图 6-74～图 6-76）。

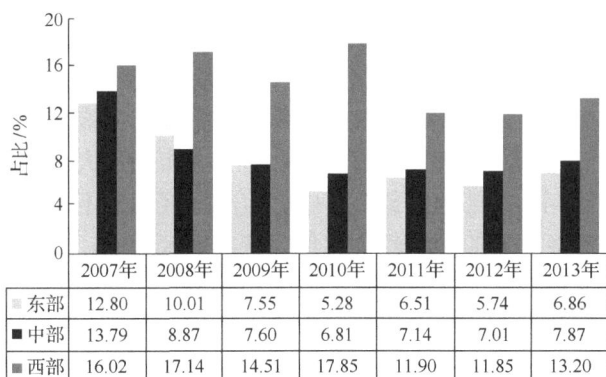

	2007年	2008年	2009年	2010年	2011年	2012年	2013年
东部	12.80	10.01	7.55	5.28	6.51	5.74	6.86
中部	13.79	8.87	7.60	6.81	7.14	7.01	7.87
西部	16.02	17.14	14.51	17.85	11.90	11.85	13.20

图 6-74　不同区域专科及以下学历分布图

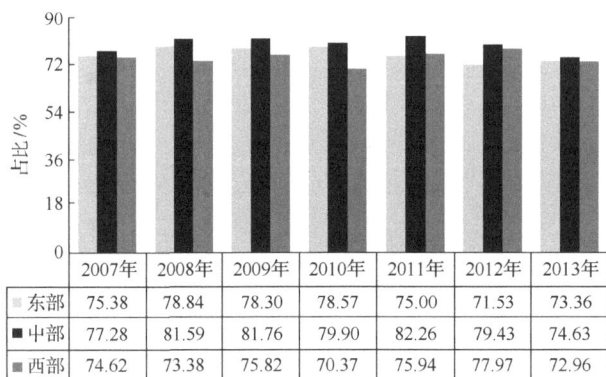

	2007年	2008年	2009年	2010年	2011年	2012年	2013年
东部	75.38	78.84	78.30	78.57	75.00	71.53	73.36
中部	77.28	81.59	81.76	79.90	82.26	79.43	74.63
西部	74.62	73.38	75.82	70.37	75.94	77.97	72.96

图 6-75　不同区域本科学历分布图

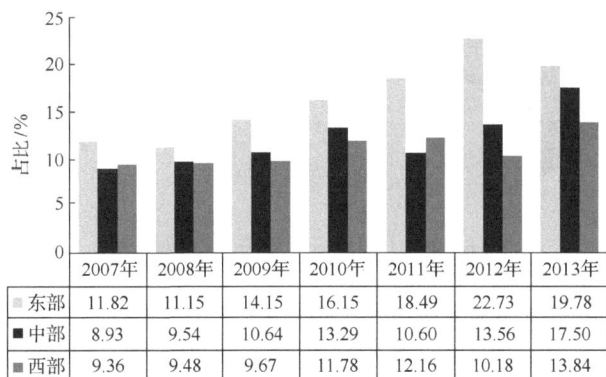

	2007年	2008年	2009年	2010年	2011年	2012年	2013年
东部	11.82	11.15	14.15	16.15	18.49	22.73	19.78
中部	8.93	9.54	10.64	13.29	10.60	13.56	17.50
西部	9.36	9.48	9.67	11.78	12.16	10.18	13.84

图 6-76　不同区域研究生学历分布图

（七）职业资格等级结构

1. 总体情况

没有职业资格证书的参培教师比例，从低到高依次是东部地区、西部地区和中部地区，东部地区比中部地区低 13 个百分点，比西部地区低约 11 个百分点，中、西部地区相差不大，中部地区最低。拥有中级工职业资格证书的参培教师的比例，西部地区最高，其次是东部地区，最低是中部地区，但三者相差不大。拥有高级工职业资格证书的参培教师的比例，东部地区最高，中、西部地区相差不大，与东部地区相差较大。拥有技师职业资格证书的参培教师比例，东部地区最高，其次是中部地区和西部地区，中、西部地区相差不大，但与东部地区相差较大。总的来看，东部地区教师拥有职业资格证书的比例较高，三大区域拥有中级工证书的教师的比例差异不大，但高级工、技师和高级技师的比例，东部地区明显高于中西部地区（图 6-77～图 6-80）。

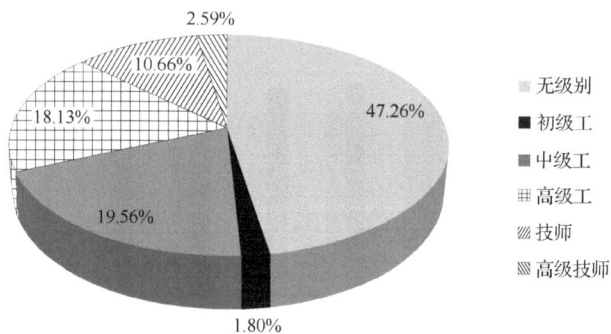

图 6-77　东部地区职业资格等级结构

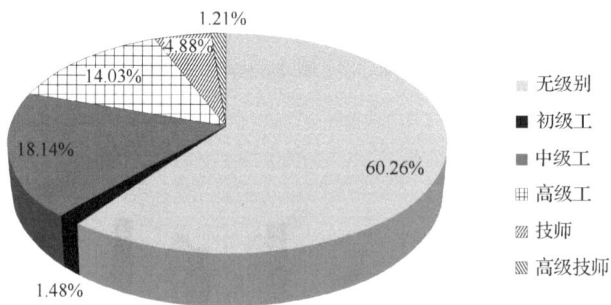

图 6-78　中部地区职业资格等级结构

2. 分年度不同区域情况

（1）东部地区

从东部地区历年参培教师拥有职业资格证书情况来看，无职业资格证书教师的比

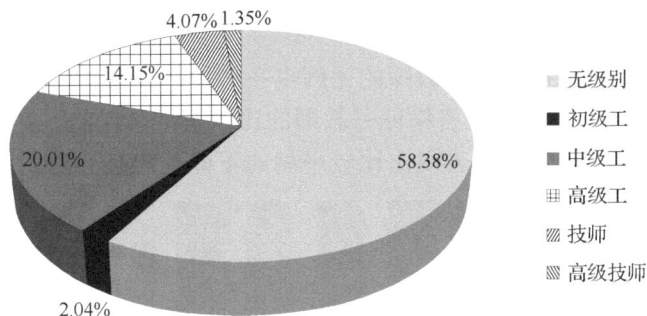

图 6-79　西部地区职业资格等级结构

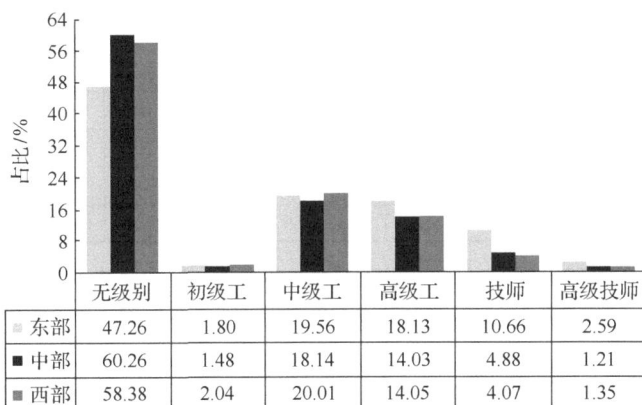

	无级别	初级工	中级工	高级工	技师	高级技师
东部	47.26	1.80	19.56	18.13	10.66	2.59
中部	60.26	1.48	18.14	14.03	4.88	1.21
西部	58.38	2.04	20.01	14.05	4.07	1.35

图 6-80　不同区域参培学员职称分布结构图

例明显增加，提高了近 25 个百分点，因此相对应，拥有中级工和初级工职业资格证书的参培教师比例明显下降，但拥有技师和高级技师职业资格证书的相对稳定(图 6-81)。

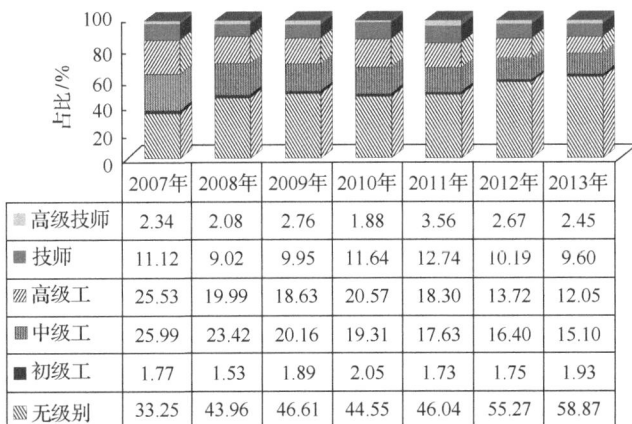

	2007年	2008年	2009年	2010年	2011年	2012年	2013年
高级技师	2.34	2.08	2.76	1.88	3.56	2.67	2.45
技师	11.12	9.02	9.95	11.64	12.74	10.19	9.60
高级工	25.53	19.99	18.63	20.57	18.30	13.72	12.05
中级工	25.99	23.42	20.16	19.31	17.63	16.40	15.10
初级工	1.77	1.53	1.89	2.05	1.73	1.75	1.93
无级别	33.25	43.96	46.61	44.55	46.04	55.27	58.87

图 6-81　2007～2013 年东部地区参培教师职业资格分布图

（2）中部地区

中部地区没有职业资格证书教师的比例也在增加，2013 年与 2007 年相比，提高了近 18 个百分点。拥有职业资格证书教师的比例呈下降趋势，主要是中级工和高级工，尤其是中级工教师比例表现出比较平稳的下降趋势（图 6-82）。

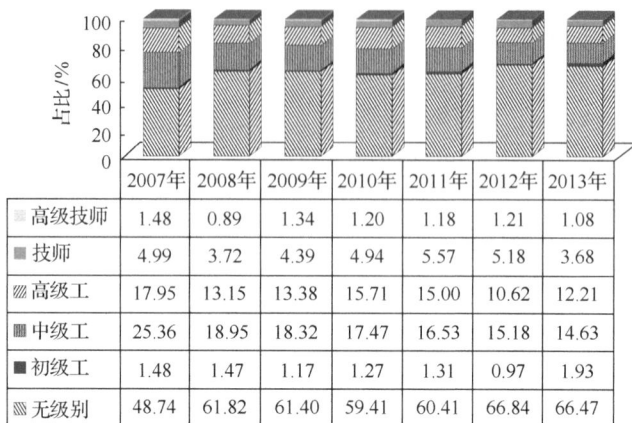

	2007年	2008年	2009年	2010年	2011年	2012年	2013年
高级技师	1.48	0.89	1.34	1.20	1.18	1.21	1.08
技师	4.99	3.72	4.39	4.94	5.57	5.18	3.68
高级工	17.95	13.15	13.38	15.71	15.00	10.62	12.21
中级工	25.36	18.95	18.32	17.47	16.53	15.18	14.63
初级工	1.48	1.47	1.17	1.27	1.31	0.97	1.93
无级别	48.74	61.82	61.40	59.41	60.41	66.84	66.47

图 6-82　2007～2013 年中部地区参培教师职业资格分布图

（3）西部地区

西部地区没有职业资格证书教师的比例也在增加，2013 年与 2007 年相比，提高了约 18 个百分点。拥有职业资格证书教师的比例呈下降趋势，主要是中级工和高级工，两类教师比例均表现出比较平稳的下降趋势（图 6-83）。

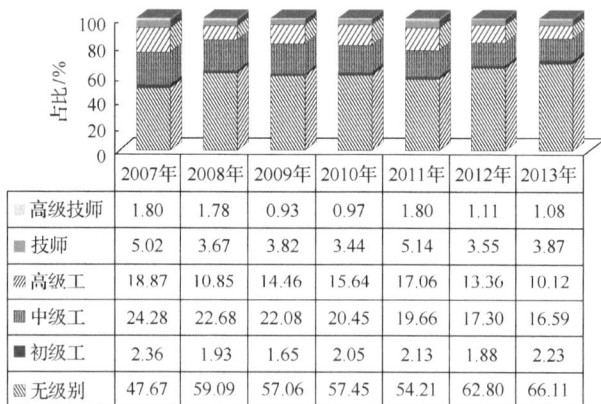

	2007年	2008年	2009年	2010年	2011年	2012年	2013年
高级技师	1.80	1.78	0.93	0.97	1.80	1.11	1.08
技师	5.02	3.67	3.82	3.44	5.14	3.55	3.87
高级工	18.87	10.85	14.46	15.64	17.06	13.36	10.12
中级工	24.28	22.68	22.08	20.45	19.66	17.30	16.59
初级工	2.36	1.93	1.65	2.05	2.13	1.88	2.23
无级别	47.67	59.09	57.06	57.45	54.21	62.80	66.11

图 6-83　2007～2013 年西部地区参培教师职业资格分布图

3. 不同职业资格等级教师在三大区域的分布情况

1）从历年无职业资格证书参培教师的比例来看，7 年都是中部地区比例最高，其次是西部地区，最低是东部地区，且东部地区与中西部地区差距较大(图6-84)。

2)从历年拥有中级职业资格证书参培教师的比例来看，除2007年和2008年外，其他年份都是西部地区比例较大，其次是东部地区，中部地区比例最低，反映了中部地区近些年教师考取职业资格证书的人数在减少(图6-85)。

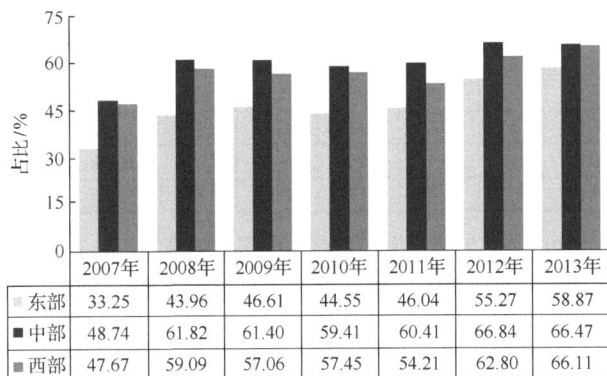

	2007年	2008年	2009年	2010年	2011年	2012年	2013年
东部	33.25	43.96	46.61	44.55	46.04	55.27	58.87
中部	48.74	61.82	61.40	59.41	60.41	66.84	66.47
西部	47.67	59.09	57.06	57.45	54.21	62.80	66.11

图 6-84　东部、中部和西部中职教师无级别分布图

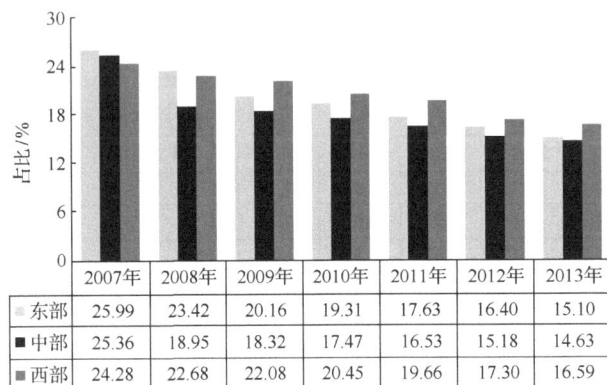

	2007年	2008年	2009年	2010年	2011年	2012年	2013年
东部	25.99	23.42	20.16	19.31	17.63	16.40	15.10
中部	25.36	18.95	18.32	17.47	16.53	15.18	14.63
西部	24.28	22.68	22.08	20.45	19.66	17.30	16.59

图 6-85　东部、中部和西部中职教师中级工分布图

3)从历年拥有高级职业资格证书参培教师的比例来看，除了2013年东、中部地区持平外，其他年份都是东部地区大于中、西部地区，当然，差距在不断缩小(图6-86)。

4)从历年拥有技师职业资格证书参培教师的比例来看，东部地区远高于中、西部地区，有3个年份中、西部地区持平，4个年份中部地区高于西部地区，但差距不是太大(图6-87)。

从上面的分析不难看出，西部地区青年教师比例高，拥有中级职业资格证书的教师比例高，东部地区拥有高级工及其以上职业资格证书的参培教师的比例遥遥领先，中部地区中级工比例低于西部地区，高级工及以上参培教师比例低于东部地区。

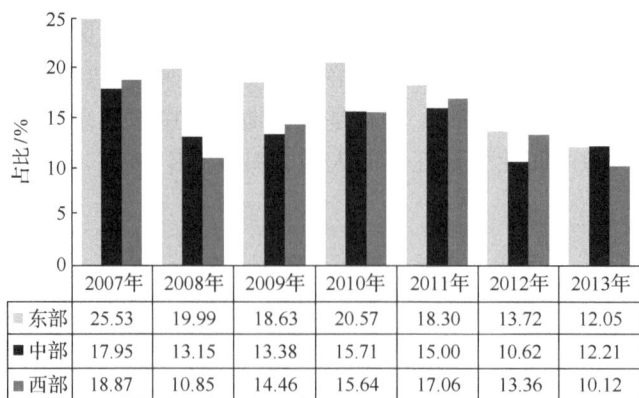

	2007年	2008年	2009年	2010年	2011年	2012年	2013年
东部	25.53	19.99	18.63	20.57	18.30	13.72	12.05
中部	17.95	13.15	13.38	15.71	15.00	10.62	12.21
西部	18.87	10.85	14.46	15.64	17.06	13.36	10.12

图 6-86　东部、中部和西部中职教师高级工分布图

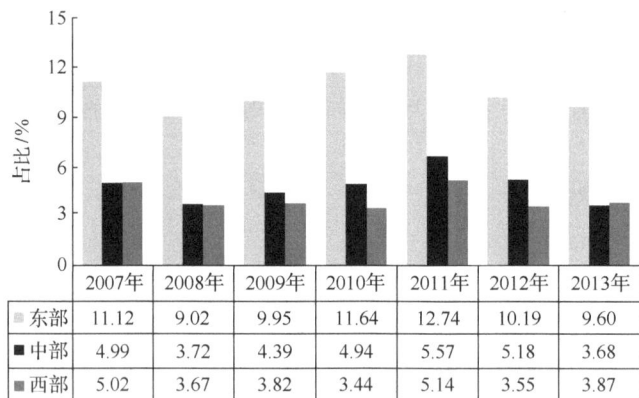

	2007年	2008年	2009年	2010年	2011年	2012年	2013年
东部	11.12	9.02	9.95	11.64	12.74	10.19	9.60
中部	4.99	3.72	4.39	4.94	5.57	5.18	3.68
西部	5.02	3.67	3.82	3.44	5.14	3.55	3.87

图 6-87　东部、中部和西部中职教师技师分布图

第七章

教师专业发展需求调研分析

教师的专业发展状况可受主观、客观等多方面因素影响,为深入了解我国中等职业学校教师当前专业发展的基本情况和需求状况,本章首先充分运用调查研究法,通过网络调研的形式,对全国 15 个省份(自治区、直辖市,下同)的中等职业学校教师开展了问卷调查。通过对所得问卷的分析,发现:当前中等职业学校教师专业能力不足,发展需求较大,参与教师培训的意愿较强;中职教师专业发展路径不宽,主要依靠自学和教学反思;对教师专业发展的认识比较薄弱,且不同职级、不同学历的教师对部分问题的态度存在差异;当前教师培训存在内容与实际脱节,培训方式单一,利用信息技术手段不够等问题。因此,本章最后从完善教师管理制度、健全教师培养体制和建立教师专业发展体系等方面提出了我国中等职业学校教师专业发展的策略。

一、教师专业发展需求调研设计

(一)调研背景

为了促进职业教育在职教师的专业发展,从 1999 年起我国开始大规模建立全国职教师资培养培训基地,各省也陆续加大了省级培训基地建设力度,截至目前,共建立了全国重点建设职教师资培养培训基地和教师专业示范基地 100 个,省级职教师资培训基地 300 多个,这些基地的建设为教师培训打下了坚实的基础。2005 年《国务院关于大力发展职业教育的决定》提出实施"职业院校教师素质提高计划"。为落实国务院的文件精神,教育部和财政部在"十一五"和"十二五"期间相继实施了"职业院校教师素质提高计划",专业骨干教师培训是计划的主体内容。两个"五年计划"的实施有效地促进了职业院校教师队伍建设,中等职业学校"双师型"教师占专任教师比例从 2005 年的 12.45%提高到 2014 年的 27.93%。"十三五"期间教育部、财政部继续实施"职业院校教师素质提高计划(2017—2020)",为有效开展"十三五"培训工作,我们对中等职业学校专业教师培训需求进行了问卷调查,以便为国家有效设计培训项目、选择培训基地,各培训基地更好地设计培训方案,丰富培训内容，提高培训的针对性和有效性，确保整个培训计划保质保量地完成，加快提升我国中等职业学校教师队伍整体素质的步伐提供依据。

　　"百年大计，教育为本；教育大计，教师为本"，教师专业素质的高低直接影响着教育的发展水平。"十一五"以来，教育部颁布了一系列师资队伍建设相关文件，以促进教师的专业发展。2005 年《国务院关于大力发展职业教育的决定》，提出实施"职业院校教师素质提高计划"；2010 年《国家中长期教育改革与发展规划纲要(2010—2020 年)》提出加强专兼结合的"双师型"教师队伍建设的目标任务。2013 年，为促进中等职业学校教师专业发展，建设高素质"双师型"教师队伍，根据《中华人民共和国教师法》《中华人民共和国职业教育法》《中华人民共和国劳动法》,特制定了《中等职业学校教师专业标准(试行)》（下文简称《专业标准》），该文件是中等职业教育教师建设的重要依据，在专业理念与师德认识、专业知识、专业能力等方面对中职教师的要求作了较为全面的描述。因此，本次问卷调查正是基于以上政策与形势认知，结合《专业标准》中的关键内容设计了调查问卷，以深入了解中职教师的专业发展认知情况，教师对教育教学改革的态度，制约教师专业发展的因素等，通过了解教师内心的真实想法，反映出其专业发展需求，从而对完善教师培养培训体系起到一定的参考与借鉴作用。

(二)问卷设计

　　为了全面了解我国中等职业学校教师专业发展的需求意向，我们精心制订了面向全国 15 个省份的调查问卷，并开展深入调研。本次调研的问卷类型为全封闭式问卷，共包含 46 道题，其中前 7 道填空题为调研对象的基本信息，其余 39 道题包含两种题型：6 道排序题和 33 道单选题。填空题中包括：调研对象所在的省份及城市、所在的学校、出生年月、毕业年月和从教年月，以及所学专业和现从教专业几部分内容，以分析来自不同地区和城市、不同层级学校(是否为中职示范校)、不同年龄段、不同教龄的教师对同一问题的看法是否有差异，目前从教的专业和所学专业是否相一致等问题。其余题目基本按照个人专业能力现状(主要通过院校、学历、职业资格证书和专业技术职务等信息反映)、对教师专业能力的认识(教师专业标准、教师教学能力、职教教师培养、新进教师管理、"双师型"教师认定、兼职教师比例等)、对教师专业发展的认识(发展需求和发展阻力等)这几个维度进行划分，各维度的题目错落分布于整套问卷当中。

(三)调研对象

　　本次调研采取网络调查的方式,对全国 15 个省份的中等职业学校教师发放调查问卷，其中，东部 7 个省份，中部 3 个省份，西部 5 个省份，共回收有效问卷 1670份。问卷的发放和回收方式：有 35.37%通过网页链接直接访问，其余 64.63%的问卷通过手机通讯软件进行访问提交。参与问卷调查的中职教师来源于全国 15 个省份的多所中等职业学校，东、中、西部分布比较均衡，数据来源广泛，具有一定的代表性，被调研教师的具体省份分布情况如图 7-1 所示。从参加调研教师的学校来源看，有 39.75%来自国家级或省级中职示范校；从年龄方面看，所调研的教师中绝大多数为 70 后与 80 后，二者比例占到 84.48%，其中 80 后约占 52.54%，60 后和 90 后的比例分别为 9.85%和 5.67%；从教龄方面来看，教龄在 5～15 年的占 48.55%，15～25 年以上的占 24.97%，教龄在 25 年以上和 5 年以下的教师比例分别为 5.18% 和 21.3%，由此可知，参与本次调查的绝大多数为中青年教师；从所学专业和现从教专业来看，有 94.76%的教师两者相一致或相近，只有少部分教师为跨专业教学，可见中职教师对专业性的要求较强。

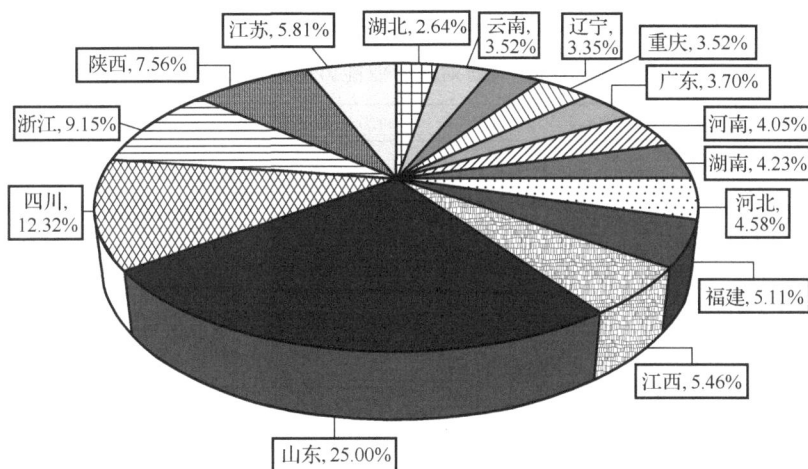

图 7-1　调查对象所在省份分布情况图

二、教师专业发展调研结果分析

(一)教师专业能力现状分析

1. 教师专业能力现状

毕业院校、学历程度、职业资格证书和专业技术职务是目前能够直观反映教师专业能力的几个重要指标。从调研的结果来看，调研对象中有超过一半以上的教师第一学历的毕业院校类型为普通高等学校，有 30.6%来自于普通师范院校，而只有 13.13%毕业于职业技术师范院校；从他们现有学历的毕业院校分布来看，有 58.04% 来源于普通高校，34.38%毕业于普通师范院校，而只有 7.58%来自于职业技术师范院校。而从学历程度方面来看，参与调研的教师中第一学历达到研究生层次的教师只占 2.54%，多数教师的第一学历为本科，其占比为 59.7%，其余的为专科学历；从最终学历来看，被调查人员中有 47.31%经过了学历提升，现有的学历中研究生和本科层次的占比分别提高到了 27.76%和 70.98%。从所取得的职业资格证书来看，有超过 75%的教师取得了中级及以上职业资格证书，有 33.43%的教师持有高级职业资格证书，而拥有技师及以上职业资格证书等级的教师人数比例达到 21.19%。从调研对象的专业技术职务上看，具有中级职称的教师占据多数，比例为 46.87%，而具有高级（包括正高与副高）职称的只有 15.08%，具有初级及以下职称的教师占 38.06%，由此可一步证实参与此次问卷调研的新进年轻教师占有较大比例，他们发展潜力巨大，对自身的专业发展需求愿望也更加强烈，因而可从另一侧面表明本次调研数据的真实性和代表性(表 7-1)。

表 7-1　调研对象专业能力结构现状

项目		比例/%
教师职称	初级及以下	38.05
	中级	46.87
	副高级及以上	15.08
证书等级	初级及未取得职业资格证书	23.44
	中级	21.94
	高级	33.43
	技师及以上	21.19
学历程度	研究生	27.76
	本科	70.98
	其他	1.26
毕业院校	职业技术师范院校	7.58
	普通师范院校	34.38
	普通高校	58.04

2. 教师专业能力发展现状

如前所述，教师专业能力的提升途径有很多，当被问到"目前提高自身专业能力最主要的途径"时，有 44.33%的被调查教师表示为"依靠平时自学和教学中不断反思来提高"，27.31%表示为"参加各种培训"，13.73%表示为"通过多种途径进行企业或社会实践"，5.37%表示为"依靠学校教研活动或参与专业建设"，还有 8.36%表示通过"参加各种竞赛或比赛(包括指导学生参赛)"来提升自己的专业能力。由此至少可看出两方面的问题：一是目前促进教师专业能力提升的通道较为狭窄，如培训体系等建设尚未完善，覆盖面有限，以至于相当一部分教师未能参与到各级各类培训中去提升自己；二是可能很多教师参加了培训，但由于统一的培训缺乏针对性，培训效果并不明显，因此部分教师还是觉得平时的自学和教学反思更能提升自己的专业能力。总的来看，目前我国中等职业学校教师的专业能力提升发展状况亟待改善（图7-2）。

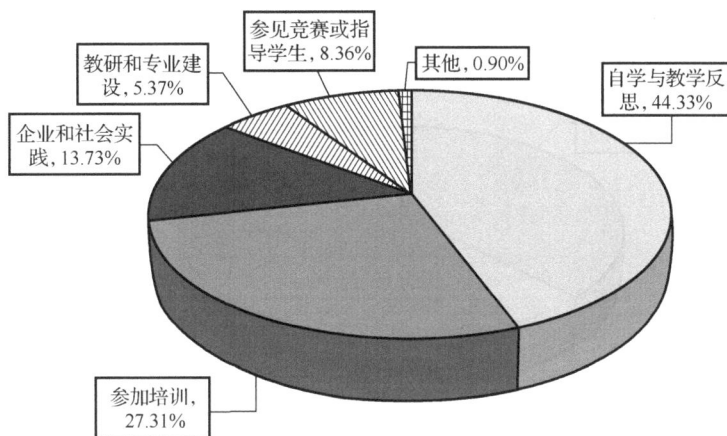

图7-2　中职教师专业能力发展的主要途径

（二）对教师专业发展的认识

1．对教师专业标准的认识

我国《教师法》中规定了教师专业职责，确定了教师是一个专业化的岗位。其实教师和医生、律师一样，应该有自己领域定期组织的专门活动，只有经过专业化的职前培训和在职学习才能够胜任教育教学工作。2013年国家颁布了《中等职业教育教师专业标准（试行）》（下文简称《专业标准》），该文件是国家对中等职业院校合格教师的基本专业要求，是引领教师自身专业发展的基本规范，是中等职业院校教师培养、准入、培训、考核等工作的基本准则和依据。但当被问到"是否已经知道2013年教育部颁发了《中等职业教育教师专业标准（试行）》这一文件"时，竟有37.61%的被调查教师选择了不知道该文件的颁布，只有62.39%的教师表示知道（图7-3），并且不同专业技术职务和不同学历的教师之间不存在太大差异。

在选择知道《专业标准》的1042人中，对该标准的看法是"标准虽好，但难以落实"的一比例达到了40.19%，而选择认为标准"全面，必须落实"和"明确，必须遵守"的人数比例分别为23.68%和27.99%，还有少部分教师认为"标准过高，不切实际"及"学校未要求，无所谓"（图7-4）。经过交叉分析还发现，不同职级、不同学历的教师对《专业标准》的看法有所差异：职级越高认为标准"难以落实"的人数比例越大，副高级和高级职称教师选择该项的比例分别达到38.38%和50%。学历方面正好相反：专科学历教师中认为"标准很好，但难以落实"的比例达50%，而本科与研究生学历的教师如此认为的不超过30%。由此可见，部分地区或学校没有将国家颁布的政策文件及时下达给每个教师，也没有对此进行专业解读和明确要求；另外，教师自身也缺乏对教育部门相关政策的关注，不清楚教师专业标准的具体内涵，没有以此作为基准来规范自己的教育教学工作，这同样不利于教师自身的专业发展。总体而言，中职教师对《专业标准》的认识还有待提高。

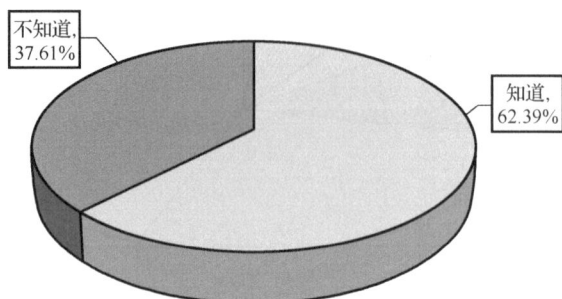

图 7-3   中职教师关于《专业标准》的了解情况

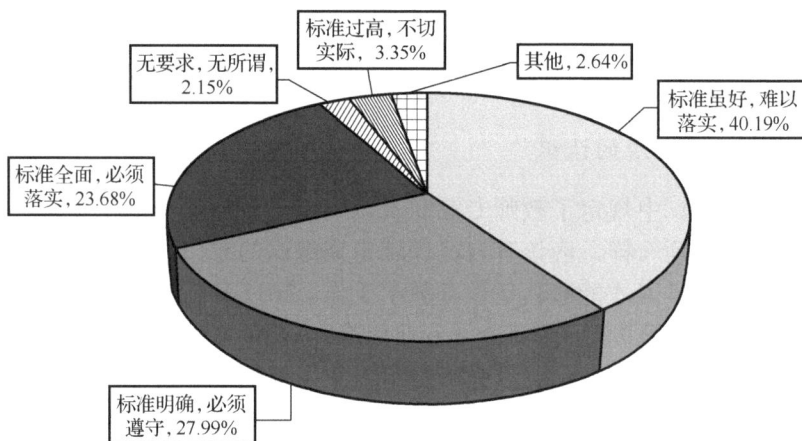

图 7-4   中职教师关于《专业标准》的看法

2. 对教师专业能力的认知

如前所述，教师专业能力由多个维度组成，它既包括教师的专业知识也包括教师的教育教学能力，同时还包含教师的职业道德认知，教师的专业发展是指教师在长期的教育教学实践活动中这三方面的发展与提升。在对教师专业能力的认知方面，我们设计了排序题，让被调查者按照其认为的重要性将选项中列出的几项教师专业能力进行排序。结果显示，"专业知识"占第一位，该选项的平均综合得分为6.94；其次是"专业技能"，得分为6.72，接下来依次为"课程与教学知识""学生管理"

"行业企业知识""企业实践经历"和"学生指导"等几项。由此可以看出，中职教师群体中对教师专业能力形成了较为一致的看法，即"专业知识"和"专业技能"占据首位，这也体现了职业教育的专业性。

关于中职专业课教师的教育教学能力认识，我们也设计了相关题目进行调查。结果显示，被调查的教师普遍认为中等职业学校专业课教师应把"师德和专业理念"排在首位，该选项的平均综合得分为 5.98；其次才是"教学方法""课程开发和教学设计""指导学生实习实训""教学实施与评价"和"管理和指导学生"等。对于专业课教师而言，树立正确的专业理念是其教育教学成功的前提，因而"师德和专业理念"被排在了第一位，实际上，虽然选项的表述有所不同，但教师的态度与前一道题的结果相一致(表 7-2)。

表 7-2　中职教师关于专业能力的态度

教师专业能力	平均综合得分	专业课教师教学能力	平均综合得分
专业知识	6.94	师德和专业理念	5.98
专业技能	6.72	教学方法	4.90
课程与教学知识	5.14	课程开发和教学设计	4.57
学生管理	4.39	指导学生实习实训	3.84
行业企业知识	4.03	教学实施与评价	3.66
企业实践经历	3.90	管理和指导学生	3.63
学生指导	3.43	其他	0.80
其他	0.83		

3. 对职教教师培养的认识

从 2015 年开始，国务院学位委员会办公室(简称国家学位办)在教育硕士专业学位体系中增设和试行职业技术教育专业硕士，毕业时授予教育硕士学位，这是自建立职业技术师范院校以来专门培养中等职业教育教师的又一重大改革举措。针对这一措施，多数被调查教师认为职业技术教育专业硕士教育应该突出的教学内容为"教育学与专业结合的专业教学方法"，选择该项的教师达到 49.10%，其次是"所教专业的知识和技能"，该选项的比例是 33.43%，此外，选择"以心理学为基础的学生管理和指导"和"教育教学理论与方法"两项的人数分别占 12.54%和 4.93%(图 7-5)。可以看出，这 4 项内容对于职业教育教师而言虽皆不可偏废，但培养单位在教学安排上应该有所侧重。针对原有的专业学位研究生教育和刚开始试行的职业技术教育硕士，有 45.67%的被调查教师倾向于选择前者，有 44.63%的人选择职业技术教育专业硕士，两者可谓各占一半，还有少部分人产生了转向普通教育的想法，选择了面向普通中小学的教育硕士。

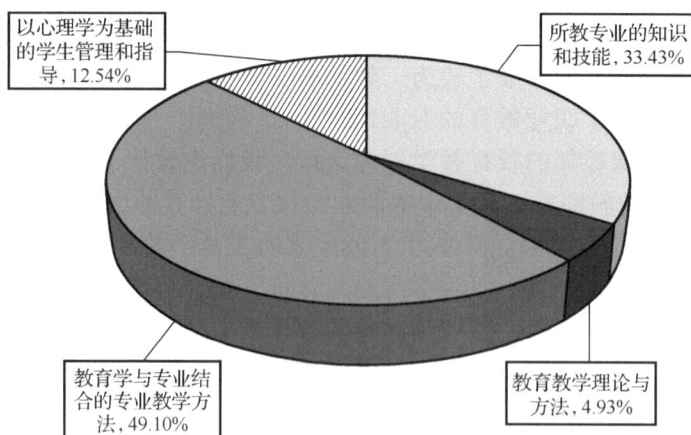

图 7-5　中职教师关于职业技术教育专业硕士培养内容的倾向

4. 对新进教师的认识

近年来，越来越多的中职学校对新进的教师提出了一些新要求，为了解广大中职教师对这一现象的看法，我们在问卷中也设计了题目进行调查。

(1)对于新进教师硕士研究生学历的要求

被调查者中有 35.82% 的人认为对于新进教师硕士研究生学历的要求是为了学校的长远发展考虑，有 6.87% 的教师认为这是由于社会经济的发展，本科生已难以胜任教学工作，出乎意料的是，分别有 27.91% 和 25.82% 的人认为这是地方行政部门或学校人为规定和为了满足示范校建设等的要求(图 7-6)。虽然学历并不代表能力，但随着社会经济的发展，中等职业学校毕业生面临的工作岗位更加智能化、复杂化

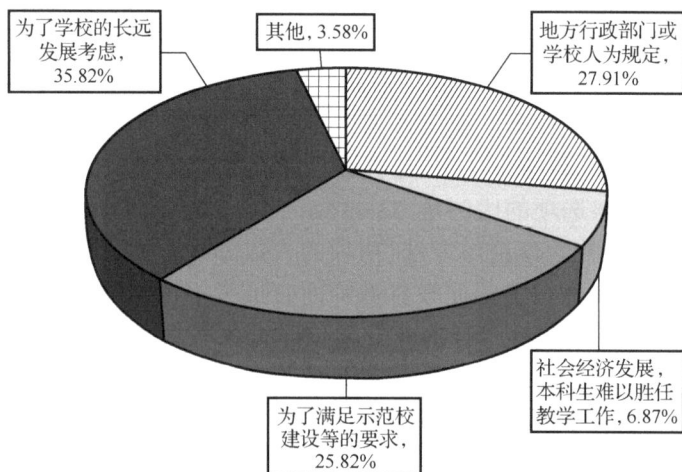

图 7-6　中职教师关于新进教师硕士学历要求的态度

和专业化，这就对中职学校教师的教学任务和教学水平提出了更高的要求。教师是一个专业性职业，对新进教师学历的要求是各种社会综合因素影响的结果，学历提升也是其专业发展的体现之一，并非行政命令下的产物。因此，广大教育工作者和面临就业的毕业生对此需要有正确的认识，部分教师对此的看法也有待纠偏。

(2)对学校在新引进教师时最重视的因素的看法

有46.42%的教师认为是"专业对口"，有17.16%的人认为是"职业资格证书或技能水平高"，当然，也有15.82%的人认为看重的是"高学历"，有8.51%的人认为是看重其"企业实践经历"，而认为重视其是否为"重点院校"和"职技高师"毕业生的比例分别是2.09%和5.07%（图7-7）。关于这一问题的认识，经交叉分析发现，不同职级的教师态度没有明显差别，但不同学历的教师对此的认识有所差异，其中，专科学历的教师中有 75%认为最重视的是"高学历"，这从一定程度上反映出这部分教师内心对高学历的向往，对自身提升发展的渴望。职业教育是以专业为载体的教育形式，它与岗位工作紧密相连，教师的招聘自然要以专业和技能为依据，上述调查数据既反映了目前中职教师招聘的现实性，同时也反映了我国中职教师培养所面临的严峻形势。

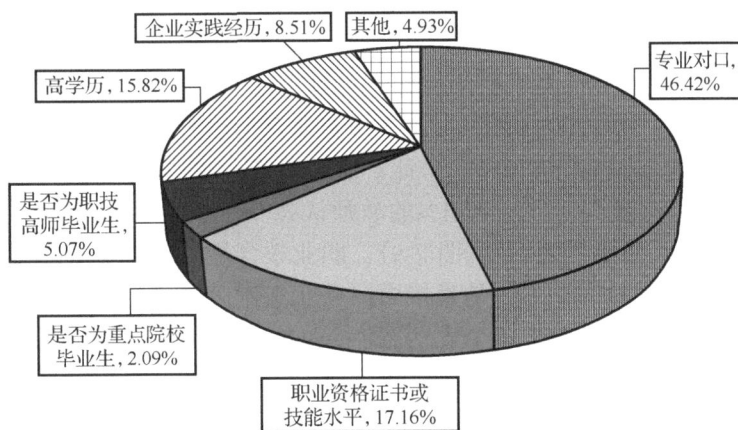

图 7-7　中职教师关于选聘新教师重要因素的看法

(3)对新进教师管理体制改革的看法

目前教育部颁发了中小学教师资格考试暂行办法，国家对中小学新进教师实行"国标、省考、县管、校聘"管理体制，我们提出"如果中等职业学校也要建立相应的制度，您持有的态度"的问题，其中，有22.84%的教师认为"非常有必要"，44.48%的人认为"有必要"，但仍有超过20%的人认为"没有必要"或"非常没有必要"，其余的11.18%持"无所谓"态度（图7-8）。值得一提的是，在高级专业技术职务的教师中，对此的支持率到达 100%。由此看出，大部分人支持对中职教师进行统一规范管理，实际上，施行"国标、省考、县管、校聘"的管理制度也有利于教师个人的专业发展和中职教师队伍整体素质的提升，目前一些省份已逐步开展试点，从调查结果来看，施行相应的制度还需要加大政策宣传力度，以获得更多教师的认可。

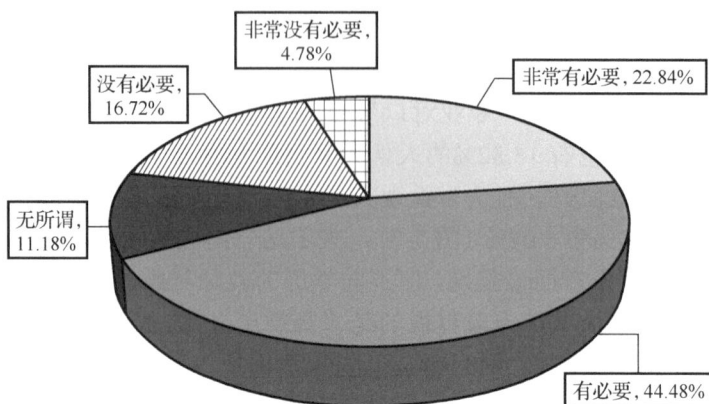

图 7-8　中职教师关于新进教师管理体制改革的看法

(4)关于新进教师企业经历要求的看法

2005 年《国务院关于大力发展职业教育的决定》中提出"建立职业教育教师到企业实践制度,专业教师每两年必须有两个月到企业或生产服务一线实践"。近年来,教育部又出台规定"学校新招聘的专业教师若没有企业实践经历，要求必须有至少半年的时间到企业实践后才能上岗"。针对这一政策，在被调查的教师中有 41.94%的人认为"非常有必要"，而有 48.21%的教师认为"有必要"，只有不到 10%的人持"无所谓"或"没有必要"的态度(图 7-9)。职业教育是与工作场所紧密联系在一起的教育，中职学校培养的学生更是直接面向企业工作岗位，因此要求新进教师拥有企业实践经历可以使其更加了解企业动态，接触技术发展前沿，更有利于教育教学。

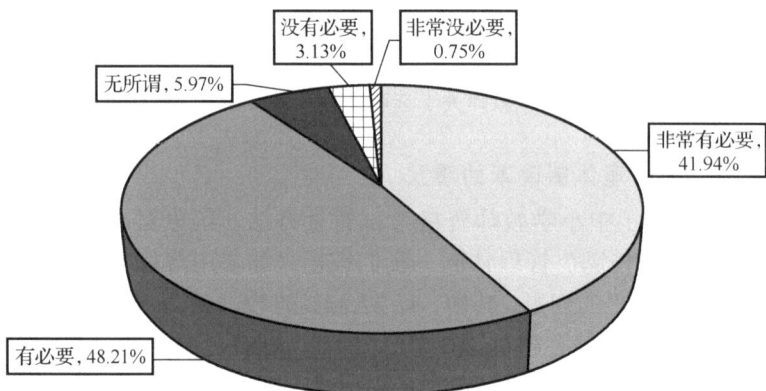

图 7-9　中职教师关于新进教师企业经历要求的看法

教师企业实践经历的要求既是众多发达国家职业教育教师资格认定标准中的重要条件，也是教师专业发展的一个重要途径，在这一点上被调查教师基本形成了共识。

5. 对兼职教师的认识

聘请一定数量的兼职教师有利于增强中职教师队伍的实践教学能力、优化结构、提升素质，国家也出台政策要求职业学校必须外聘企业工程技术人员和能工巧匠作为兼职教师，以弥补学校专任教师缺乏实践经验的不足。关于外聘兼职教师占专任教师的合理比例，有29.55%的被调查教师认为应在20%左右，24.18%的人认为应在10%左右，19.1%的人认为应在30%左右，另有12.54%和14.63%分别觉得应在25%和15%左右（图7-10）。可见，多数的教师认为20%这一比例较为合理，这一比例与《中等职业学校设置标准》中提出的最低要求（20%）也相一致。而对于当前我国中等职业学校外聘兼职教师比例较低的主要原因，我们设计的是一道排序题，其中综合得分排名第一的选项是"聘用兼职教师待遇较低，难以聘到高水平的"，第二是"难以聘用到在岗的兼职教师"，第三是"办学条件所限，聘请的兼职教师作用难以发挥"，第四是认为"缺乏聘用兼职教师的固定经费来源"（表7-3）。由此可知，当前兼职教师比例较低是由多重因素造成的，而经费与管理是重要原因，今后相关部门需要在这些方面重点投入。

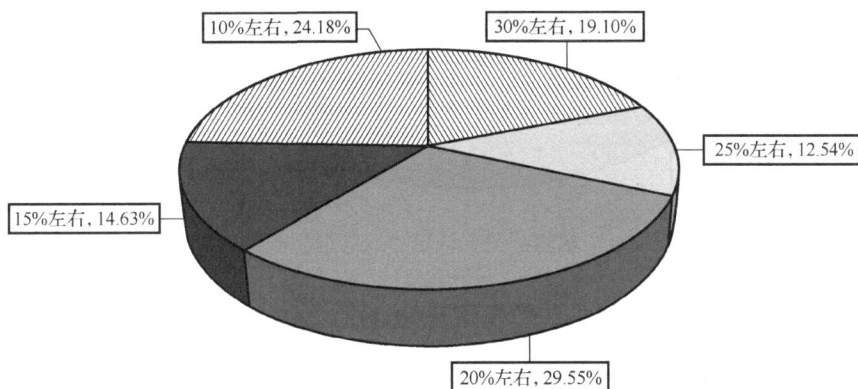

图 7-10　中职教师关于兼职教师比例的看法

表 7-3　中职教师关于难以聘请兼职教师的原因的看法

原因选项	综合得分
聘用兼职教师待遇低，难以聘到高水平的	5.13
难以聘用到在岗的兼职教师	4.19
办学条件所限，聘请的兼职教师作用难以发挥	4.10
缺乏聘用兼职教师的固定经费来源	3.87
学校专任教师工作量不饱和，花钱聘兼职教师浪费	2.83
学校专任教师就能满足教学需要，无需再聘兼职教师	2.22
其他	0.89

6. 对认定"双师型"教师的态度

"双师型"教师是职业教育教师队伍的特色，也越来越成为职业教育专业教师的代名词，现阶段"双师型"教师是职业教育办学质量的关键因素。所谓"双师型"，有一种说法是"双融合论"，即既强调教师持有"双证书"，又强调教师"双能力"，教师同时具有教师资格证书和技能资格证书，而且不仅具备基本的教育教学能力，更重要的是指导实习实践的能力。近年来一些地方也相继出台了"双师型"教师认定办法，在被调查者中，多数教师对中等职业学校专业教师认定持肯定的态度。调查结果显示，80%以上的教师表示赞成该做法，只有不到 20%的教师态度认为无所谓或反对该做法(图 7-11)。因此可以认为，大多数教师已经认识到了"双师型"教师对提高职业教育质量的重要性，并能够按照国家政策文件的要求，严格规范自己的理论课程教学和实践教学等工作。

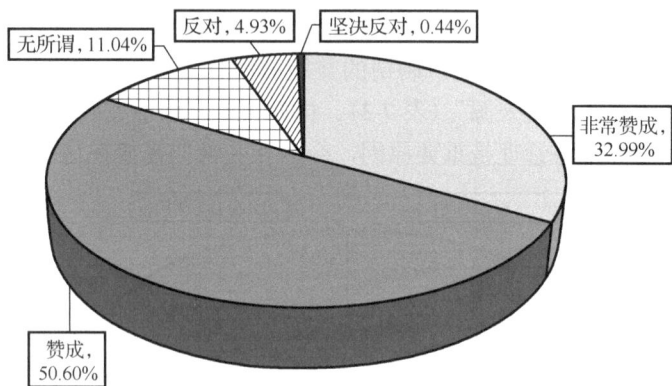

图 7-11　中职教师关于认定"双师型"教师的态度

7. 对名师工作坊等新兴机构的态度

目前，一些学校为了吸引优秀的高技能人才入校，建立了名师工作坊或技能大师工作室，一方面体现的是对这些人才的认可，有利于提高职业教育的吸引力；另一方面也为这部分人才提供了更好的工作环境，有利于他们帮助更多的青年教师提升专业。调研结果显示，对于这一新生事物，绝大多数的教师认为这有作用，表示支持，这一群体占到被调研人数的 72.09%，但同时也有部分教师表示"不了解，不关心"，甚至有近 16%的教师表示明确反对(图 7-12)。此外，现在许多地方中等职业学校与高职院校联合开展"3+2"贯通培养技术技能型人才，依托高职院校的骨干校和示范校建立中高职教师协同育人研修中心，共同研讨、研究中高职衔接问题。针对这一新建机构，被调查教师的态度反映要比前者好，其中表示支持的教师占93.88%(图 7-13)。与对新教师的制度改革态度类似，正高级职称的教师对此的支持率也是 100%。可见，这些新建机构是职业教育发展的大势所趋，对于提升教师的专业能力也有一定益处，多数教师表示支持。

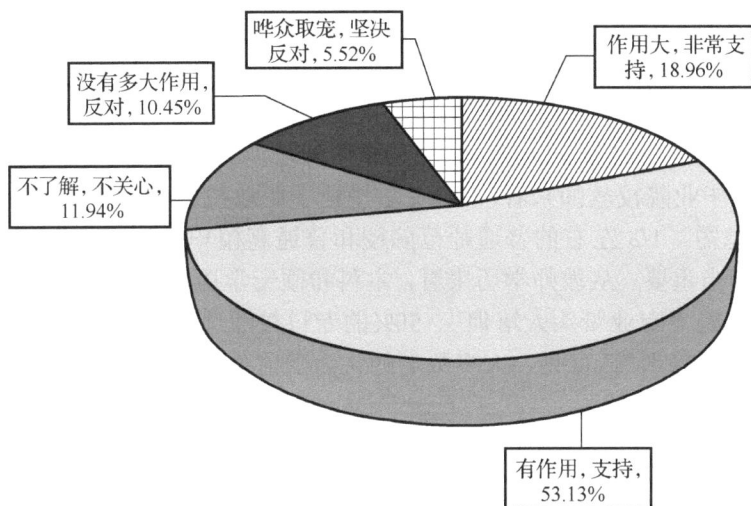

哗众取宠，坚决反对，5.52%
没有多大作用，反对，10.45%
不了解，不关心，11.94%
作用大，非常支持，18.96%
有作用，支持，53.13%

图 7-12　中职教师关于名师工作坊的态度

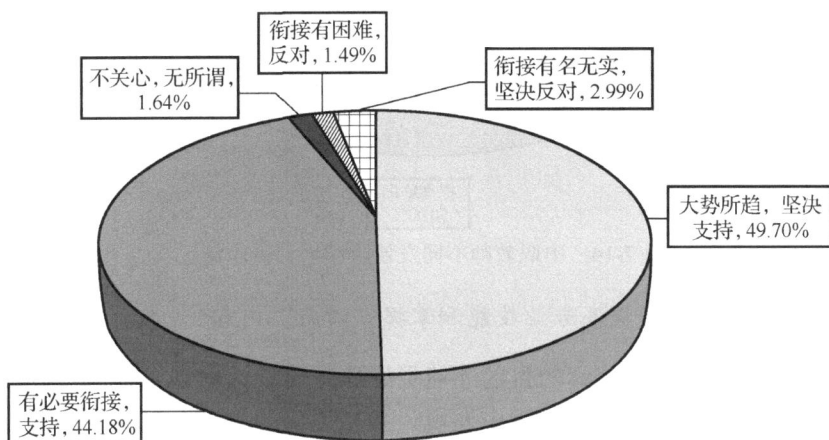

衔接有困难，反对，1.49%
不关心，无所谓，1.64%
衔接有名无实，坚决反对，2.99%
大势所趋，坚决支持，49.70%
有必要衔接，支持，44.18%

图 7-13　中职教师关于中高职教师协同育人研修中心的态度

(三)教师个人专业发展需求

教师专业能力的提升方法多样，其中，教学反思和在职培训是其专业发展的主要途径，为深入了解目前众多中职教师个人专业发展的方法和培训需求意向，我们从培训内容、培训形式、培训地域和培训时间、培训自主性、培训机构、培训途径等多个维度设计了题目展开调研。

1. 培训类型急需"提高培训"和"专业带头人培训"

依据培训对象的不同，可将培训类型分为"新教师入职培训""转岗培训""提高培训"和"专业带头人培训"等，并且教师在职业生涯发展的各个阶段，其培训需求存在较大差异，因此有必要将教师培训分层次、分阶段地进行。调研结果显示有一半以上的教师认为当前最急需的是"提高培训"，其次是"专业带头人培训"，选择该项的教师数占比为 25.07%，选择另外两种培训类型的教师比例均在 10%左右（图 7-14）。从毕业院校教师来看，54%左右毕业于职业技术师范院校的教师认为"提高培训"最急需，1/3 左右的普通师范院校和普通高校毕业的老师认为"专业带头人培训"也相当重要。从教师学历来看，本科和硕士学历教师认为当前"提高培训"最急需，其次是"专业带头人培训"。50%的专科教师选择"提高培训"，而无人选择"专业带头人培训"。可见，大多数老师认为当前急需的是"提高培训"。

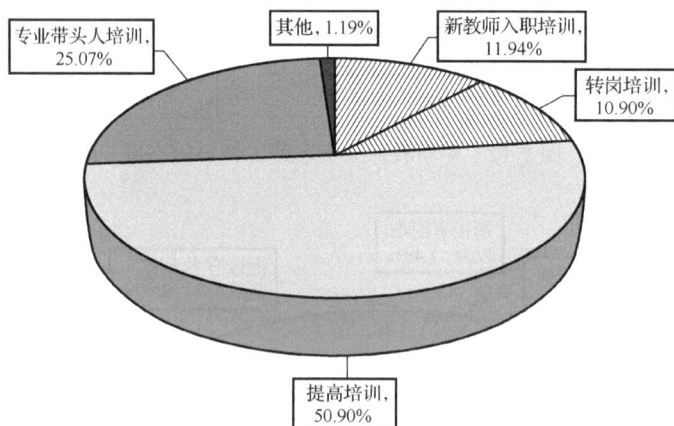

图 7-14　中职教师不同发展阶段培训需求情况

2. 培训目的是希望提高专业技能和掌握"四新"内容

只有明确了教师参加培训的目的才能更好地开展设计培训内容，安排培训环节，达到培训效果。我们在调查的过程中发现，参与调研的 1600 多名中职教师中，有 36.72%的教师希望通过培训提高自己的专业技能，32.84%的教师参加培训的目的是"掌握'四新'内容"（新知识、新技术、新工艺、新方法），还有 12.84%的教师是希望"更新教育教学理念"，此外，还有 9.25%和 8.06%的教师目的是"掌握新的教育教学方法"和"与其他学校教师交流经验"（图 7-15）。通过对数据的交叉分析发现，不同职称和不同毕业院校来源的教师参加培训的目的均无显著差异，不同学历的教师中，50%的专科学历教师是为了"提高专业技能"，36.36%的硕士研究生学历教师是为了掌握"四新"知识。由此可以看出，教师参加培训的目的与其对教师专业能力的认识紧密相关，二者的态度较为一致。

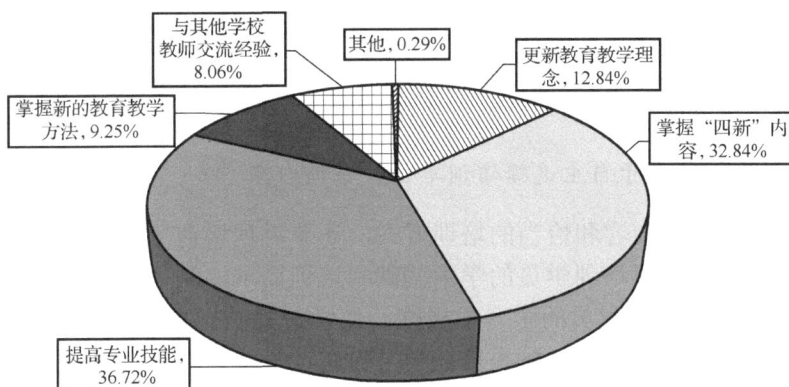

图 7-15　中职教师参与培训的主要目的

3. 培训形式倾向于选择综合性与国家级培训

　　培训形式也是影响培训质量的重要因素，有再好的培训内容，如果培训形式单一、呆板，也难以达到预期目标。依据不同的标准可以将教师培训分为不同类型，按照培训内容可将其分为综合性培训和单项培训；按照培训机构级别可把培训分为国家级培训、省级培训、地市级培训和校本培训。调研结果显示，有56.27%的教师倾向于选择综合性培训；对于培训机构的级别，86.42%的教师选择国家级培训，12.69%的教师选择省市级培训，只有不到1%的老师选择校本培训（图7-16）。为了进一步了解不同层次教师对培训形式的需求是否不同，我们又从职称、学历两个方面进行了分析。发现从不同专业技术职务的教师需求来看，80%以上的初级和高级教师选择国家级培训级别，只有10%左右的教师选择省市级培训，而且随着教师的职称级别越高，选择国家级培训级别的人数所占比例越高。从不同学历教师对培训形式选择的情况来看，75%的专科学历教师和60%的硕士学历教师偏向于选择

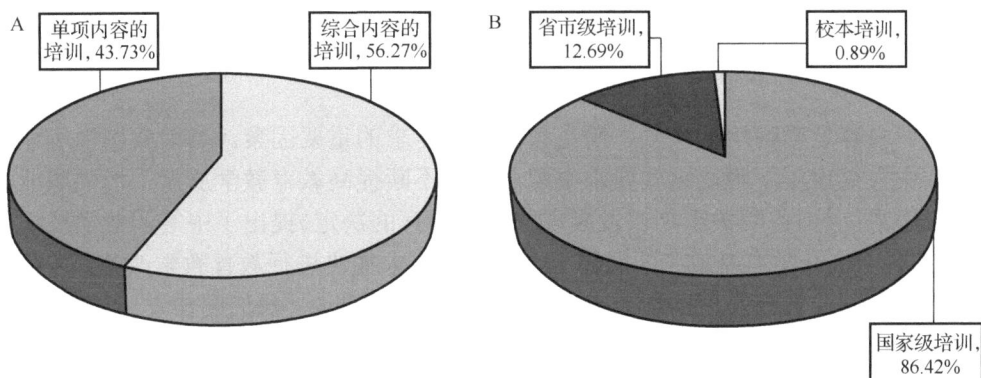

图 7-16　中职教师关于培训形式的选择情况
A. 按培训内容划分；B. 按培训机构级别划分

综合性培训，而本科学历的教师则倾向于接受单项内容的培训。可见，大多数中职教师倾向于选择参加综合内容的培训以全面提升自身专业发展能力，而且希望参加级别较高的国家级培训。

4. 培训安排倾向于自主选择培训单位和培训内容

有了良好的培训内容和恰当的培训方式，还要重视培训的人性化、主体化，尊重学员的主体性，了解培训学员的学术基础和培训需求，制订可行的培训方案，满足其个性化需要，调动学员的学习积极性，使学员处于一种高效率的学习状态[①]。具体培训安排有两种形式：一种是培训学员自主选择培训单位和内容；另一种是根据学员培训需求国家指定培训单位。调查发现，77%以上的教师希望自主选择培训单位和内容(图7-17)。从不同学历教师来看，所有专科学历教师都希望自主选择培训单位和内容，75%左右的本科和硕士学历教师也选择自主选择培训单位。由此可知，大多数教师希望在培训方面有更多的自主权，其中，以专科学历教师态度表现得更为强烈。

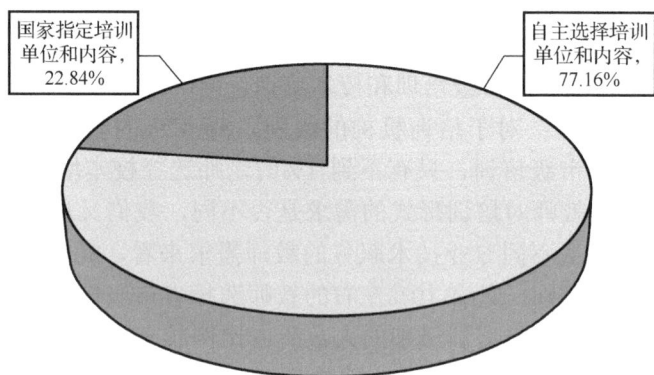

国家指定培训单位和内容，22.84%
自主选择培训单位和内容，77.16%

图 7-17　中职教师关于培训单位和培训内容的意向

5. 培训内容希望侧重于专业技能和教学方法

培训内容是影响培训质量、满足教师培训需求的重要因素。当前我国中等职业教育招生人数逐年下降，这就要求中职学校要不断提高教育教学质量，增强职业教育的吸引力；《国务院关于加快发展现代职业教育的决定》提出了中等职业学校学生"就业有能力、升学有基础"的新要求，这迫切要求加快进行教育教学改革，教师培训必须满足职业教育发展的新要求。关于培训内容的调查，我们同样设计了排序题，根据调研结果显示，教师普遍认为"专业技能"应占首位，该选项的综合得分为6.80，

---

① 刘海，程宇. 教师为本——职业教育师资队伍建设报告(2008—2014年)[M]. 北京：高等教育出版社，2015.

占第二位的是"专业教学方法"，其得分为 5.72，第三位的是"四新"（新知识、新技术、新工艺、新方法），接下来依次是"课程开发""德育和班级管理""学生心理和学习辅导""信息技术应用"（表 7-4）。可见，在经济结构调整、产业转型升级和实施工业化与信息化融合、"中国制造 2025""互联网+"等战略背景下，职业学校教师迫切希望通过参加专业化的培训及时更新教学理念，提高专业技能，学习到新的专业教学方法，了解和掌握新知识、新技术、新工艺和新方法等，这与教师所期望的培训目的也具有一致性。

表 7-4　中职教师关于培训内容的意向

选项	平均综合得分
专业技能	6.80
专业教学方法	5.72
新知识、新技术、新工艺、新方法	5.44
课程开发	4.43
德育和班级管理	4.30
学生心理和学习辅导	4.01
信息技术应用	3.34
其他	0.80

6. 培训时间和地域倾向于两三个月的省外培训

培训时间长短是影响培训效果的一个重要因素，进而影响培训质量。为进一步了解教师培训方面的需求，提高教师培训的灵活性，我们就培训机构所处地域和培训时间长短进行了调研。从省内培训与省外培训对比来看，有 71.64% 的教师希望培训安排在省外。从培训时间长短来看，25% 左右的教师希望培训时间持续在一个月以内，32.54% 的教师选择两个月以内的培训时间，42.24% 的教师选择培训在三个月以内，如图 7-18 所示。从不同职称教师来看，有 50% 以上的初级及没有定职级的教师希望培训时间能够维持在 3 个月以内，中、高级教师则希望培训时长稍微短一些，维持在两个月甚至一个月以内。从教师毕业院校来看，毕业于普通师范院校和普通高校的大多数教师希望培训时长安排在 3 个月以内，而毕业于职业技术师范院校的教师有 41.67% 认为培训时间以一个月以内为佳，其余 50% 的教师选择时间在 3 个月以内。可见，大多数教师特别是偏远落后地区的教师希望借助培训这样的机会到省外的发达城市学习当地先进的教学理念，提高自身专业技能和专业素养。当然，培训时间取决于培训内容，总体来看，2/3 以上的教师希望培训时间能够偏长一些。

7. 选择培训机构时最看重培训内容的针对性

不同培训机构的选择最能从侧面反映一个教师真正的培训目的与培训需求，为此，本次问卷中我们向被调查者提出了问题"您在选择培训机构时，最重视的是？"

其中，选择"培训内容有针对性"的教师占 72.99%，其次，教师最为看重的是培训机构"教师的水平"，选择该项的教师比例为 20.45%，只有极少部分的教师看重的是培训单位的名气和坐落的地点(图 7-19)。从不同专业技术职务、不同学历和不同院校来源的教师情况来看，不同职级和各类院校来源的教师态度无明显差别，和整体的表现颇为一致，但在不同学历的教师中发现，专科学历层次的教师中有 75%最看重的是培训机构教师的水平，本科和硕士研究生学历的教师在选择上则没有太大差别，二者 70%以上的教师都认为"培训内容有针对性"最为重要。究其原因是专科学历的教师本来接受的就是职业教育，他们的专业性更强，最为迫切的是希望通过高水平的培训提升自己的专业理念和教学方法。因此，相关机构在制订培训方案时应根据不同学员的具体需求来安排培训内容。

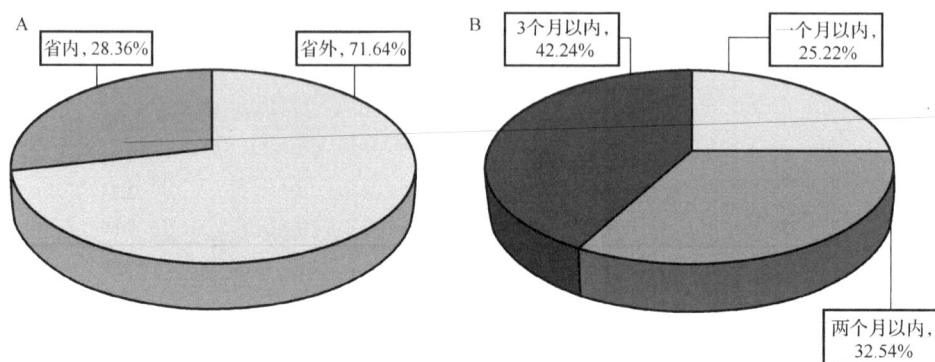

图 7-18　中职教师关于培训地域(A)和培训时间(B)的意向

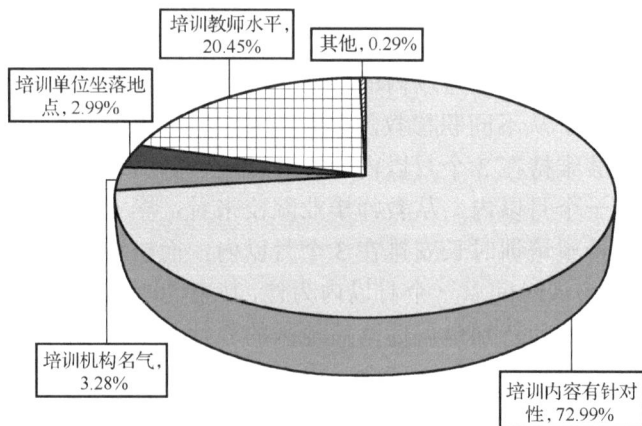

图 7-19　中职教师关于培训机构的选择倾向

8. 具体机构倾向于选择优秀中高职院校和大中型企业

当前我国建立了 100 个全国重点建设职教师资培养培训基地和 300 多个省级职

教师资培训基地，这些基地由职业技术师范院校、普通高等学校、优秀高职院校或中职学校、大中型企业等组成。调查数据显示，相比而言，接近 1/3 的教师表示愿意到优秀高职院校或中职学校参加培训，30%的教师愿意到大中型企业参与培训（图 7-20）。从拥有不同职业资格证书等级教师来看，均以选择优秀高职院校或中职学校和大中型企业所占比例最高，占 50%以上。除此之外，1/5 以上的初级和高级教师选择去普通高等学校参加培训，技师和高级技师中有 1/5 以上选择去职业技术师范类院校参加培训。从教师毕业院校来看，毕业于职业技术师范院校的教师中有20.8%选择到职业院校参加培训，毕业于普通师范院校和普通高校的教师选择去职业院校参加培训的都不足 20%。由此可见，大多数教师比较认同去优秀高职院校或中职学校参加培训，究其原因，主要是国家建立的中高职示范校实习实训设备和条件充足，能够提高参训教师的专业实践能力。教师选择在企业培训的比例与选择在中高职院校培训的比例接近,其原因也在于到企业实践能够提高教师专业实践能力，有利于了解企业需求，更好地促进教育教学改革等。对高校选择的比例低，一方面是由于培训内容过于理论化，教育教学方法与中等职业学校教师的需求存在一定差异；另一方面是高校实习实训条件普遍赶不上国家级中高职示范校，实习实训环境与中等职业学校也存在一定差异。为此，高等院校一方面应加强实习实训设备的投入，另一方面应加大针对职业学校教师培训需求的教学资源开发，不断提高教师培养培训质量。这一调研结果也充分反映教师最急需的是提升专业实践能力，尤其来自偏远地区职业学校参加培训的教师，学校教学设备资源匮乏，实习实训条件有限，教师参加进修的目的就是接触先进的实训设备，增加动手实践经验，从而促进自身专业能力发展。

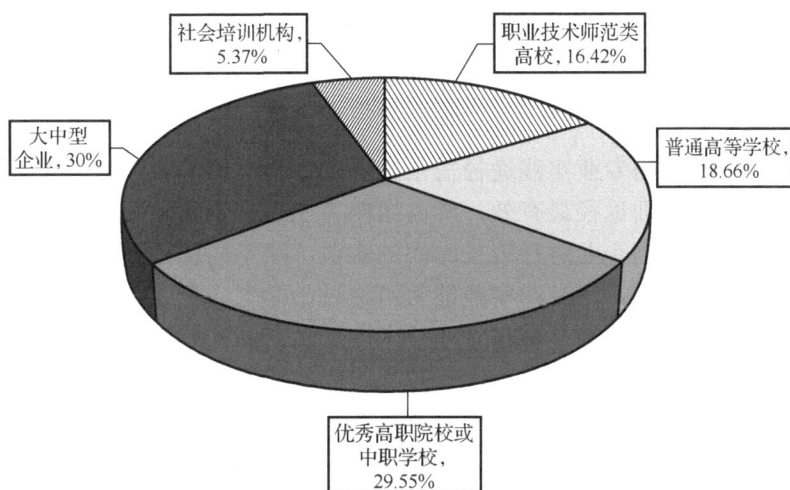

图 7-20 中职教师关于培训机构类型的选择情况

9. 专业实践能力提升途径倾向于脱产到企业实践

当前我国职业学校教师绝大多数直接来自于高等学校，缺乏企业实践经历，专业实践能力最为薄弱，因此 2006 年教育部印发了《关于建立中等职业学校教师到企业实践制度的意见》，要求中等职业学校专业课教师、实习指导教师每两年必须有两个月以上时间到企业或生产服务一线实践，来提高教师专业实践能力。但总的来看，由于缺乏有效途径，政策落实不到位。我们把教师到企业实践的途径分为 4 个方面。从调查结果来看：24.18%的教师认为加强专业实践能力最有效可行的途径是通过带学生到企业顶岗实习；41.34%的教师认为脱产到企业进行较长时间的实践这一途径最有效；还有 24.03%的教师认为经常参与企业技术改造和产品研发途径最有效（图 7-21）。调研结果表明，2016 年教育部等七部门印发的《职业学校教师企业实践规定》，将以往的每两年必须有两个月以上时间到企业实践改为每 5 年必须要有 6 个月时间到企业实践，更加符合教师的现实需求。

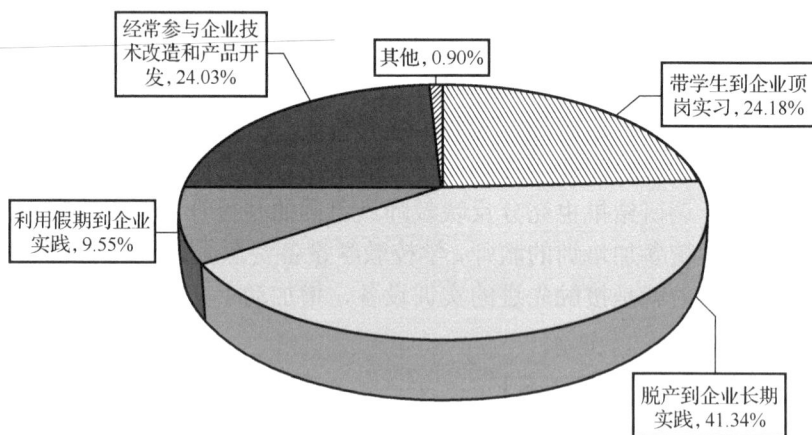

图 7-21　教师关于最佳专业实践途径的选择情况

从不同学历教师的专业实践途径需求来看，专科学历的教师认为通过带学生到企业顶岗实习这一培训途径最有效，所占比例为 50%。本科和硕士学历的教师认为最有效的途径是脱产到企业进行较长时间的实践。从不同职称教师的专业实践途径需求来看，大多数教师认为专业实践能力可通过带学生到企业顶岗实习、脱产到企业进行较长时间的实践、经常参与企业技术改造和产品开发等重要途径来提高，中级和高级教师更趋向于脱产到企业进行较长时间实践这一途径。

从教师毕业院校来看，职业技术师范院校毕业的教师认为经常参与企业技术改造和产品开发是加强专业实践能力的有效途径，而普通师范院校和普通高校毕业的教师认为脱产到企业进行较长时间的实践更有效。可见，大多数教师认为集中时间到企业实践是提高教师专业实践能力最有效的途径。

10. 信息技术应用的培训重点是与专业教育结合

　　2016 年教育部发布的《教育信息化"十三五"规划》中明确提出，要通过融合创新提升教育信息化的效能，通过深化信息技术与教育教学、教育管理的融合，强化教育信息化对教学改革，尤其是课程改革的服务与支撑，呼吁各教育部门和学校应该重视信息化教学环境的建设，来提高教师和学生的信息化意识。职业学校教师是基于"工作过程导向"的，培养的人才以就业为目的，在实施教学过程中，需要引进高新设备、教学仪器，学校和企业提供专业所需的实习实训基地和操作环境。如果能将实习实训项目和信息化完美结合起来，不仅可以优化教学环境，还可以在很大程度上节约成本。

　　调查数据显示，41.19%的教师认为信息技术应用培训重点是信息技术如何与专业教育结合；其次，28.51%认为是信息技术如何在教学上应用；只有不到20%的教师认为应该重点培训网络课程的开发、仿真实训教学资源；10%左右的教师认为开发课件、微课、慕课等更重要（图 7-22）。可见，现阶段为适应工业化与信息化深度融合、产业转型升级、"中国制造 2025"等需求，教育信息化不仅仅是信息技术在教学中的应用，更重要的是如何与专业结合，如何用信息化技术武装专业，武装学生的头脑，更好地培养互联网时代所需的复合型人才、创新性人才。

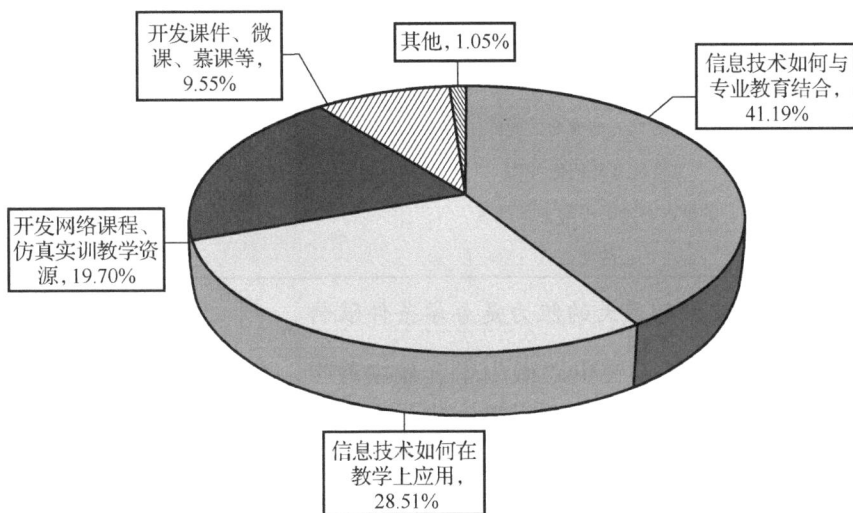

图 7-22　中职教师认为信息技术应用培训的重点领域

（四）对教师专业发展阻力的认识

　　虽然近年来国家大力倡导发展职业教育，在职教教师的培养培训方面也出台了多项政策举措，然而成效并不显著。为了明确中职学校教师发展的阻力，我们从以下几个方面展开了调查，并得出了相应结果。

1. 影响中职教师发展的主因为工作量大而待遇低

影响中职学校教师专业发展的因素复杂而多样，我们在问卷中设计了 9 个选项供被调查者按照影响因子的大小进行排序。结果显示"工作量大而工资待遇低"是教师普遍认为影响教师发展的主要原因，该选项的平均综合得分为 7.0，其次是"学生难管难教""职业缺乏荣誉感"，两项的综合得分皆超过 6 分，接下来依次为"国家对职业学校教师要求太多、太高""职称评得比较慢""学校内部非教学人员太多，教师压力大""工资奖金与招生挂钩""学校内部分配平均主义严重"这几个选项（表 7-5）。可以看出，目前中职学校教师待遇偏低，让部分有意从事教师行业的人心存顾虑，且由于传统观念的影响，职业教育的社会地位不高，因而中职学校的教师职业荣誉感也不高。

表 7-5　中职教师关于教师专业发展阻力的认识

选项	平均综合得分
工作量大而工资待遇低	7.00
学生难管难教	6.63
职业缺乏荣誉感	6.05
国家对职业学校教师要求太多、太高	4.53
职称评得比较慢	4.47
学校内部非教学人员太多，教师压力大	4.37
工资奖金与招生挂钩	4.30
学校内部分配平均主义严重	3.90
其他	0.90

2. 理实一体化教学最大的阻力是办学条件限制

职业学校专业教学要突出"做中学、做中教"，开展理论与实践一体化教学是当前职业教育教学改革的重要举措，也是职业教育教学的特色，同时，开展理实一体化教学也是职教教育教师专业能力之一。然而，现实中由于多种因素的限制，理实一体化教学开展得并不理想。为此，我们针对被调查教师的学校开展理实一体化教学存在的阻力设计了题目，根据结果显示，有 51.34% 的教师认为最大的阻力是"办学条件和经费不能满足教学要求"；另有 15.07% 和 14.03% 的教师选择了"学校缺乏鼓励教学改革的政策"和"学生能力不足难以开展"（图 7-23）。由此可以看出，当前理实一体化教学的开展还存在许多阻力，其中，办学条件的限制是首要原因。

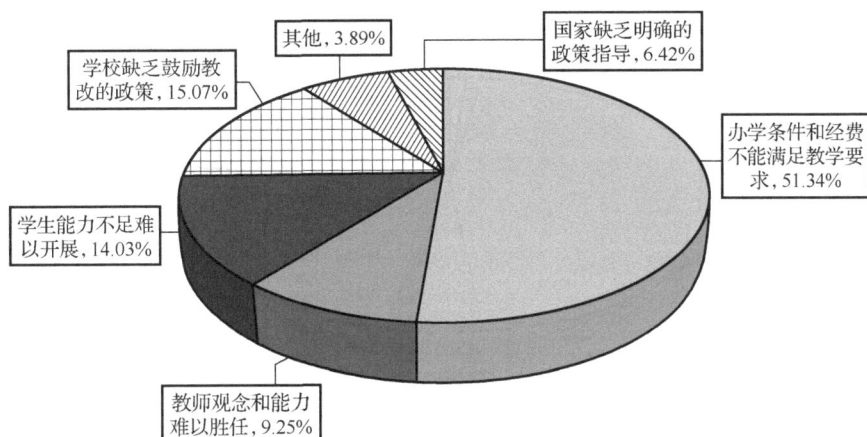

图 7-23　中职教师关于理实一体化教学阻力的认识

3. 教师企业实践落实不到位的原因多重复杂

教育部从 2006 年就出台文件规定专业教师必须每两年到企业实践两个月，但现在许多学校仍落实不到位，针对这一问题我们开展了调查，设计了一道排序题。调查结果显示，"企业不接收或到了企业也没有实践岗位"是多数教师认为的主要原因，该选项的平均综合得分为 4.02，其次是由于"教学任务重没有时间"，排在第三位的原因是"学校缺乏相关的激励政策"，这两项的平均综合得分分别为 3.79 和 3.64，另外，"到企业实践所需经费难以落实"和"学校不给联系实践企业"也是其中的原因（表 7-6）。此外，考虑到可能也存在教师自身的主观因素，我们进一步调查"若国家解决经费问题，个人能主动去的条件"，有 45.97% 的教师选择的是"到企业实践确实能够提高专业实践能力"，另外还有两个针对学校管理制度上的条件也显得较为重要，一是学校能够"按满教学工作量计算，不影响年终奖"，二是"把到企业实践经历纳入专业技术职务评聘的重要依据"，这两个选项所占的比例都在 23% 左右（图 7-24）。由此可见，虽然教师到企业实践是其专业能力发展的一个极佳途径，国家也出台了相关措施予以支持，然而，真正落实起来还需要政府、企业、学校等多方面的配合与努力。

表 7-6　中职教师关于教师企业实践阻力的认识

选项	平均综合得分
企业不接收或到了企业也没有实践岗位	4.02
教学任务重没有时间	3.79
学校缺乏相关的激励政策	3.64
到企业实践所需经费难以落实	3.20
学校不给联系实践企业	2.39
其他	0.77

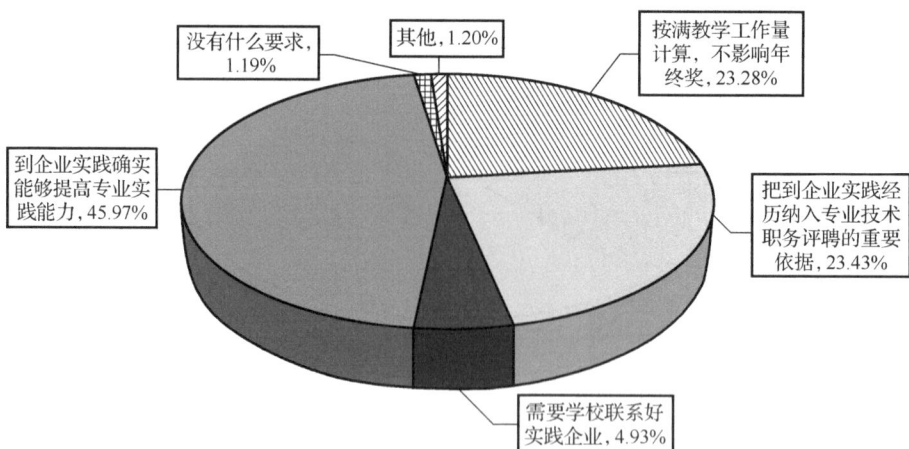

图 7-24　中职教师关于参与企业实践的条件

三、中职教师专业能力提升策略

2018 年 1 月 20 日，中共中央、国务院发布《关于全面深化新时代教师队伍建设改革的意见》，提出未来一段时期内我国教师队伍建设的目标任务：健全教师培养培训体系，完善教师管理体系，增强教师的职业吸引力，提升教师综合素质、专业化水平和创新能力，让广大教师在岗位上有幸福感、事业上有成就感、社会上有荣誉感，让教师成为令人羡慕的职业。这是 1949 年以来，党中央出台的第一个专门面向教师队伍建设的里程碑式政策文件，充分体现了党和国家对我国教师队伍建设的高度重视，文件的出台不仅体现了国家对广大教育工作者的支持和肯定，对于建设教育强国、决胜全面建成小康社会、夺取新时代中国特色社会主义伟大胜利、实现中华民族伟大复兴的中国梦更具有十分重要的意义。中等职业教育作为现代职业教育体系的基础，促进中等职业教育教师专业发展，全面提升中职教师队伍综合素质，对于建立现代职业教育体系、培养"工匠之师"、造就"大国工匠"具有重要的促进作用。根据近年国家教育统计数据，结合多次调研分析的结果，本部分从完善中职教师管理制度、健全教师培养培训体系、建立教师专业发展机制等方面提出发展中职教师队伍、提升教师专业能力的策略建议。

(一)完善中职教师管理制度

1. 制定和出台教职工编制标准

教职工编制是学校教师管理的一个基本制度，是提高教育教学质量和办学效益的重要指标。如前所述，2001 年中央机构编制委员会办公室(简称中央编办)制定了中小学教职工编制标准,有效推动了中小学教师队伍的健康发展;而国家层面的中等职业学校教职工编制标准还是 20 世纪 80 年代中期的标准,时隔近 30 多年国家没有出台新的标准,这是中等职业学校生师比长期以来居高不下的政策原因,不仅影响了教学质量和广大教师的身心健康,而且给中等职业教育发展带来了负面影响。尽管目前部分省份出台了职业学校教职工编制标准,但标准普遍定的偏高,因此,国家应制定和出台符合职业教育特点的中等职业学校教职工编制标准,从而引领各地因地制宜地制定本省的标准。

2. 完善教师资格标准和职务(职称)评审条件

简单地说,教师资格就是设立什么样的门槛、让什么样的人进入教师队伍,入口不严,必然给后期的教师队伍建设带来重大隐患。《国家中长期教育改革和发展规划纲要(2010—2020 年)》和《国务院关于加强教师队伍建设的意见》都提出严格教师资格和准入制度。为严格教师职业准入,保障教师队伍质量,2013 年教育部印发了《中小学教师资格考试暂行办法》和《中小学教师资格定期注册暂行办法》(教师〔2013〕9 号),建立了国家教师资格考试制度,并积极开展试点工作,试点省份越来越多。而中等职业学校还没有建立相关制度,目前正在抓紧研制专业教师资格考试标准和考试大纲,但由于专业种类多、要求教师具有"双师"素质,制定起来比较复杂,需要试点后才能实施。我国《教师法》规定实行教师职务制度。教师职务是从业资格,分初、中、高等级,并与教师工资待遇挂钩,是影响教师专业发展的指挥棒。多年来中等职业学校教师职务被纳入普通教育轨道统一进行评审,没有体现职业教育特点,不利于引导职业学校教师朝着专业化方向发展。目前越来越多的省份建立了中等职业学校教师职务评审条件,部分还建立了单独的评审制度。国家要按照《国家中长期教育改革和发展规划纲要(2010—2020 年)》的要求,完善符合职业教育特点的教师职务(职称)评审办法的要求,结合各省所做的探索,加快制定和出台国家文件,重点解决好三类中等职业学校职务(职称)互认制度,并在评审条件中突出行业企业联系能力、专业实践、技能操作、企业经历、技术应用等实践教学能力。

3. 深化人事制度改革

近年来各地加大了对职业学校人事制度的改革,一些省市积极推行教师系列和专业技术人员系列评聘互通的制度,鼓励教师拥有双系列的专业技术职务或取得职业资格证书。一些省市出台了中等职业学校新的教职工编制标准,严格控制非教学人员和机构。例如,中共河南省委机构编制委员会办公室、教育厅、人力资源和社会保障厅联合印发《河南省中等职业学校教职工编制标准(试行)》,文件规定:"专业技术人员编制不低于 85%,管理人员和工勤人员编制不超过 15%。"人事制度改革的不断深化，进一步优化了教师队伍结构，中等职业学校专任教师占教职工比例由 2005 年的 68.26%提高到 2013 年的 75.32%，有效地提高了职业学校的办学效益和质量。此次对中职教师的调查研究也发现，关于中职教师施行"国标、省考、县管、校聘"的管理体制改革，多数人都认为很有必要，表示支持。因而国家需要深化中职教师人事管理体制改革，统一教师管理体系，增强中职教师的职业存在感和幸福感，从而提升中职教师的职业吸引力。

(二)健全教师培养培训体系

教育部、财政部联合印发《关于实施职业院校教师素质提高计划(2017—2020年)的意见》，标志着继"十一五""十二五"之后国家开始实施第三轮职业院校教师素质提高计划，充分反映了国家对职业教育师资队伍建设的重视。"十一五"期间中央财政投入 5 亿元，"十二五"期间中央财政投入超过 26 亿元，预计"十三五"期间中央财政投入资金约 30 亿元。根据调研情况，结合"十三五"期间国家级培训项目实施方式的变化，当前还需从以下几个方面完善教师培养培训体系。

1. 按需培养高素质教师

近些年来，职业技术师范院校培养的师范生到中等职业学校的就业比例不断下降，既有教师资格准入不严，没有体现职业教育特点的原因，也有师范教育向教师教育转型过程中产生的不适应问题。20 世纪六七十年代以来，发达国家开始了师范教育向教师教育的转型，最早开展转型的美国，60 年代后大多数师范学院演变成综合性大学的教育学院。一些知名大学的教育学院一般不提供本科生教育，主要承担硕士和博士层次的教育[①]，形成了非定向的"本科+硕士"培养模式。所谓"本科+硕士"的培养模式，主要是指学生在本科阶段从事其他学士学位的学习，硕士阶段接受教育理论及实践的训练，以获得教育学硕士学位和从事教师工作的资格。我国中等职业学校教师需求也表现出同样的趋势。根据教育部统计数据，2005 年中等职业学校(不包括技工学校)新录用研究生 671 人，到 2013 年增加到2188 人，录用研究生学历教师比例从 2%提高到 13%。2015 年国务院学位办在教育硕士下增设和试点职业技术教育学科领域，在本科专业教育的基础上开展全日制和非全日制职业技术教育专业硕士，必将招收和培养大批研究生层次的专业教师。2014 年教育部印发了《关于实施卓越教师培养计划的意见》(教师〔2014〕5 号)，启动了卓越教师培养计划改革项目，职业教育遴选了 10 个项目进行试点。一些培养院校也进行本科阶段职教师资培养模式改革探索，主要是通过改善生源素质来解决在 4 年的时间内把专业性、职业性和师范性都做强的问题，以培养高素质教

---

① 陈永明，胡东芳，郭继东. 比较教育行政[M]. 上海：华东师范大学出版社, 2005.

师。例如，广东技术师范学院通过选拔优秀高职毕业生开展"3+2"人才培养模式改革；天津职业技术师范大学从一年级学生中选拔适教、乐教的学生举办卓越职教师资班，都取得了比较明显的成效。当前各地正在积极试行中等职业学校与本科院校"3+4"一贯制培养模式，职业教育教师培养也可以通过中职与职业技术师范院校采取一体化培养的方式，系统设计 7 年的教学内容来培养高素质的职业技术教育师范生。

需要指出的是，当前经济欠发达地区是我国中等职业教育增长最快的地区，但由于当地经济待遇低、生活条件比较艰苦，职业技术教育师范生不愿意到这些地区任教，为此，可以采取免费师范生的办法来培养"下得去、用得上、留得住"的师范生。天津职业技术师范大学从 2010 年开始与西部地方政府合作开展免费师范生教育，免费师范生数量最初为一个省 30 名，发展到现在已招收内蒙古、甘肃、海南、广西、西藏、新疆等地免费中职师范生 554 人，其中，少数民族学生 254 人，涉及 16 个少数民族，这一举措有效地缓解了这些地区教师短缺的局面。今后中央财政可以通过转移支付的方式支持地方政府与职业技术师范院校合作开展免费师范生教育，供需直接对接，既保证了培养的学生能够到中等职业学校任教，也有助于改善经济欠发达地区中职教师短缺的现状。

2. 加强培训资源建设

教师专业化是一个不断由个体被动专业化向个体主动专业化过渡的过程。总的来看，目前我国教师专业化不是内生的，而是外生的，不是教师主导的，而是国家主导的。2013 年国家颁布了中职教师专业标准，这意味着我国教师专业化将从被动走向主动、从他塑走向自塑。该标准是中等职业学校专任教师的合格标准，任何专任教师都要求达到的标准，不同教师达到合格教师要求所面临的问题和培训需求是不同的，教师将对照专业标准存在的不足来参加培训。同时，经过"十一五"和"十二五"期间"职业院校教师素质提高计划"的国家级和省级培训，我国中等职业学校绝大多数专业课教师都经过了培训，"十三五"期间必须改变培训内容和形式。可见，我国职业院校教师培训需要从以往统一化、综合性的培训走向个性化、多样化的培训。此外，《国家中长期教育改革和发展规划纲要(2010—2020 年)》要求，建立符合职业教育特点的教师资格标准，目前教育部正在借鉴普通中小学试行的教师资格考试标准，开展中等职业学校专业教师资格考试标准的研制工作，中等职业教育也将试行教师资格考试制度。从以上分析不难看出，教师专业发展使得教师培训需求更加广泛和多样，但目前培训基地的培训资源非常有限。各培训基地要按照教师专业发展的要求，根据自身特色，开发专业化、特色化、多样化的培训资源。

（1）发展多样化、特色化、专业化的培训基地

2013 年教育部颁布了《中等职业教育教师专业标准（试行）》，标志着我国中等职业学校教师专业化从理念走向实务、从理论走向实践。教师专业标准是引领教师专业发展的指示器，教师按照专业标准来检查自身专业发展中存在的差距，通过自学和培训提高自身的专业化水平，培训工作必须依据教师专业标准来开展。我国职业教育教师培训已建立起国家、省市级和校本培训三级培训体系，培训机构数量基本能满足日常的培训需求，但培训质量有待提高。要提高培训质量培训机构要根据自身的条件，需要按照教师专业化发展的需求，逐步走向特色化、专业化，克服以往培训工作的不足，业精于专，通过走特色化、专业化发展道路来不断提高自身培训质量。

（2）增强国家级培训基地的引领作用

调研结果表明，教师选择各类高校培训基地的倾向低于优秀中高等职业院校，主要是因为国家投资对中高职院校进行过示范校建设，而高等院校国家没有专项经费支持培养培训基地建设，致使实习实训条件相对较差。为此，国家要进一步加强职教师资培训基地和师资专业技能师范单位建设，尤其是从事职教师资培养培训一体化的职业技术师范院校的建设，2014 年《国务院关于加快发展现代职业教育的决定》中也明确提出加强职业技术师范院校建设。当然，职业技术师范院校也要按照中等职业学校教师专业发展的要求，加强培训资源的开发，加强教育教学改革，更好地适应职业教育发展的新要求和新趋势。

（3）更新培训内容，探索新的培训方式

为了增强培训的针对性、时效性和有效性，培训之前应该对教师的现有水平进行调查，依据不同专业教师的需求、教师的现有水平，制订不同的培训方案、培训目标[1]。只有按照培训学员的需求设置培训内容，才能取得预期效果。目前我国中职教师培训模式基于培训平台初步形成 4 种类型：基于企业的培训模式、校本培训模式、基于网络和多媒体技术的培训模式、基于学习型组织的培训模式[2]。要进一步探讨新型、多样化的培训方式，提高培训教师的学习动力，不断提高培训质量。尤其是顺应"互联网+"时代的要求，广泛采用线上线下相结合的培训方式，及时解决培训中的"工学"矛盾，同时提高学员利用信息技术的能力。另外，要强化教师培训学习中的交流、探讨、体验，鼓励教师与学科专家的互动，教师之间形成交流协作、共同完成培训项目、共享教学经验的良好氛围。

---

① 龚静，胡平霞. 职业院校教师信息化教学能力现状调查——以湖南地区职业院校为例[J].职业技术教育，2016，(9):61-62.
② 黄晓玲. 中职公共课骨干教师培训现状及需求调查[J]. 职业技术教育，2016，(12)：60-63.

3. 加强教师培训与信息技术的融合

教师是教学活动的直接实施者，他们对信息化教学的意识直接影响了教师的信息化水平。当前，我国职业院校培训基地的培训方式和手段还比较落后，难以适应"互联网+"时代教师培训的需求。因此，要积极推动信息技术与教师培训深度融合，树立互联网思维，推动培训方式变革，开发网络化数字资源及微课、慕课等，开展线上与线下、校外与校内、脱产与在职、参加培训与实践反思相结合的多形式、多种类的培训，通过互联网把企业真实的工作场景和中等职业学校优质课堂引入培训环节，对培训学员进行远程指导、答疑、讨论等，以更加方便快捷的方式满足教师个性化和多样化的培训需求。具体可以借助校本培训，组织一批信息技术水平较高的教师或计算机专业的教师组成兴趣小组，给全体教师开设讲座进行培训，或定期分享交流信息化教学经验。在校园官网上建立信息化教学交流平台，由校园网络管理中心实时更新上传优秀课件或视频供各位教师学习，或交流互动。同时，通过建设教师网络研修社区和终身学习支持服务体系，促进教师自主学习。

(三)建立教师专业发展机制

1. 落实好教师专业标准

2013 年教育部印发了《中等职业学校教师专业标准(试行)》，进一步确定了中等职业学校教师专业地位，也标志着我国中等职业学校教师有了自己的专业标准。这一标准是中等职业学校教师的合格标准，是各类专任教师必须达到的标准，它的实施为教师专业发展和培养培训提供了依据。同时，国家一直强调加强"双师型"教师队伍建设。那么，二者之间究竟是什么关系？或有没有关系？需要明确。根据国家一些文件对"双师型"教师的解释，"双师型"教师就是兼有教师资格和其他专业技术职务的教师，也就是说既是教师，同时也是工程师、技师、农艺师等，要完全达到两个"师"并非易事。通过对教师专业标准的深入剖析不难发现，它充分考虑了"双师型"教师对教师素质的要求，在很大程度上是对"双师型"教师职业能力要求的细化。事实上，"双师型"称谓看似一个通俗易懂的概念，实际上按照两个"师"的标准来要求一个教师，不仅人为地提高了对教师的要求，而且存在理不清、道不明的困惑。所以，我们认为教师专业标准是"双师型"教师概念科学化、具体化的表现，"双师型"教师职业能力必须统一到教师专业标准之下。各地没有必要一定要对"双师型"教师建立认定标准，如果要建立也要在国家教师专业标准的基础上进行。例如，2013 年河南省教育厅印发了《河南省中等职业学校"双师型"教师基本能力标准(试行)》，就是在国家教师专业标准的基础上制定的，并且与国际接轨。

教师专业标准从教师专业理念、专业知识和专业能力 3 个维度对教师提出了全面、系统、科学的要求，这对教师培训也提出了新的要求，要充分体现教师培训的自主性，教师能够根据自身专业发展需要有选择性地参加培训，各培训基地也要依托学校办学特色逐步向专业化方向发展，为教师专业发展提供特色培训。建议国家在"十三五"期间设置多种内容和方式的培训，各培训基地充分发挥自身的优势和特色，有选择地开展培训，通过提供专业化服务，提高培训质量，并促进培训机构自身不断迈向专业化。

2. 建立教师继续教育条例

1999 年教育部颁布《中小学教师继续教育规定》，明确了中小学教师继续教育的权利与义务、内容与类别、组织管理、条件与保障、考核与奖惩等，使中小学教师继续教育逐步步入法制化轨道。由于科学技术进步和专业调整变化快，中等职业学校教师需要经常更新知识和技能，而实施好继续教育又需要企业的积极参与，更需要相关制度保障。目前，国家相关教育文件对职业学校教师继续教育虽有了一些规定，但缺乏权威性，难以变成地方政府、学校和教师的自觉行为，在当前依法治教的大背景下，急需出台专门的法律法规，2015 年教育部等七部门联合出台了《职业学校教师到企业实践规定》，旨在通过法规保障教师到企业实践制度的落实，以及教师到企业实践的权利。

3. 完善教师到企业实践的相关制度

近些年来，国家越来越重视职教教师队伍建设，一些省份还出台了"双师型"教师认定标准，通过对这些认定标准的分析我们不难看出，这些标准主要强调教师专业实践能力和实践教学能力，其宗旨就是引导教师加强企业实践，能有效开展专业实践教学。《国务院关于加强教师队伍建设的意见》中也指出："完善以企业实践为重点的职业学校教师培训制度。"企业实践制度能否落实，关键取决于校企合作的程度和深度。校企合作之所以重要是因为我国企业职业培训不健全，许多发达国家随着现代企业的建立和完善，企业培训成为现代企业的一个重要内容，形成了以企业主导的职业教育。目前，无论是英国、美国、日本等自由市场经济国家，还是德国、奥地利等北欧高福利国家，职业教育无不是建立在企业培训的基础之上。例如，德国的"双元制"职业教育，学生进入职业学校之前必须先成为培训企业的学徒，所以学校无须对学生的企业实践负责，学校可以集中精力办好学校内部的事情，也体现了社会办职业教育的特点。而我国由于企业培训的缺失，学生入学后学校既要负责在校学习，也要联系企业实践，更为重要的是由于企业没有职工培训的专门场所和人员，学生到企业的顶岗实习变成了顶岗劳动，教学环节变成了劳动环节，因此建立校企合作制度必须完善企业职工培训制度，建立职工培训场所、机构与人员。《国务院关于加快发展现代职业教育的决定》提出，企业作为重要的办学主体，要加强职工培训，大中型企业要有培训机构或人员。只有企业建立了专门的职工培训机构、场所和人员，校企合作才有了合作平台，教师到企业实践也就有了用武之地。所以，校企合作不能仅仅站在教育部门的利益来强调，指责企业不履行社会责任；而应该从完善现代企业制度的角度来考虑问题，呼吁国家建立现代企业培训制度，只有将企业培训做强做大，校企合作才能拥有牢固的基础。

当然，建立健全现代企业培训制度绝非一蹴而就的事情，需要一个过程。在现有制度环境下仍可以通过多种途径促进教师到企业实践。1990年时任上海冶金专科学校仪电系主任的王义澄在《中国教育报》发表的《建设"双师型"专科教师队伍》一文中提出了教师企业实践的4条途径：①教师带领学生参加生产实习和毕业实习，提高教师自身的实践能力；②选派教师到国内外工厂进行较长时间的实习；③根据冶金行业建设或者技术改造的需要，参与重大工程项目中的单项或者综合项目的部分内容；④通过技术咨询、技术服务，鼓励教师多渠道地承担企业的技术项目。根据调研分析的结果发现，这4条途径在目前仍具有现实意义，且并非难以做到。教师到企业实践除了受校企合作不紧密的影响外，学校缺乏激励机制和经费保障也是重要影响因素。为此，一是要合理确定中等职业学校教职工编制标准，使教师有时间到企业实践；二是要把教师到企业实践纳入完成教学工作任务来考核；三是将企业实践作为教师专业技术职务评聘、评优评先、任用提拔等的重要依据，以便充分调动教师到企业实践的积极性。

4. 提高教师教学研究和反思意识

随着我国经济从高速增长变为中高速增长，产业从中低端向中高端发展，经济发展进入新常态，产业需要转型升级，国家实施新型城镇化、创新驱动和"中国制造2025"等，我国职业教育发展面临着新的形势和新的任务。2014年5月《国务院关于加快发展现代职业教育的决定》中把中等职业教育定位于基础职业教育，并提出"在保障学生技术技能培养质量的基础上，加强文化基础教育，实现就业有能力、升学有基础"，迫切要求加强教育教学改革和实践。近些年，中等职业学校不断加大教育教学改革的力度，尤其是示范校建设，在国家专项经费的支持下，学校鼓励教师外出培训学习，提高教育教学改革的主动性和积极性，开发理实一体化的教材，开展行动导向的教学，从以往的"让我改"变为"我要改"，有效地推动了中等职业学校教育教学改革。

从世界职教教师专业发展的历程来看，基本都经历了从"工匠型教师"到"技术型教师"再到"反思型教师"的过程。法律经济学家波斯纳（Posner）认为：没有反思的经验是狭隘的经验，至多只能是肤浅的知识。他提出了教师成长的公式：成长=经验+反思。教师要善于从经验反思中吸取教益，否则就不可能有什么改进。2013年9月教育部印发的《中等职业学校教师专业标准（试行）》明确提出"主动收集分析毕业生就业信息和行业企业用人需求等相关信息，不断反思和改进教育教学工作"。此外，现实中教学督导、集体备课、教学观摩等形式也是促进教师反思的重要举措。